高等职业教育校企"双元"合作开发教材

审计基础

新准则 新税率

主编 左燕 龚玲 陈仕清

SHENJI JICHU

新形态教材

本书另配：教学课件
　　　　　教　案
　　　　　参考答案
　　　　　微课视频

中国教育出版传媒集团
高等教育出版社·北京

内容提要

本书是高等职业教育校企"双元"合作开发教材。

本书按照《职业教育专业教学标准-2025年修(制)订》的要求,根据《中华人民共和国审计法》《中华人民共和国国家审计准则》《中国注册会计师审计准则》等法律法规进行编写。全书共包含八个项目:认识审计职业、计划审计工作、收集审计证据与编制审计工作底稿、实施审计程序与方法、风险评估、风险应对、出具审计报告和遵守审计职业道德。

本书既可作为高等职业本科院校、高等职业专业院校财经商贸大类专业学生用书,又可作为社会相关人员培训用书。

图书在版编目(CIP)数据

审计基础 / 左燕,龚玲,陈仕清主编. -- 北京:高等教育出版社,2025.6. -- ISBN 978-7-04-064755-6

Ⅰ. F239.0

中国国家版本馆 CIP 数据核字第 2025KG7456 号

策划编辑	钱力颖	责任编辑 钱力颖	封面设计 张文豪	责任印制 高忠富

出版发行 高等教育出版社	网　址　http://www.hep.edu.cn
社　　址 北京市西城区德外大街4号	http://www.hep.com.cn
邮政编码 100120	网上订购 http://www.hepmall.com.cn
印　　刷 上海华教印务有限公司	http://www.hepmall.com
开　　本 787mm×1092mm　1/16	http://www.hepmall.cn
印　　张 16.5	
字　　数 401千字	版　次 2025年6月第1版
购书热线 010-58581118	印　次 2025年6月第1次印刷
咨询电话 400-810-0598	定　价 36.00元

本书如有缺页、倒页、脱页等质量问题,请到所购图书销售部门联系调换

版权所有　侵权必究

物 料 号　64755-00

前 言

近年来,国家对职业教育的重视程度显著提升,推出了一系列旨在推动职业教育高质量发展的政策举措。其中,《职业教育产教融合赋能提升行动实施方案(2023—2025年)》的发布,不仅为职业教育指明了发展方向,还为审计人才的培养提供了重要的政策支持和指导。该方案强调产教融合,致力于通过教育与产业的深度融合,培养出更多既具备实际操作能力又具备职业素养的审计人才,以满足经济社会发展的迫切需求。在这一背景下,我们积极响应国家号召,与中联集团教育科技集团、大华会计师事务所(重庆分所)等知名企业合作,共同编写了这本《审计基础》。

本书旨在对接新理念、新技术和新标准,帮助学生形成大数据审计思维,为未来的审计工作打下坚实的基础。在本书编写过程中,我们参考了大量最新的审计法规、准则和行业标准,如《中华人民共和国审计法》《中华人民共和国国家审计准则》《中国注册会计师审计准则》等,确保内容的准确性和权威性。同时,我们也积极借鉴了国内外先进的审计理论和实践经验,力求使内容更加丰富、全面。本书具有以下特点。

(1)资源丰富,实用性强。本书配套了多元化的课程资源,涵盖精品微课、思维导图、经典案例分析、即时测评及技能实践等,全面融入"客观公正、勤勉尽责、坚守底线、勇于担当"等思政教育,既符合教学规律,又便于教师实施场景化教学。这些资源不仅拓宽了学习路径,更为学生未来在会计、企业管理、金融证券、第三方鉴证咨询等领域的职业生涯奠定了坚实基础。

(2)校企合作,紧贴实际。本书由中联集团教育科技集团、大华会计师事务所(重庆分所)与编写团队携手共创,确保教学内容与企业实际操作流程和工作标准紧密对接。这种深度的校企合作模式,使得本书内容更加贴近行业前沿,有效缩短了理论与实践的距离。

(3)理实融合,系统学习。书中课程设计实现了理论知识与技能实践的完美融合,通过系统讲授审计知识,辅以丰富的实践环节,引导学生在理解理论的同时,提升解决实际问题的能力。本书旨在为财会类专业的学生、从业者及审计领域爱好者提供一个既全面又系统,且极具实用性的学习平台,助力他们在审计行业的广阔天地中扬帆起航,推动审计事业的创新发展。

本书由重庆财经职业学院左燕、龚玲、陈仕清担任主编,重庆财经职业学院赵会、李斯佳、赖纯见担任副主编。各项目编写人员及分工如下:左燕、龚玲、陈仕清负责全书统筹,项目一、项目三、项目四由龚玲编写,项目五、项目六由左燕编写,项目七由陈仕清编写,项目八由赵会编写,项目二由李斯佳、赖纯见共同编写。中联集团教育科技集团、大华会计师事务所(重庆分所)为本书编写提供了案例素材与分析数据。

由于编者水平有限,本书难免存在不妥之处。我们诚挚邀请广大读者批评指正,以便不断完善和改进。

编 者
2025年6月

目 录

- 001 **项目一 认识审计职业**
- 001 思维导图
- 001 学习目标
- 002 案例导入
- 002 任务一 掌握审计内涵
- 010 任务二 明确审计目标
- 014 任务三 控制审计风险
- 016 任务四 了解审计过程
- 018 德技并修
- 019 项目小结
- 019 即测即评
- 022 技能实践
- 023 头脑风暴

- 024 **项目二 计划审计工作**
- 024 思维导图
- 024 学习目标
- 025 案例导入
- 026 任务一 开展初步业务活动
- 030 任务二 签订审计业务约定书
- 035 任务三 制定审计计划
- 040 任务四 确定重要性
- 050 德技并修
- 051 项目小结
- 051 即测即评
- 054 技能实践
- 055 头脑风暴

- 056 **项目三 收集审计证据与编制审计工作底稿**
- 056 思维导图
- 056 学习目标
- 056 案例导入

057	任务一　收集审计证据
063	任务二　编制审计工作底稿
067	德技并修
068	项目小结
068	即测即评
071	技能实践
072	头脑风暴

项目四　实施审计程序与方法

073	思维导图
073	学习目标
074	案例导入
074	任务一　实施审计程序
079	任务二　实施函证
088	任务三　审计抽样
102	德技并修
103	项目小结
103	即测即评
106	技能实践
107	头脑风暴

项目五　风险评估

108	思维导图
108	学习目标
109	案例导入
109	任务一　审前尽职调查
115	任务二　风险识别和评估
124	任务三　了解被审计单位及其环境
132	任务四　了解被审计单位的内部控制
148	任务五　评估重大错报风险
152	德技并修
152	项目小结
153	即测即评
156	技能实践
164	头脑风暴

项目六　风险应对

165	思维导图
165	学习目标

166	案例导入
167	任务一 实施总体应对措施
170	任务二 实施进一步审计程序
175	任务三 实施控制测试
181	任务四 实施实质性程序
186	德技并修
187	项目小结
187	即测即评
191	技能实践
194	头脑风暴

195　项目七　出具审计报告

195	思维导图
195	学习目标
196	案例导入
196	任务一 完成审计工作
201	任务二 发表审计意见
205	任务三 关注关键审计事项
210	任务四 撰写审计报告
221	德技并修
221	项目小结
222	即测即评
225	技能实践
226	头脑风暴

227　项目八　遵守审计职业道德

227	思维导图
227	学习目标
228	案例导入
228	任务一 遵守职业道德基本原则
236	任务二 保持独立性
244	任务三 承担法律责任
248	德技并修
249	项目小结
249	即测即评
252	技能实践
253	头脑风暴

254　主要参考文献

资源导航

002	1-1	审计的产生与发展
006	1-2	审计的定义与分类
010	1-3	总体审计目标
015	1-4	审计风险模型
026	2-1	初步业务活动
030	2-2	审计业务约定书
035	2-3	审计计划
042	2-4	重要性水平的确定
057	3-1	审计证据
066	3-2	审计工作底稿的归档
074	4-1	检查
075	4-2	观察和询问
076	4-3	函证
078	4-4	重新计算与重新执行
078	4-5	分析程序
116	5-1	风险评估程序
124	5-2	了解被审计单位及其环境
167	6-1	财务报表层次重大错报风险的总体应对措施
170	6-2	对认定层次重大错报风险的进一步审计程序
202	7-1	审计意见的类型
211	7-2	审计报告的基本内容
229	8-1	职业道德基本原则
244	8-2	注册会计师法律责任

项目一　认识审计职业

 **思维导图**

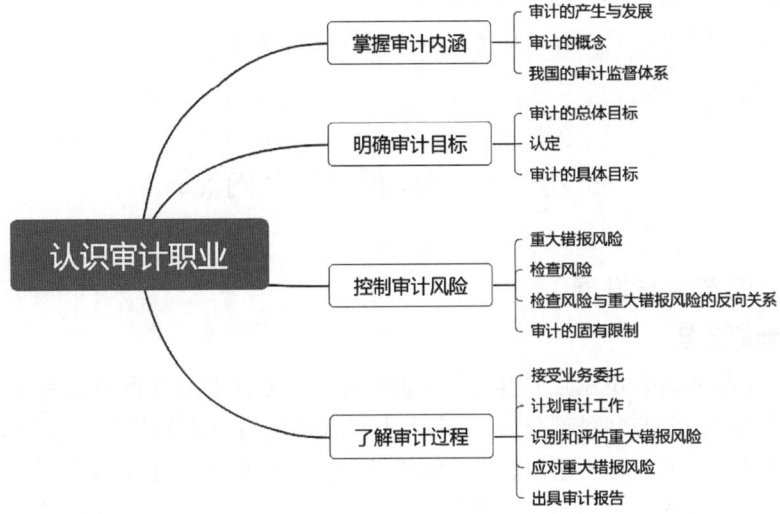

 学习目标

【素质目标】
1. 保持严谨、认真、踏实的工作态度。
2. 具备较高的风险意识和风险管理能力。
3. 养成持续学习的习惯,具备创新思维。
4. 具备审计职业认同感与清晰职业认知。

【知识目标】
1. 理解审计的起源、产生与发展。
2. 理解审计的定义与特征。
3. 理解审计总体目标、具体目标与认定。

【技能目标】
1. 能够根据相关认定确定具体审计目标。
2. 能够识别并判断审计风险。
3. 能够合理安排审计工作过程。

案例导入

推进审计全覆盖,扎好风险防线

2024年6月25日上午,审计署受国务院委托,向全国人大常委会报告了2023年度中央预算执行和其他财政收支的审计情况。

近年来,审计署推进审计全覆盖,就是要对所有管理使用公共资金、国有资产、国有资源的地方、部门和单位,进行全面审计。2024年的审计报告持续关注了国有资产管理使用情况。

审计署在对22户央企账面进行审计时发现会计信息不实、国有资产资金管理薄弱等问题。在审计署重点审计的12家国有金融机构中,6家金融机构的信贷投放含金量不高,有的将其他类贷款违规变造为科技、绿色、涉农等重点领域贷款。4家银行680.59亿元名义上投向科技创新领域的贷款被挪作他用或空转套利。

思考:什么是审计?审计的目标是什么?审计有什么作用?

1-1 审计的产生与发展

任务一 掌握审计内涵

一、审计的产生与发展

(一)审计的源起

注册会计师制度随公司制度产生于19世纪中期,其源于企业所有权和经营权的分离(简称"两权"分离)。随着"两权"分离,所有者不再直接参与企业的日常经营管理,这就产生了所有者如何对经营者的行为进行监督和控制的问题,也由此产生了经营者定期通过财务报表向所有者报告财务状况和经营成果的需要。其中,财务报表是由企业管理层编制和提供的,其自身利益通常与企业的财务状况与经营成果挂钩,需要由独立的第三方——注册会计师对财务报表进行审计,出具客观、公正的审计报告以对财务报表信息进行保证。注册会计师、所有者、经营者三者的关系如图1-1所示。

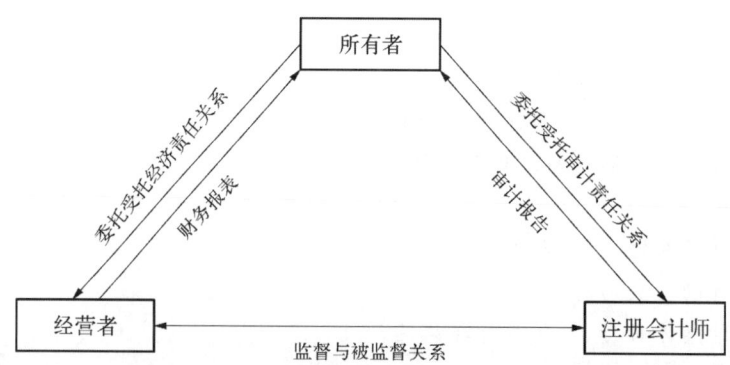

图1-1 注册会计师、所有者、经营者三者的关系

会计信息对企业资源配置具有重要作用,财务报表使用者需要根据财务报表作出相关经济决策。由于企业管理层是提供财务报表的责任主体,因此编制的财务报表容易受到利

益驱动而失真,而审计能够有效地降低财务报表使用者进行决策所面临的信息失真风险,提高经济决策的有效性,维护市场经济秩序和保护公众利益。随着审计行业的不断发展,注册会计师需要灵活应对审计环境的各种变化,持续创新审计方法,为审计委托者提供更高质量的服务。审计方法的创新经历了账项基础审计、制度基础审计到风险导向审计等几个阶段。

(二)国外审计的产生与发展

注册会计师审计起源于意大利合伙企业制度,形成于英国股份制企业制度,发展和完善于美国的资本市场,是伴随商品经济的发展而产生和发展起来的。

1. 注册会计师审计的起源

16世纪,在意大利的商业城市中出现了一批具有会计知识、专门从事查账和公证工作的专业人员,他们所进行的查账与公证,可以说是注册会计师审计的起源。随着此类专业人员的增多,他们于1581年创立了威尼斯会计协会,米兰等城市的职业会计师也成立了类似的组织。18世纪下半叶,英国出现了第一批以查账为职业的独立会计师。他们受企业主委托,对企业会计账目进行逐笔检查,目的是查错防弊,检查结果也只向企业主报告,而是否聘请独立会计师进行查账由企业主自行决定。因此,当时的独立审计尚属于任意审计。

1721年,英国"南海公司"以虚假的会计信息诱骗投资人上当,其股票价格一时扶摇直上。但好景不长,"南海公司"最终未能逃脱破产倒闭的厄运,使股东和债权人损失惨重。英国议会聘请会计师查尔斯·斯耐尔对"南海公司"的账目进行审计。斯耐尔以"会计师"名义出具了"查账报告",从而宣告了注册会计师的诞生。1853年,第一个注册会计师的专业团体——爱丁堡会计师协会成立,该协会的成立,标志着注册会计师职业的诞生。

2. 注册会计师审计的形成

从1844年到20世纪初,是注册会计师的形成时期。由于英国的法律规定了股份公司和银行必须聘请注册会计师审计,因此英国注册会计师审计得到了迅速发展,并对当时的欧洲、美国及日本等产生了重大影响。这一时期注册会计师审计的主要特点是:注册会计师审计的法律地位得到了法律确认;审计的目的是查错防弊,保护企业资产的安全和完整;审计的方法是对会计账目进行详细审计;审计报告使用者主要为企业股东等。

3. 注册会计师审计的发展

从20世纪初开始,全球经济发展重心逐步由欧洲转向美国。因此,注册会计师审计在美国得到了迅速发展,并对注册会计师职业在全球的迅速发展发挥了重要作用。本时期美国注册会计师审计的主要特点有:审计对象由会计账目扩大到资产负债表;审计的主要目的是通过对资产负债表数据的检查,判断企业信用状况;审计方法从详细审计初步转向抽样审计;审计报告使用者除企业股东之外,还扩大到了债权人。

1929—1933年,注册会计师审计的主要特点有:审计对象转为以资产负债表和损益表为中心的全部财务报表及相关财务资料;审计的主要目的是对财务报表发表审计意见,以确定其是否真实可靠,而查错防弊转为次要目的;审计范围已扩大到测试相关的内部控制,并以控制测试为基础进行抽样审计;审计报告使用者扩大到股东、债权人、证券交易机构、税务部门、金融机构及潜在投资者;审计准则开始拟定,审计工作向标准化、规范化转变;注册会计师资格考试制度广泛推行,注册会计师职业素质普遍提高。

第二次世界大战以后,经济发达国家通过各种渠道推动本国的企业向海外拓展,跨国公司得到空前发展。国际资本的流动带动了注册会计师审计的跨国界发展,形成了一批国际会计师事务所。随着会计师事务所规模的扩大,"八大"国际会计师事务所形成,于20世纪80年代末合并为"六大",之后又合并成"五大"。时至今日,尚有"四大"国际会计师事务所,即普华永道(Price Waterhouse Coopers,PWC)、安永(Ernst&Young,EY)、毕马威(Klynveld Peat Marwick Goerdeler,KPMG)、德勤(Deloitte Touche Tohmatsu,DTT)。与此同时,审计技术也在不断发展,抽样审计方法得到普遍运用,风险导向审计方法得以推广,计算机辅助审计技术得到广泛采用,大数据审计技术快速发展。

(三)我国审计的产生与发展

1. 我国古代审计的产生和发展

我国古代审计的产生和发展经历了一个漫长的历史过程,如图1-2所示。

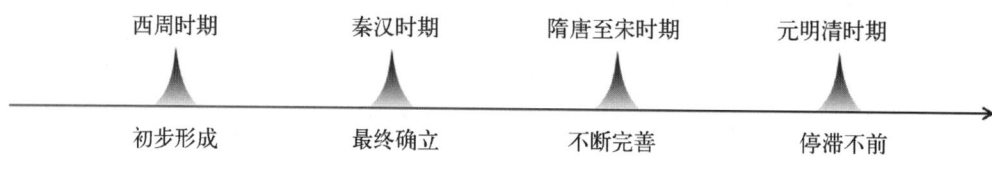

图1-2 我国古代审计的产生和发展

(1)西周时期。

早在西周时期,我国古代审计开始萌芽。当时中央政权设置"宰夫"一职,负责审查"财用之出入",并拥有"考其出入,而定刑赏"的职权。"宰夫"之职的出现,标志着我国国家审计的产生。

(2)秦汉时期。

秦汉时期是我国国家审计最终确立的阶段,其标志是"上计制度"逐渐完善。所谓"上计",就是皇帝亲自听取和审核各级地方官吏的财政会计报告以决定赏罚的一种制度。汉朝制定了"上计律",使上计制度有法可依,标志着我国审计立法的开始。

(3)隋唐至宋时期。

隋唐至宋时期,国家审计制度日臻健全。隋唐时期在刑部之下设"比部",掌管国家财计监督,行使审计职权,在组织体制上明确了比部的司法监督性质。唐代,国家审计得到了明显发展。宋初,曾专设"审计司",隶属于财政系统,实行财审合一。南宋改设"审计院"。

(4)元明清时期。

元明清时期,国家审计的发展停滞不前。元朝取消比部,由户部兼管财计报告的审核工作,独立的审计机构即告消亡。明初曾设比部,也随之取消;明末设都察院,以左右督察御史为正副长官,审查中央财计。清朝承明朝制,继续设都察院,其成为当时最高监督、弹劾和建议机关。

2. 我国近代审计的产生和发展

我国近代审计的产生与发展如图1-3所示。

1911年辛亥革命以后,北洋政府在1914年设立审计院,颁布审计法;1928年,"南京国民政府"设立审计院,后改为审计部。国民党政府于1928年颁布过《审计法》和实施细则,1929年颁布了《审计组织法》,审计人员有审计、协审、稽查等职责。1932年中央革命根据地

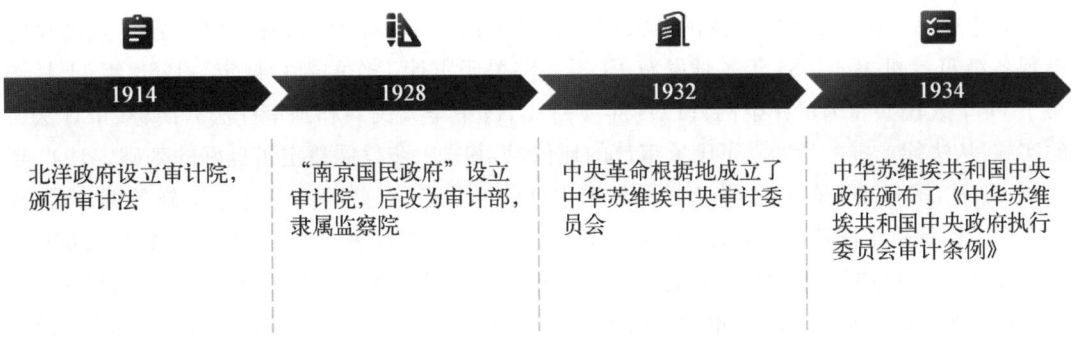

图 1-3 我国近代审计的产生与发展

成立了中华苏维埃中央审计委员会。1934年,中华苏维埃共和国中央政府颁布了《中华苏维埃共和国中央政府执行委员会审计条例》,这是中央苏区第一部完整的审计法律文献,该条例明确规定了中华苏维埃共和国审计机关的职权、审计程序、审计规则等,为苏区审计工作提供了权威严谨的制度规范和法律依据,这一举措标志着中国共产党在革命根据地实行了审计监督制度,体现了党对审计工作的高度重视和其在国家治理中的重要作用。

3. 我国现代审计的产生与发展

我国现代审计的产生与发展如图1-4所示。

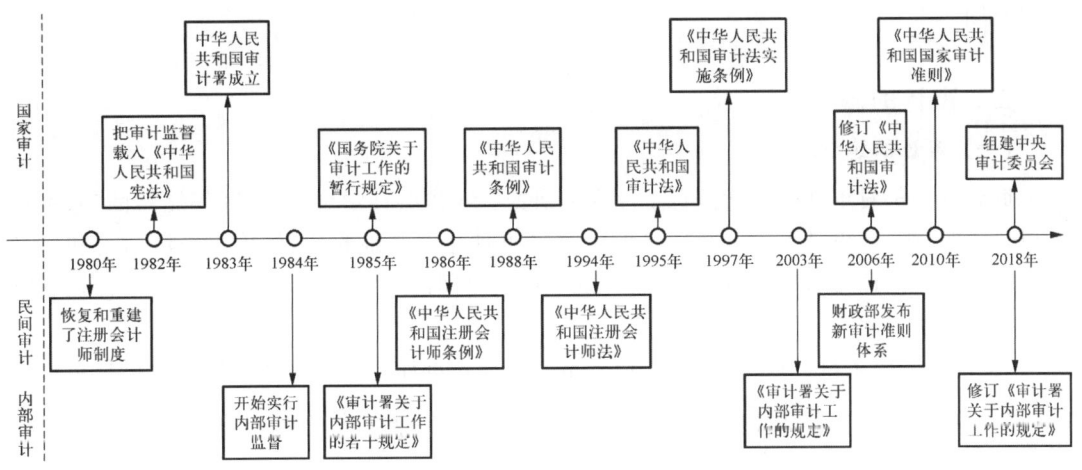

图 1-4 我国现代审计产生与发展

中华人民共和国成立以后,国家没有设置独立的审计机构。对企业的财税监督和货币管理,是通过不定期的会计检查进行的。党的十一届三中全会以来,党和政府把工作重点转移到经济建设上来,并采取了一系列的方针政策。为适应这种需要,我国在1980年恢复和重建了注册会计师制度,财政部颁布了《关于成立会计顾问处的暂行规定》,注册会计师制度在改革开放中获得了迅速发展。1986年7月,国务院发布了《中华人民共和国注册会计师条例》,标志着我国民间审计的发展进入了一个新阶段。1994年1月1日《中华人民共和国注册会计师法》(简称《注册会计师法》)的实施,使民间审计进入了法治轨道,并得到迅猛发展,2006年2月15日财政部发布新审计准则体系,实现了民间审计的国际接轨。

此外,我国把建立政府审计机构、实行审计监督载入1982年修改的《中华人民共和国宪法》,并于 1983 年 9 月成立了我国国家审计的最高机关——审计署,在县以上各级人民政府设置各级审计机关。1985 年 8 月发布了《国务院关于审计工作的暂行规定》;1988 年 11 月颁布了《中华人民共和国审计条例》;1995 年 1 月 1 日《中华人民共和国审计法》(简称《审计法》)的实施,从法律上进一步确立了国家审计的地位,为其进一步发展奠定了良好的基础。1997 年 10 月 21 日,国务院发布了《中华人民共和国审计法实施条例》(简称《审计法实施条例》),为我国审计工作提供了法律框架和操作指南,确保了审计工作的合法性、公正性和有效性。2006 年 2 月原《中华人民共和国审计法》修订,自 2006 年 6 月 1 日起施行。2010 年《中华人民共和国国家审计准则》颁布,标志着我国审计法治建设的又一重要进展,是完善审计法律制度、构建国家审计准则体系的重要里程碑。2018 年 3 月,中国共产党中央委员会组建中央审计委员会,其成立是我国审计改革和发展的里程碑。2021 年 10 月,《中华人民共和国审计法》再次修订,自 2022 年 1 月 1 日起施行。

为了全面开展审计工作,完善审计监督体系,加强部门、单位内部经济监督和管理,我国于 1984 年在部门、单位内部成立了审计机构,实行内部审计监督。1985 年 10 月发布了《审计署关于内部审计工作的若干规定》,在各级政府审计机关、各级主管部门的积极推动下,内部审计蓬勃发展。2003 年 5 月 1 日,审计署颁布施行了《审计署关于内部审计工作的规定》。2018 年 1 月 12 日,为适应新形势的需要,审计署对该规定进行了修订并发布。至此,我国形成了国家审计、民间审计和内部审计三位一体的审计监督体系,审计制度和审计工作进入了振兴时期。

1-2 审计的定义与分类

二、审计的概念

(一) 审计的定义

世界各国都对审计的概念进行了深入的研究。美国会计学会在 1973 年颁布的《基本审计概念说明》中,给审计下了一个广义的定义:"审计是客观地收集、评价与经济活动和经济事项认定相关的证据,以确认这些认定与既定标准之间的一致程度,并将审计结果传达利害关系人的系统过程。"

《审计法实施条例》对审计所下的定义是:"审计是审计机关依法独立检查被审计单位的会计凭证、会计账簿、财务会计报告以及其他与财政收支、财务收支有关的资料和资产,监督财政收支、财务收支真实、合法和效益的行为。"

《中国注册会计师审计准则第 1101 号——注册会计师的总体目标和审计工作的基本要求》规定:审计的目的是提高财务报表预期使用者对财务报表的信赖程度。这一目的可以通过注册会计师对财务报表是否在所有重大方面按照适用的财务报告编制基础编制发表审计意见得以实现。就大多数通用目的财务报告编制基础而言,注册会计师针对财务报表是否在所有重大方面按照财务报告编制基础编制并实现公允反映发表审计意见。注册会计师按照审计准则和相关职业道德要求执行审计工作,从而形成审计的意见。

(二) 审计的特征

根据审计的产生与发展、定义,审计的特征可以概括为独立性和权威性。

1. 独立性

审计是具有独立性的经济监督活动。审计的独立性是指审计机构和审计人员在审计过程中自始至终不受外来或内在因素的影响和干扰,是审计的重要特征,是保证审计工作顺利进行的必要条件。

(1) 独立性的基本原则。

审计要保持独立性,必须做到组织独立、人员独立、经济独立和工作独立。组织独立是指审计机构应独立于被审计单位之外,与被审计单位在组织上没有行政隶属关系;人员独立是指审计人员与审计委托人、被审计单位没有行政隶属关系,审计人员与被审计单位高管、财务人员没有亲密的伦理关系,公司员工离职后到事务所或事务所员工离职后到公司需要间隔一定的时间;经济独立是指审计机构经济应有法定来源不受被审计单位的制约;工作独立是指审计人员秉公执行审核检查,独立编制审计计划,独立取证,独立作出审计结论。

(2) 独立性的基本内容。

独立性是审计人员的生命,保证审计人员独立性需要从形式上的独立性、实质上的独立性两方面出发。形式上的独立性是指按照审计人员职业道德准则的要求,审计人员与委托单位存在相应利害关系时,应向所在审计机构声明并应实行回避;实质上独立,是指审计人员在审计过程中保证一种公正无偏的态度,一种在履行专业判断和发表审计意见时不依赖和屈从于外界压力的内心状态。形式上独立是实质上独立的必要条件,形式上不独立,就不能保证实质上独立,而形式上独立也不一定能够保持实质上独立,审计人员更重要的是保持实质上的独立。

2. 权威性

审计组织的权威性是与审计组织的独立性相关的。审计组织的权威性是审计监督正常发挥作用的重要保证。审计组织的权威性由以下两方面决定。

(1) 审计组织的地位和权力由法律明确规定。

为了有效地保证审计组织独立地行使审计监督权,各国法律对实行审计制度、建立审计机关以及审计机构的地位和权力都作出了明确的规定,使得审计组织在地位上和权力上的权威性在法律上得到体现。如《中华人民共和国宪法》(简称《宪法》)、《中华人民共和国审计法》(简称《审计法》)、《中华人民共和国注册会计师法》(简称《注册会计师法》)等对国家审计机关、民间审计组织的设立、职权范围都作出了明确规定。我国的内部审计机构也是根据有关法律设置的。这些都充分体现了审计组织的法定地位和权威性。

(2) 审计人员依法执行职权,受法律保护。

法律规定,任何组织和个人不得拒绝、阻碍审计人员依法执行职务,不得打击报复审计人员。审计组织或人员以独立于企业所有者和经营者的"第三者"身份进行工作,且取得审计人员资格必须通过国家统一规定的严格考试,因而他们具有较强的专业知识,这就保证了其所从事的审计工作具有准确性、科学性。正因为如此,审计人员的审计报告具有一定的社会权威性。

> **关键阐释**
>
> 《审计法》对审计机关、经费来源及审计人员三方面的独立性做了明确规定。如《审计法》第五条规定:"审计机关依照法律规定独立行使审计监督权,不受其他行政机关、社会团体和个人干涉。"《注册会计师法》第六条规定:"注册会计师和会计师事务所依法独立、公正执行业务,受法律保护。"

(三) 审计的职能

审计的职能是指审计能够完成任务、发挥作用的内在功能,其随着社会经济的发展和人类认识能力的提高而不断加深和扩展。通常来说,审计具有经济监督、经济评价和经济鉴证职能。

1. 经济监督

经济监督是审计的基本职能,它主要通过审计,督促被审计单位的经济活动在规定的范围内沿着正常的轨道健康运行,检查受托经济责任人忠实履行经济责任的情况,借以揭露违法乱纪,制止损失浪费,查明错误弊端,判断管理缺陷,追究经济责任。审计机关和审计人员从依法检查到依法评价,从依法作出审计处理处罚决定到督促决定的执行都体现经济监督职能。不只是国家审计具有监督职能,社会审计和内部审计也具有监督职能。

2. 经济评价

经济评价职能,是指审计机构和审计人员对被审计单位的经济资料及经济活动进行审查,对被审计单位经营活动的经济性、效率性和效果性进行评价,肯定成绩,指出问题,总结经验,寻求改善管理,帮助被审计单位提高经济效益。效益审计最能体现审计的经济评价职能。

3. 经济鉴证

经济鉴证职能,是指审计机构和审计人员对被审计单位财务报表及其他经济资料进行检查和验证,确定其财务状况和经营成果是否真实、公允、合法、合规,并出具证明性审计报告,提高财务信息的可信度。审计的经济鉴证职能,包括鉴定和证明两个方面。

(四) 审计的对象

审计对象是指审计监督的客体,即审计监督的内容和范围。正确认识审计对象,有利于对审计概念的正确理解、审计方法的正确运用和审计监督职能的进一步发挥。

描述审计的对象,必须明确与审计对象有关的基本问题:一是审计的主体。审计的主体是指审计机构和审计人员,即实施审计监督的执行者。二是审计的范围。审计的范围是指审计监督客体的外延,它是审计对象的组成部分,具体地说就是被审计单位。三是审计的主要内容。审计的主要内容构成审计对象的内涵,即财务收支及经营管理活动。四是审计所依据的信息来源。审计所依据的信息来源是指形成审计证据的各种文字、数据以及电子计算机的磁带、磁盘、磁鼓等。

总的来说,审计的对象可以概括为被审计单位的财务收支及经营管理活动。具体来说,包括以下两个方面内容:

(1) 被审计单位的财务收支及有关的经营管理活动。

不论是传统审计还是现代审计,不论是国家审计还是民间审计、内部审计,都要求以被审计单位客观存在的财务收支及有关的经营管理活动作为审计对象,对其是否公允、合法合理进行审查和评价,以便对其所负受托经济责任是否认真履行进行确认、证明和监督。根据《宪法》规定,我国国家审计的对象,为国务院各部门和地方政府的财政收支,以及国家财政金融机构和企业、事业组织的财务收支。内部审计的对象为本部门、本单位的财务收支及有关经营管理活动。

(2) 被审计单位的各种作为提供财务收支及有关经营管理活动信息载体的会计资料和其他有关资料。

审计对象主要包括:① 记载和反映被审计单位财务收支等会计信息的会计凭证、账簿报表等会计资料以及有关计划、预算、经济合同等其他资料;② 提供被审计单位的经营管理活动信息的载体,除上述会计、计划统计等资料外,还有经营目标、预测、决策方案等经济活动分析资料、技术资料等其他资料,电子计算机的磁带、磁盘、磁鼓等会计信息载体。

综上所述,审计的对象是指被审计单位的财务收支及有关的经营管理活动以及作为提供这些经济活动信息载体的会计报表和其他有关资料。因此,会计报表和其他有关资料是审计对象的"现象",其所反映的被审计单位的财务收支及有关的经营管理活动才是审计对象的"本质"。

三、我国的审计监督体系

审计按不同主体划分为国家审计、民间审计和内部审计,并相应的形成了三类审计组织机构,共同构成了审计监督体系。

1. 国家审计

国家审计是指政府审计机关,如审计署和地方审计厅局,依法对政府部门的财政收支进行的检查监督,此外还包括对国有的金融机构和企事业组织的财务收支进行的检查监督。

2. 民间审计

民间审计是指注册会计师接受客户委托,对客户财务报表进行独立检查并发表意见。

民间审计和国家审计共同发挥作用,是国家维护市场经济秩序,强化经济监督的有力手段,两者都是国家治理体系及治理能力现代化建设的重要方面,但在审计目的和对象、审计的标准、经费或收入来源、取证权限及对发现问题的处理方式等方面存在不同,如表1-1所示。

表1-1 国家审计和民间审计的区别

项 目	国 家 审 计	民 间 审 计
执行主体	政府审计机关(审计署和地方审计厅局)	注册会计师
审计对象和目标	政府财政收支、国有金融机构和企事业组织财务收支;确定其是否真实、合法和具有效益	企业财务报表;确定其是否符合企业会计准则、是否公允编制
执业标准	《审计法》和《国家审计准则》	《注册会计师法》和《注册会计师审计准则》
行为性质	行政行为	市场行为、有偿服务
经费或收入来源	财政预算由政府保证	和审计客户协商
取证权限	具备更大的强制力,有关单位和个人应当支持、协助、反馈和提供材料	不具备行政强制力,很大程度上有赖于企业及相关单位配合和协助
对发现问题的处理方式	作出审计决定,提出处理和处罚意见	提请企业调整或披露,如企业拒绝,酌情出具保留或否定意见的审计报告

3. 内部审计

内部审计,是由各部门、各单位内部设置的专门机构或人员实施的审计,包括部门内部审计和单位内部审计两大类。这种专职的审计机构或人员,独立于财会部门之外,直接接受本部门、本单位董事会下设的审计委员会或主要负责人的领导,依法对本部门、本单位及其下属单位的财务收支、经营管理活动和经济效益进行审计监督。内部审计的主要目的是纠错防弊,促使改善经济管理,提高经济效益。内部审计和民间审计的区别如表1-2所示。

表1-2　　　　　　　　　　　内部审计和民间审计的区别

项　目	内　部　审　计	民　间　审　计
审计独立性	受到一定限制,独立性只是相对于本单位其他职能部门而言的	较强的独立性
审计方式	根据自身经营管理的需要安排进行	接受委托进行
审计程序	根据所执行业务的目的和需要选择并实施	严格按照执业准则的规定进行
审计职责	只对本单位负责	不仅对被审计单位负责,还对社会负责
审计质量的影响	审计质量基本与外界无直接关系	审计质量对广大财务信息使用者作出相关决策有直接影响
审计作用	只作为本单位改善工作的参考,对外不起鉴证作用,对外保密	对外公开并起鉴证作用

由于民间审计在整个审计监督体系中具有超然的独立性,有较强的专业性和权威性,本书下文阐述时,以民间审计为主。

任务二　明确审计目标

审计目标分为审计的总体目标和审计的具体目标。审计的总体目标,是指审计人员为完成整体审计工作而达到的预期目的;审计的具体目标,是指审计人员通过实施审计程序以确定管理层在财务报表中确认的各类交易、账户余额、列报和披露层次认定是否恰当。审计人员在了解每个项目的认定后,就很容易确定每个项目的具体审计目标。

1-3　总体审计目标

一、审计的总体目标

《中国注册会计师审计准则第1101号——注册会计师的总体目标和审计工作的基本要求》规定,财务报表审计的总体目标:一是对财务报表整体是否不存在由于舞弊或错误导致的重大错报获取合理保证,使得注册会计师能够对财务报表是否在所有重大方面按照适用的财务报告编制基础编制发表审计意见;二是按照审计准则的规定,根据审计结果对财务报表出具审计报告,并与管理层和治理层沟通。

二、认定

一般来说,审计的具体目标应根据审计总体目标和被审计单位管理层对财务报表的认定来确定。认定,是指管理层在财务报表中作出的明确或隐含的表达,审计人员将其用于考虑可能发生的不同类型的潜在错报。认定与具体审计目标密切相关,审计人员的基本职责就是确定被审计单位管理层对财务报表的认定是否恰当。审计人员了解认定,就是要确定每个项目的具体审计目标。

当管理层声明财务报表已按照适用的财务报告编制基础编制,在所有重大方面作出公允反映时,就意味着管理层对各类交易和事项、账户余额及披露的确认、计量和列报作出了认定。管理层在财务报表上的认定有些是明确表达的,有些则是隐含表达的。例如,管理层在资产负债表中列报存货及其金额,意味着作出下列明确的认定:① 记录的存货是存在的;② 存货以恰当的金额包括在财务报表中,与之相关的计价或分摊调整已恰当记录。同时,管理层也作出下列隐含的认定:① 所有应当记录的存货均已记录;② 记录的存货都由被审计单位所有。

对于管理层对财务报表各组成要素作出的认定,审计人员的审计工作就是要确定管理层的认定是否恰当。

(一) 关于所审计期间各类交易、事项及相关披露的认定

关于所审计期间各类交易、事项及相关披露的认定通常分为以下类别:

(1) 发生:记录或披露的交易和事项已发生,且这些交易和事项与被审计单位有关。

(2) 完整性:所有应当记录的交易和事项均已记录,所有应当包括在财务报表中的相关披露均已包括。

(3) 准确性:与交易和事项有关的金额及其他数据已恰当记录,相关披露已得到恰当计量和描述。

(4) 截止:交易和事项已记录于正确的会计期间。

(5) 分类:交易和事项已记录于恰当的账户。

(6) 列报:交易和事项已被恰当地汇总或分解且表述清楚,相关披露在适用的财务报告编制基础上是相关的、可理解的。

> **关键阐释**
>
> 发生认定强调交易事项真实发生、并非虚构,体现在金额方面,则是没有高估。
>
> 完整性认定强调交易事项没有遗漏、没有隐瞒,体现在金额方面,则是没有低估。
>
> 准确性认定建立在交易事项真实发生、没有遗漏的基础上,强调计算参数和运算过程准确无误,体现在金额方面,则是不多不少。
>
> 截止认定强调交易事项计入正确的会计期间,既没有将下一期的交易事项提前确认,又没有将本期的交易事项推迟确认,体现在金额方面,则是既没有高估又没有低估。
>
> 分类认定强调交易事项计入恰当的账户,没有"表内串户"。

(二) 关于期末账户余额及相关披露的认定

关于期末账户余额及相关披露的认定通常分为以下类别:

(1) 存在:记录的资产、负债和所有者权益是存在的。

(2) 权利和义务:记录的资产由被审计单位拥有或控制,记录的负债是被审计单位应当履行的偿还义务。

(3) 完整性：所有应当记录的资产、负债和所有者权益均已记录，所有应当包括在财务报表中的相关披露均已包括。

(4) 准确性、计价和分摊：资产、负债和所有者权益以恰当的金额包括在财务报表中，与之相关的计价或分摊调整已恰当记录，相关披露已得到恰当计量和描述。

(5) 分类：资产、负债和所有者权益已记录于恰当的账户。

(6) 列报：资产、负债和所有者权益已被恰当地汇总或分解且表述清楚，相关披露在适用的财务报告编制基础上是相关的、可理解的。

审计人员可以按照上述分类运用认定，也可按其他方式表述认定，但应涵盖上述所有方面。例如，审计人员可以选择将关于各类交易、事项及相关披露的认定与关于账户余额及相关披露的认定综合运用。再如，当发生和完整性认定包含了对交易是否记录于正确会计期间的恰当考虑时，就可能不存在与交易和事项截止相关的单独认定。

> **关键阐释**
>
> 存在认定强调期末余额真实存在、并非虚构，体现在金额方面，则是没有高估。
>
> 完整性认定强调期末余额没有遗漏、没有隐瞒，没有低估。
>
> 权利和义务认定强调资产的权属、负债的偿还义务等。
>
> 准确性、计价和分摊认定强调期末余额准确无误，相关折旧、摊销、减值等影响均已恰当地考虑。
>
> 分类认定强调期末余额记入恰当的账户。

三、审计的具体目标

注册会计师了解认定后，就很容易确定每个项目的具体审计目标，并以此作为评估重大错报风险，以及设计和实施进一步审计程序的基础。

（一）与所审计期间各类交易、事项及相关披露相关的审计目标

(1) 发生：由发生认定推导的审计目标是确认已记录的交易是真实的。例如，如果没有发生销售交易，但在销售日记账中记录了一笔销售，则违反了该目标。发生认定所要解决的问题是管理层是否把那些不曾发生的项目列入财务报表，它主要与财务报表组成要素的高估有关。

(2) 完整性：由完整性认定推导的审计目标是确认已发生的交易确实已经记录，所有应包括在财务报表中的相关披露均已包括。例如，如果发生了销售交易，但没有在销售明细账和总账中记录，则违反了该目标。

发生和完整性强调的都是相反的关注点。发生目标针对多记、虚构交易（高估），而完整性目标则针对漏记交易（低估）。

(3) 准确性：由准确性认定推导出的审计目标是确认已记录的交易是按正确金额反映的，相关披露已得到恰当计量和描述。例如，如果在销售交易中，发出商品的数量与账单上的数量不符，或是开账单时使用了错误的销售价格，或是账单中的乘积或加总有误，或是在销售明细账中记录了错误的金额，则违反了该目标。

准确性与发生、完整性之间存在区别。例如，若已记录的销售交易是不应当记录的（如

发出的商品是寄销商品），则即使发票金额是准确计算的，仍违反了发生目标。再如，若已入账的销售交易是对正确发出商品的记录，但金额计算错误，则违反了准确性目标，没有违反发生目标。在完整性与准确性之间也存在同样的关系。

（4）截止：由截止认定推导出的审计目标是确认接近于资产负债表日的交易记录于恰当的期间。例如，如果本期交易推到下期，或下期交易提到本期，均违反了截止目标。

（5）分类：由分类认定推导出的审计目标是确认被审计单位记录的交易经过适当分类。例如，如果将出售经营性固定资产所得的收入记录为营业收入，则导致交易分类的错误，违反了分类的目标。

（6）列报：由列报认定推导出的审计目标是确认被审计单位的交易和事项已被恰当地汇总或分解且表述清楚，相关披露在适用的财务报告编制基础上是相关的、可理解的。

（二）与期末账户余额及相关披露相关的审计目标

（1）存在：由存在认定推导出的审计目标是确认已记录的金额确实存在。例如，如果不存在某顾客的应收账款，在应收账款明细表中却列入了对该顾客的应收账款，则违反了存在目标。

（2）权利和义务：由权利和义务认定推导出的审计目标是确认资产归属于被审计单位，负债属于被审计单位的义务。例如，将他人寄售商品列入被审计单位的存货中，违反了权利目标；将不属于被审计单位的债务记入账内，违反了义务目标。

（3）完整性：由完整性认定推导的审计目标是确认已存在的金额均已记录，所有应包括在财务报表中的相关披露均已包括。例如，如果存在某顾客的应收账款，而应收账款明细表中却没有列入，则违反了完整性目标。

（4）准确性、计价和分摊：资产、负债和所有者权益以恰当的金额包括在财务报表中，与之相关的计价或分摊调整已恰当记录，相关披露已得到恰当计量和描述。

（5）分类：资产、负债和所有者权益已记录于恰当的账户。

（6）列报：资产、负债和所有者权益已被恰当地汇总或分解且表述清楚，相关披露在适用的财务报告编制基础下是相关的、可理解的。

认定是确定具体审计目标的基础。审计人员通常将认定转化为能够通过审计程序予以实现的审计目标。针对财务报表每一项目所表现出的各项认定，审计人员相应地确定一项或多项审计目标，然后通过执行一系列审计程序获取充分、适当的审计证据以实现审计目标。认定、审计目标和审计程序之间的关系举例如表1-3所示。

表1-3　　　　　　　　认定、审计目标和审计程序之间的关系举例

认定	审计目标	审计程序
存在	资产负债表列示的存货存在	实施存货监盘程序
完整性	销售收入包括了所有已发货的交易	检查发货单和销售发票的编号以及销售明细账
准确性	销售业务是否基于正确的价格和数量，计算是否准确	比较价格清单与发票上的价格、发货单与销售订购单上的数量是否一致，重新计算发票上的金额

(续表)

认 定	审计目标	审计程序
截止	销售业务记录在恰当的期间	比较上一年度最后几天和下一年度最初几天的发货单日期与记账日期
权利和义务	资产负债表中的固定资产确实为公司所有	查阅所有权证书、购货合同、结算单和保险单
准确性、计价和分摊	以净值记录应收款项	检查应收账款账龄分析表、评估计提的坏账准备是否充足

任务三　控制审计风险

审计风险,是指当财务报表存在重大错报时,注册会计师发表不恰当审计意见的可能性。审计风险取决于重大错报风险和检查风险,如图1-5所示。

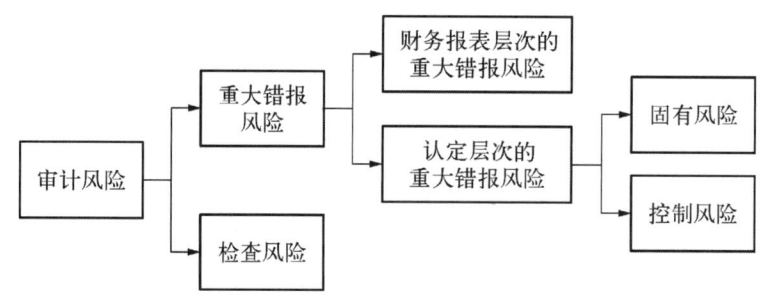

图1-5　审计风险

一、重大错报风险

重大错报风险,是指财务报表在审计前存在重大错报的可能性。重大错报风险与被审计单位的风险相关,且独立于财务报表审计而存在。在设计审计程序以确定财务报表整体是否存在重大错报时,审计人员应当从财务报表层次和各类交易、账户余额、列报和披露认定层次考虑重大错报风险。

(一)财务报表层次的重大错报风险

财务报表层次重大错报风险与财务报表整体存在广泛联系,可能影响多项认定。此类风险通常与控制环境有关,如管理层缺乏诚信、治理层形同虚设而不能对管理层进行有效监督等;但也可能与其他因素有关,如经济萧条、企业所在行业处于衰退期。此类风险在某类交易、账户余额、列报的具体认定中难以被界定;相反,此类风险增大了一个或多个不同认定发生重大错报的可能性,可能与由舞弊引起的风险特别相关。

(二) 认定层次的重大错报风险

认定层次的重大错报风险又可以进一步细分为固有风险和控制风险。

固有风险,是指在考虑相关的内部控制之前,某类交易、账户余额或披露的某一认定易于发生错报(该错报单独或连同其他错报可能是重大的)的可能性。

控制风险,是指某类交易、账户余额或披露的某一认定发生错报,该错报单独或连同其他错报是重大的,但没有被内部控制及时防止或发现并纠正的可能性。控制风险取决于与财务报表编制有关的内部控制设计和运行的有效性。由于控制的固有局限性,某种程度的控制风险始终存在。

> **关键阐释**
>
> 重大错报风险首先被划分为报表层次和认定层次,认定层次又被进一步划分为固有风险和控制风险。切勿忽略层次谈分类。
>
> 重大错报风险是客观存在的,与注册会计师是否审计无关。因此,注册会计师不能升高、降低、调节、控制、消除重大错报风险,但是可以识别、评估和应对重大错报风险。

二、检查风险

检查风险,是指如果存在某一错报,该错报单独或连同其他错报可能是重大的,注册会计师将审计风险降至可接受的低水平而实施程序后没有发现这种错报的风险。检查风险取决于审计程序设计的合理性和执行的有效性。由于审计人员通常并不对所有的交易、账户余额和披露进行检查,以及其他原因,检查风险不可能降低为零。其他原因包括审计人员可能选择了不恰当的审计程序、审计过程执行不当,或者错误解读了审计结论。这些因素可以通过适当计划、在项目组成员之间进行恰当的职责分配、保持职业怀疑态度,以及监督、指导和复核项目组成员执行的审计工作得以解决。

1-4 审计风险模型

三、检查风险与重大错报风险的反向关系

在既定的审计风险水平下,可接受的检查风险水平与认定层次重大错报风险的评估结果呈反向关系。评估的重大错报风险越高,可接受的检查风险越低;评估的重大错报风险越低,可接受的检查风险就越高。检查风险与重大错报风险的反向关系用数学模型表示如下:

$$审计风险 = 重大错报风险 \times 检查风险$$

四、审计的固有限制

审计人员不可能将审计风险降至零,因此不能对财务报表不存在由舞弊或错误导致的重大错报获取绝对保证。这是因为审计存在固有限制,导致审计人员据以得出结论和形成审计意见的大多数审计证据是说服性而非结论性的。审计的固有限制源于:① 财务报告的性质;② 审计程序的性质;③ 在合理的时间内以合理的成本完成审计的需要。

1. 财务报告的性质

许多财务报表项目涉及主观决策、评估或不确定性,如其金额本身存在一定的变动幅度,这种变动幅度不能通过实施审计程序予以消除。

2. 审计程序的性质

(1) 管理层或其他人员可能有意或无意地不提供与财务报表编制相关的,或注册会计师要求的全部信息。

(2) 舞弊可能涉及精心策划和蓄意实施以进行隐瞒,注册会计师不应被期望成鉴定文件真伪的专家。

(3) 审计不是对涉嫌违法行为的官方调查。

3. 财务报告的及时性和成本效益的权衡

审计人员应在合理时间内以合理成本对财务报表形成审计意见。

关键阐释

由于审计存在固有限制:

(1) 大多数审计证据是说服性而非结论性的。

(2) 注册会计师不能对财务报表不存在由舞弊或错误导致的重大错报获取绝对保证,检查风险也不能降低为零。

(3) 完成审计后发现财务报表存在重大错报,并不一定表明注册会计师的失责(但固有限制不是注册会计师满足于说服力不足的审计证据的理由)。

审计收费水平过低、注册会计师胜任能力不足、注册会计师职业判断有误等情况,均不属于审计固有限制的来源。

任务四　了解审计过程

风险导向审计模式要求审计人员在审计过程中,以重大错报风险的识别、评估和应对作为工作主线。相应地,审计过程大致可分为以下几个阶段,如图1-6所示。

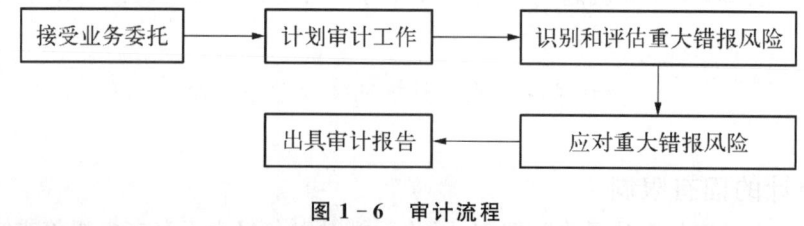

图1-6　审计流程

一、接受业务委托

会计师事务所应当按照执业准则的规定,谨慎决策是否接受或保持某客户关系和具体审计业务。在接受新客户的业务前，或决定是否保持现有业务或考虑接受现有客户的新业务时，会计师事务所应当执行有关客户接受与保持的程序，以获取如下信息：① 考虑客户的诚信，没有信息表明客户缺乏诚信；② 具有执行业务必要的素质、专业胜任能力、时间和资源；③ 能够遵守相关职业道德要求。

会计师事务所执行客户接受与保持的程序的目的，旨在识别和评估会计师事务所面临的风险。例如，如果审计人员发现潜在客户正面临财务困难，或者得知现有客户曾作出虚假陈述，那么可以认为接受或保持该客户的风险非常高，甚至是不可接受的。会计师事务所除考虑客户的风险之外，还需要考虑自身执行业务的能力，如：当工作需要时能否获得合适的具有相应资格的员工；能否获得专业化协助；是否存在任何利益冲突；能否对客户保持独立性等。

注册会计师需要作出的最重要的决策之一就是接受和保持客户。一项低质量的决策会导致不能准确地确定计酬的时间或未被支付的费用，增加项目合伙人和员工的额外压力，使会计师事务所声誉遭受损失，或者涉及潜在的诉讼。

一旦决定接受业务委托，审计人员应当与客户就审计约定条款达成一致意见。对于连续审计，注册会计师应当根据具体情况确定是否需要修改业务约定条款，以及是否需要提醒客户注意现有的业务约定书。

二、计划审计工作

计划审计工作十分重要。如果没有恰当的审计计划，不仅无法获取充分、适当的审计证据，影响审计目标的实现，还会浪费有限的审计资源，影响审计工作的效率。因此，对于任何一项审计业务，注册会计师在执行具体审计程序之前，都必须根据具体情况制定科学、合理的计划，使审计业务以有效的方式得到执行。一般来说，计划审计工作主要包括：在本期审计业务开始时开展的初步业务活动；制定总体审计策略；制定具体审计计划等。需要指出的是：计划审计工作不是审计业务的一个孤立阶段，而是一个持续的、不断修正的过程，贯穿于整个审计过程的始终。

三、识别和评估重大错报风险

审计准则规定，审计人员必须实施风险评估程序，以此作为评估财务报表层次和认定层次重大错报风险的基础。风险评估程序是指审计人员为了解被审计单位及其环境，以识别和评估财务报表层次和认定层次的重大错报风险（无论该错报是由舞弊还是错误导致的）而实施的审计程序。了解被审计单位及其环境为审计人员在许多关键环节作出职业判断提供了重要基础。了解被审计单位及其环境实际上是一个连续和动态地收集、更新与分析信息的过程，贯穿整个审计过程的始终。

一般来说，实施风险评估程序的主要工作包括：了解被审计单位及其环境；识别和评估财务报表层次以及各类交易、账户余额和披露认定层次的重大错报风险，包括确定需要特别考虑的重大错报风险（即特别风险），以及仅通过实施实质性程序无法应对的重大错报风险等。

四、应对重大错报风险

审计人员实施风险评估程序本身并不足以为发表审计意见提供充分、适当的审计证据，还应当实施进一步审计程序,包括实施控制测试(必要时或决定测试时)和实质性程序。因此,审计人员在评估财务报表重大错报风险后,应当运用职业判断,针对评估的财务报表层次重大错报风险确定总体应对措施,并针对评估的认定层次重大错报风险设计和实施进一步的审计程序,以将审计风险降至可接受的低水平。

五、出具审计报告

审计人员在完成进一步审计程序后,还应当按照有关审计准则的规定做好审计完成阶段的工作,并根据所获取的审计证据,合理运用职业判断,形成适当的审计意见,编制审计报告。

拥抱远程审计:审计数字化转型升级

1. 远程审计的定义

实务应用中,远程审计也被称为联网审计、在线审计、虚拟审计。国外学者将远程审计定义为:审计师将信息和通信技术与数据分析结合起来,以评估财务数据和内部控制的准确性,收集电子证据,并与客户进行互动的过程。远程审计的所有工作都不需要审计师亲自到客户现场执行。

2. 远程审计的价值体现

(1)节省时间金钱:将大大减少往返审计地点的金钱和时间。

(2)避开不利现场:有些审计现场可能由于政治、特殊的地理位置、卫生健康安全等方面的原因难以进入,或是对审计师个人安全健康不利;使用远程审计,可以避开这些障碍。

(3)减少后勤工作:被审方无须为审计团队预订和清洁会议室,无须安排住宿餐饮。

(4)提升审计效率:远程电子审计的效率将大大提高,完成某项任务所需的时间更少。

3. 远程审计的障碍

(1)技术问题:任何一方的网络出现问题都会导致远程审计无法进行。

(2)参与问题:如果被审计方不组织相关人员参与,远程审计就没有办法进行。

(3)信任问题:远程沟通特别是非语言沟通不能发现在现场面谈过程中可能挖掘出的信息。

(4)知识技能问题:如果审计师缺乏使用信息技术进行远程审计的经验,又未能提供充分有效的技术培训,就会导致审计师无法收集足够的审计证据,从而无法客观地进行评估。

思考与启示:未来真正的远程审计应该是按需审计,由持续风险监控和评估输出结果触发。远程审计未来将由与传统审计流程结合转向按需审计,整个审计生态链上的各个组织,应主动拥抱远程审计,各司其职、各展所长,共同开创一条审计数字化转型的升级之路。

项目小结

(1) 审计是一种由独立的专业人员,依据相关法规和标准,对被审计对象的财务收支、经营管理活动及其相关资料的真实性、合法性、效益性进行检查、监督和评价,并出具审计报告的经济监督活动。

(2) 注册会计师审计的目标是通过对被审计单位财务报表的合法性、公允性及内部控制的有效性进行独立、客观的评价与鉴证,确认其真实性、公允性和合法性,揭示潜在的错误或舞弊,确保财务报表符合会计准则要求,为信息使用者提供可靠的决策依据。

(3) 审计风险是指当财务报表存在重大错报时,注册会计师发表不恰当审计意见的可能性,审计风险取决于重大错报风险和检查风险。

(4) 财务报表审计流程包括接受业务委托、计划审计工作、识别和评估重大错报风险、应对重大错报风险,最终出具审计报告。

即测即评

一、单项选择题

1. 下列有关财务报表审计的说法中,错误的是( )。
   A. 审计以绝对保证的方式提高财务报表的可信度
   B. 审计不涉及为如何利用信息提供建议
   C. 审计的基础是独立性和专业性
   D. 审计的最终产品是审计报告

2. 下列有关注册会计师执行财务报表审计工作的目标的说法中,错误的是( )。
   A. 总体目标包括对财务报表整体是否不存在由舞弊或错误导致的重大错报获取合理保证,使得注册会计师能够对财务报表是否在所有重大方面按照适用的财务报告编制基础编制发表审计意见
   B. 具体审计目标包括按照审计准则的规定,根据审计结果对财务报表出具审计报告,并与管理层和治理层沟通
   C. 具体审计目标是指注册会计师通过实施审计程序以确定管理层在财务报表中确认的各类交易、账户余额、披露层次认定是否恰当
   D. 注册会计师需要考虑运用"目标"决定是否需要实施追加的审计程序

3. 下列各项认定中,与所审计期间各类交易、事项及相关披露相关的是( )。
   A. 存在   B. 准确性
   C. 准确性、计价和分摊   D. 权利和义务

4. 被审计单位于2025年6月31日委托某商场销售自产的电子书阅读器,按照销售额的一定比例支付手续费,在发出商品时账上记录了该笔销售,确认收入并结转成本,被审计单位的营业收入违反了( )认定。
   A. 准确性   B. 发生
   C. 完整性   D. 截止

5. 为了适应产品的更新换代需要,被审计单位已支付大额资金引进全新的生产线代替

原有设备,对新老设备进行实物检查后,注册会计师可能最需要关注的重大错报风险是( )。

A. 应付账款的完整性认定　　　　B. 固定资产的准确性、计价和分摊认定
C. 营业成本的准确性认定　　　　D. 固定资产的存在认定

6. 被审计单位由于竞争对手推出新产品,现有产品因滞销而导致大量积压,注册会计师最应当关注被审计单位的重大错报风险是( )。

A. 存货的准确性、计价和分摊认定　　　　B. 营业成本的准确性认定
C. 营业收入的完整性认定　　　　D. 应收账款的完整性认定

7. 下列有关检查风险和重大错报风险的说法中,正确的是( )。

A. 检查风险是指如果存在某一错报,该错报单独或连同其他错报可能是重大的,注册会计师为将审计风险降至可接受的低水平而实施程序后没有发现这种错报的风险
B. 重大错报风险是指注册会计师发表不恰当审计意见的可能性
C. 注册会计师可以通过实施审计程序,将重大错报风险降低至适当的低水平
D. 固有风险和控制风险不可分割地交织在一起,无法单独进行评估

8. 下列有关重大错报风险的说法中,错误的是( )。

A. 重大错报风险是指财务报表在审计后存在重大错报的可能性
B. 重大错报风险独立于财务报表审计而存在
C. 财务报表层次重大错报风险与财务报表整体存在广泛联系,可能影响多项认定
D. 重大错报风险水平可以选用"高""中""低"等文字进行定性描述

9. 下列与审计相关的风险的说法中,正确的是( )。

A. 调高重要性水平,以降低检查风险
B. 测试内部控制的有效性,以降低控制风险
C. 进行穿行测试,以降低固有风险
D. 合理设计和有效实施进一步审计程序,以降低检查风险

10. 下列有关审计的固有限制的说法中,错误的是( )。

A. 由于审计存在固有限制,导致注册会计师据以得出结论和形成审计意见的大多数审计证据是说服性而非结论性的
B. 由于审计存在固有限制,注册会计师不可能将审计风险降至零
C. 完成审计工作后发现由舞弊或错误导致的财务报表重大错报,表明注册会计师没有按照审计准则的规定执行审计工作
D. 审计的固有限制并不能作为注册会计师满足于说服力不足的审计证据的合理理由

11. 下列各项中,不属于审计程序的性质导致的审计固有限制是( )。

A. 管理层编制财务报表需要根据被审计单位的事实和情况,运用适用的财务报告编制基础的规定,在这一过程中需要作出判断
B. 管理层或其他人员可能有意或无意地不提供与财务报表编制相关的或注册会计师要求的全部信息
C. 舞弊可能涉及精心策划和蓄意实施的隐瞒
D. 审计不是对涉嫌违法行为的官方调查

12. 下列有关审计过程的说法中,错误的是( )。

A. 一旦决定接受业务委托,注册会计师应当与客户就审计约定条款达成一致意见

B. 计划审计工作不是审计业务的一个孤立阶段,而是一个持续的、不断修正的过程,贯穿于整个审计过程的始终

C. 了解被审计单位及其环境实际上是一个连续和动态地收集、更新与分析信息的过程,贯穿于整个审计过程的始终

D. 注册会计师仅实施风险评估程序,足以为发表审计意见提供充分、适当的审计证据

13. 下列有关财务报表审计业务三方关系人的说法中,错误的是(　　)。

A. 某些情况下,管理层和预期使用者可能来自同一企业,但并不意味着两者就是同一方的

B. 注册会计师不属于财务报表预期使用者

C. 某项业务如果不存在除责任方之外的其他预期使用者,该业务将不构成审计业务

D. 管理层和治理层应对编制财务报表承担主要责任

14. 下列有关财务报表审计的相关说法中,错误的是(　　)。

A. 在财务报表审计中,审计对象是历史的财务状况、经营业绩和现金流量

B. 审计对象的载体是财务报表

C. 在财务报表审计中,财务报告编制基础即是标准

D. 注册会计师应当针对财务报表在所有重大方面是否符合适当的财务报告编制基础,以书面或口头报告的形式发表能够提供合理保证程度的意见

15. 下列关于审计证据的说法中,错误的是(　　)。

A. 会计记录属于重要的审计证据来源

B. 被审计单位聘请的专家编制的信息也可以作为审计证据

C. 信息的缺乏本身并不构成审计证据

D. 不同来源或不同性质的证据可以证明同一项认定

二、多项选择题

1. 下列关于内部审计和注册会计师审计的说法中,正确的有(　　)。

A. 注册会计师审计相对于内部审计,具有较强的独立性

B. 内部审计只对本单位负责,注册会计师审计不仅对被审计单位负责,还要对社会负责

C. 内部审计对外不起鉴证作用,注册会计师审计对外起鉴证作用

D. 内部审计是单位根据自身经营管理的需要安排进行的,注册会计师审计则是接受委托进行的

2. 下列各项中,与所审计期间各类交易、事项及相关披露和期末账户余额及相关披露均相关的认定有(　　)。

A. 存在　　　　B. 准确性　　　　C. 完整性　　　　D. 分类

3. 注册会计师在审计中发现被审计单位某项生产用设备少计提了折旧费用,注册会计师可能会怀疑被审计单位存在重大错报风险的认定有(　　)。

A. 营业收入的准确性　　　　　　　　B. 营业成本的准确性

C. 固定资产的准确性、计价和分摊　　D. 存货的准确性、计价和分摊

4. 下列有关审计风险的说法中,正确的有(　　)。

A. 审计风险是指注册会计师执行业务的法律后果

B. 在既定的审计风险水平下,注册会计师确定的可接受检查风险水平与注册会计师对认定层次重大错报风险的评估结果呈反向关系

C. 审计风险取决于重大错报风险和检查风险

D. 注册会计师将可接受的审计风险水平设定为5%,重大错报风险评估为25%,根据审计风险模型,则可接受的检查风险为20%

5. 下列各项中,属于注册会计师不可能将检查风险降低为零的原因有(　　)。

A. 注册会计师通常不对所有的交易、账户余额和披露进行检查

B. 注册会计师的审计时间受到限制

C. 注册会计师选择不恰当的审计程序

D. 注册会计师的审计过程执行不当

三、判断题

1. 审计风险取决于控制风险和检查风险。（　　）

2. 认定层次的重大错报风险分为固有风险和控制风险,两者不可分割地交织在一起,所以不能对固有风险和控制风险进行单独评估。（　　）

3. 为将审计风险模型中的审计风险控制在可接受的低水平,应降低检查风险,同时应降低重大错报风险。（　　）

4. 重大错报风险取决于审计程序设计的合理性和执行的有效性。（　　）

5. 合理设计及恰当执行审计程序,检查风险可以降低为零。（　　）

6. 许多财务报表项目涉及主观决策、评估或一定程度的不确定性,并且可能存在一系列可接受的解释或判断,导致审计存在固有限制。（　　）

7. 由于审计的固有限制,即使按照审计准则的规定适当地计划和执行审计工作,也不可避免地存在财务报表的某些重大错报可能未被发现的风险。（　　）

8. 注册会计师没有被授予特定的、对调查是必要的法律权力（如搜查权）,导致审计存在固有限制。（　　）

9. 审计风险是指注册会计师执行业务的法律后果。（　　）

10. 在既定的审计风险水平下,注册会计师确定的可接受检查风险水平与注册会计师对认定层次重大错报风险的评估结果呈反向关系。（　　）

技能实践

1. **任务描述**：风险导向审计模式要求审计人员在审计过程中,以重大错报风险的识别、评估和应对作为工作主线。

任务要求：独立绘制财务报表审计流程图。

2. **任务描述**：在新技术、新业态与新生态交织的数字化转型背景下,信息化建设、社会公众需求与经济社会高质量发展驱动着审计行业的高质量发展,催生了对审计职业素养高、专业技术技能强、跨界融合能力强的复合型审计人才的需求。

任务要求：思考审计相关的职业岗位有哪些？

3. 任务描述：审计人员应当了解被审计单位及其环境，识别和评估财务报表层次以及各类交易、账户余额和披露认定层次的重大错报风险。表1-4列出了某会计师事务所在审计中发现的审计相关事项。

表1-4　　　　　　　　　　被审计单位审计相关事项

情　形	财务报表项目1		财务报表项目2	
	项目	认定	项目	认定
① 甲公司向关联方销售货物，信用期为1年，远超行业标准；注册会计师留意到甲公司未真实发货即确认了营业收入	营业收入		应收账款	
② 乙公司是玩具生产企业，某批次电动小汽车因存在安全隐患被监管机构要求停售排查，注册会计师留意到乙公司尚未对此进行任何会计处理	资产减值损失		存货	
③ 丙公司采购了一批货物，资产负债表日已签收，但尚未收到发票、款项也未支付，注册会计师留意到丙公司在次年年初收到发票后，在账面确认了存货和应付账款的金额	应付账款		存货	
④ 丁公司研发一项新型专利，目前处于研究阶段，注册会计师留意到丁公司将相关支出均确认为无形资产	研发费用		无形资产	
⑤ 戊公司使用母公司的注册商标生产商品，母公司在本期无条件豁免了本应支付的商标使用费，注册会计师留意到戊公司将豁免的金额计入营业外收入	营业外收入		资本公积	

任务要求：针对以上第①至⑤项，假定不考虑其他条件，指出相关事项影响哪项给定的本期财务报表项目的认定。

头脑风暴

1. 审计的总体目标和具体目标分别是什么？
2. 审计风险取决于什么？能否将审计风险降至零？
3. 审计业务的三方关系人各是谁？
4. 审计基本要求有哪些？

项目二 计划审计工作

 思维导图

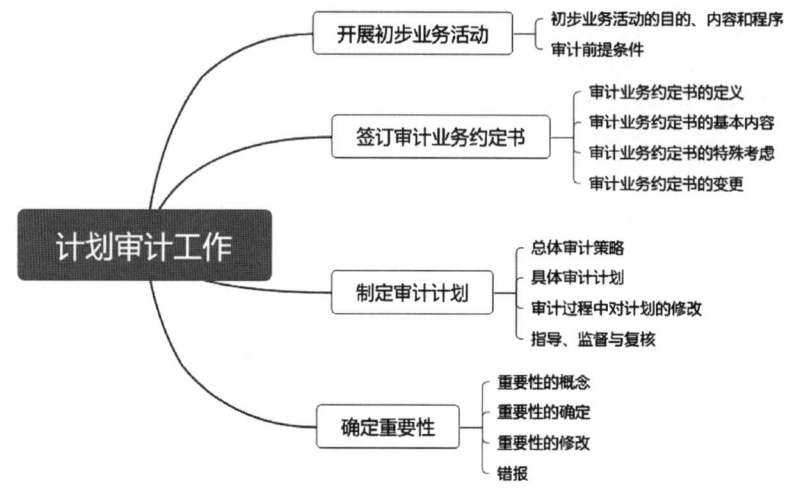

 学习目标

【素质目标】
1. 遵守独立、客观、公正的职业道德。
2. 牢固严守底线、临危不惧风险意识。
3. 保持严谨、认真、专业的工作态度。
4. 具备团队协作能力、良好沟通技巧。

【知识目标】
1. 理解初步业务活动的目的、内容和程序。
2. 理解审计的前提条件和审计业务约定书的内容及其变更。
3. 掌握总体审计策略和具体审计计划的内容及对其的更改,指导、监督与复核。
4. 理解各类重要性水平的含义及确定方法、错报与明显微小错报临界值的区别。

【技能目标】
1. 能够确定是否接受审计业务及正确签订审计业务约定书。
2. 能够根据实际情况制定总体审计策略和具体审计计划。
3. 能够严谨地确定重要性水平,并正确运用。

案例导入

制定精细审计计划,提高审计效率

诚信会计师事务所对 ABC 公司进行审计。该公司成立于 2017 年 6 月,注册资本为 1 200 万元,业务范围为生产、销售家用小电器。公司总经理任期为 2017 年 6 月至 2024 年 8 月。诚信会计师事务所需对总经理进行任期经济责任的审计。诚信会计师事务所的六名从业人员对此项目进行了审计,其中一人负责银行存款审计。诚信会计师事务所出具了详细审计报告,列示了经审计确认的 2023 年 12 月 31 日的资产负债表和 2017 年 6 月至 2024 年 7 月的利润表,并对公司内部控制进行了正面评价,未对货币资金内部控制提出疑问。

审计报告出具不久,ABC 公司发现,出纳采用伪造银行对账单等手段贪污公款 80 万元,即银行存款减少了 80 万元。ABC 公司将此情况通报诚信会计师事务所。

经审查审计工作底稿发现,审计人员主要进行了四个审计程序:编制了银行存款明细表,"三核对"相符;获取了银行对账单,其余额与明细账调节相符;摘录了 40 笔会计分录,无审计意见;复印了两张会计凭证及原始单据,无审计意见。诚信会计师事务所在自查过程中发现,对 ABC 公司银行存款审计的项目组织管理方面存在的问题是在审计计划阶段仅有审计业务约定书,没有编制审计计划,导致现场审计工作产生了重大失误。

思考:什么是审计计划?为什么要编制审计计划?什么是审计业务约定书?

凡事预则立、不预则废,审计工作也不例外。计划审计工作对于注册会计师顺利完成审计工作和控制审计风险具有非常重要的意义。合理的审计计划有助于注册会计师关注重点审计领域、及时发现和解决潜在问题并恰当地组织和管理审计工作,以使审计工作更加有效。同时,充分的审计计划可以帮助注册会计师对项目组成员进行恰当分工和指导监督,并复核其工作,还有助于协调其他注册会计师和专家的工作。

计划审计工作是一项持续的过程,注册会计师通常在前一期审计工作结束后即开始开展本期的审计计划工作,并直到本期审计工作结束为止。在计划审计工作时,注册会计师需要进行初步业务活动、制定审计计划。其中,审计计划分为总体审计策略和具体审计计划两个层次,如图 2-1 所示。在此过程中,需要作出很多关键决策,包括确定可接受的审计风险水平和重要性、配置项目人员等。具体而言,审计计划过程主要包括:

(1) 项目合伙人或高级经理与客户洽谈(初步业务活动)、签约。

(2) 项目经理及高级审计员初步了解客户(含分析财务报表),制定总体审计策略。

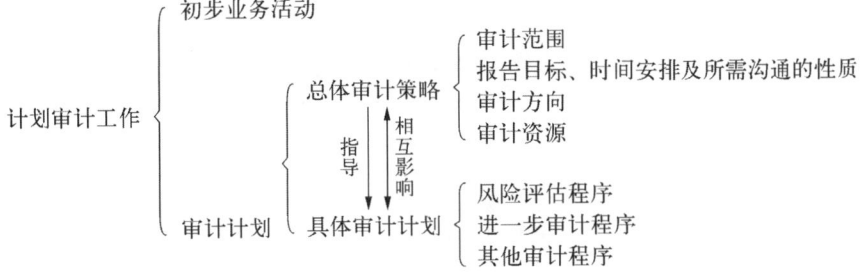

图 2-1 计划审计工作

(3) 审计小组进驻,审计经理介绍审计概况、重点关注领域、审计主要安排等。

(4) 高级审计员制定具体审计计划,安排审计助理需要从事的审计工作。

> **关键阐释**
> (1) 计划审计工作讨论的是审计过程。
> (2) 初步业务活动解决业务承接(或保持)问题,以签订审计业务约定书(或续约)为完成的标志。
> (3) 审计计划是业务承接后的工作,其讨论的是审计计划的内容,即总体审计策略和具体审计计划。

任务一 开展初步业务活动

审计基本流程,起始于初步业务活动,终止于审计报告。这一过程形成了一幅"审计地图",如图2-2所示。

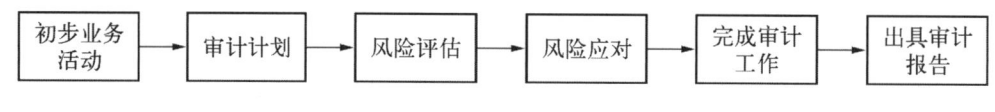

图2-2 审计基本流程

2-1 初步业务活动

> **关键阐释**
> 审计计划、风险评估和风险应对是一个动态循环的过程,在审计过程中不断调整、贯穿始终。

一、初步业务活动的目的、内容和程序

(一) 初步业务活动的目的

在本期审计业务开始时,注册会计师开展初步业务活动以实现三个主要目的,如表2-1所示。

表2-1 开展初步业务活动的目的

关键词	具体阐述	对应视角
考量对方(知彼)	确定不存在因管理层诚信问题而可能影响注册会计师保持该项业务意愿的事项	管理层
打量自身(知己)	确保具备执行业务所需要的独立性和专业胜任能力	注册会计师

（续表）

关键词	具 体 阐 述	对 应 视 角
达成一致（信息对策）	确保与被审计单位之间不存在对业务约定条款的误解	注册会计师与管理层之间

（二）初步业务活动的内容

注册会计师开展的初步业务活动主要包括三个方面，如表2-2所示。

表2-2　　　　　　　　　　　初步业务活动的内容

关键词	具 体 阐 述	对 应 视 角
考量对方（知彼）	针对保持客户关系和具体审计业务实施相应的质量管理程序	管理层
打量自身（知己）	评价遵守相关职业道德规范要求的情况	注册会计师
达成一致（信息对策）	就审计业务约定条款达成一致意见	注册会计师与管理层之间

1. 针对保持客户关系和具体审计业务实施质量管理程序

针对保持客户关系和具体审计业务实施质量管理程序，并且根据实施相应程序的结果作出适当的决策，是注册会计师控制审计风险的重要环节。《中国注册会计师审计准则第1121号——对财务报表审计实施的质量管理》及《会计师事务所质量管理准则第5101号——业务质量管理》含有与客户关系和具体业务的接受与保持相关的要求，注册会计师应当按照其规定开展初步业务活动。

2. 评价遵守相关职业道德要求的情况

评价遵守相关职业道德要求的情况，也是一项非常重要的初步业务活动。质量管理准则含有包括独立性在内的有关职业道德要求，注册会计师应当按照其规定执行。虽然保持客户关系及具体审计业务和评价职业道德的工作贯穿审计业务的全过程，但是这两项活动需要安排在其他审计工作之前，以确保注册会计师已具备执行业务所需要的独立性和专业胜任能力，且不存在因管理层诚信问题而影响注册会计师保持该项业务的意愿等情况。在连续审计的业务中，这些初步业务活动通常是在上期审计工作结束后不久或将要结束时就已经开始了。

3. 就审计业务约定条款达成一致意见

在作出接受或保持客户关系及具体审计业务的决策后，注册会计师应当按照《中国注册会计师审计准则第1111号——就审计业务约定条款达成一致意见》的规定，在审计业务开始前，与被审计单位就审计业务约定条款达成一致意见，签订或修改审计业务约定书，以避免双方对审计业务的理解产生分歧。

（三）初步业务活动的程序

初步业务活动的程序主要包括以下几个方面（以首次接受审计委托为例）：

(1) 与客户面谈。其包括讨论审计目标、审计报告的用途、管理层的责任、审计收费等

(与治理层沟通)。

(2) 初步了解被审计单位及其环境。其包括企业规模、生产经营状况、财务状况等(风险评估)。

(3) 与前任注册会计师沟通,了解更换事务所的原因,以及是否存在不应接受委托的情况(与前任 CPA 沟通)。

(4) 完成业务承接(保持)评价表,评价是否具备执行该项审计业务所需要的独立性和专业胜任能力(事务所质量管理)。

(5) 签订审计业务约定书。

二、审计前提条件

审计的前提条件包含两个必不可少的方面,即图 2-3 的条件 A 和条件 B。

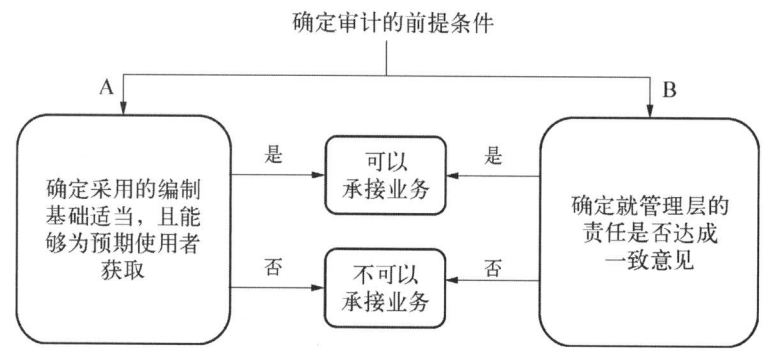

图 2-3 审计前提条件

(一) 前提条件 A

存在标准适当且能够为预期使用者获取的财务报告编制基础(即存在可接受的财务报告编制基础)。

承接鉴证业务的条件之一是《中国注册会计师鉴证业务基本准则》中提及的标准适当,且能够为预期使用者获取。标准是指用于评价或计量鉴证对象的基准,当涉及列报时,还包括列报与披露的基准。适当的标准使注册会计师能够运用职业判断对鉴证对象作出合理一致的评价或计量。就审计准则而言,适用的财务报告编制基础为注册会计师提供了用以审计财务报表(包括公允反映)的标准(如相关)。如果不存在可接受的财务报告编制基础,管理层就不具有编制财务报表的恰当基础,注册会计师也不具有对财务报表进行审计的适当标准。

通用目的财务报表,是指按照某一财务报告编制基础(会计准则、会计制度等)编制,旨在满足广大财务报表使用者共同的财务信息需求的财务报表。

特殊目的财务报表,是指按照特殊目的编制基础(监管机构的报告要求、合同的约定等)编制的财务报表,称为特殊目的财务报表,旨在满足财务报表特定使用者的财务信息需求。

在确定编制财务报表所采用的财务报告编制基础的可接受性时,注册会计师需要考虑下列相关因素:

(1) 被审计单位的性质(如,被审计单位是商业企业、公共部门实体还是非营利组织)。

(2) 财务报表的目的(如,编制财务报表是用于满足广大财务报表使用者共同的财务信息需求,还是用于满足财务报表特定使用者的财务信息需求)。

(3) 财务报表的性质(如,财务报表是整套财务报表还是单一财务报表)。

(4) 法律法规是否规定了适用的财务报告编制基础。

明确财务报告编制基础能够为预期使用者获取。

(二) 前提条件 B

就管理层的责任达成一致意见。

按照审计准则的规定,执行审计工作的前提是管理层已认可并理解其承担的责任。审计准则并不超越法律法规对这些责任的规定。而独立审计要求注册会计师不对财务报表的编制或被审计单位的相关内部控制承担责任,并要求注册会计师合理预期能够获取审计所需要的信息(在管理层能够提供或获取的信息范围内,包括从总账和明细账之外的其他途径获取的信息)。因此,管理层认可并理解其责任,这一前提对执行独立审计工作是至关重要的。

1. 管理层的责任

管理层作为被审计单位的重要主体,应当认可并理解其承担的责任主要包括编报表、建内控、提供条件三个方面,具体如表 2-3 所示。

表 2-3　　　　　　　　　　管理层应当认可并理解其承担的责任

关键词	具　体　内　容
编报表	按照适用的财务报告编制基础编制财务报表,并使其实现公允反映(如适用)
建内控	设计、执行和维护必要的内部控制,以使财务报表不存在由于舞弊或错误导致的重大错报
提供条件	向注册会计师提供必要的工作条件: ① 允许注册会计师接触与编制财务报表相关的所有信息; ② 向注册会计师提供审计所需要的其他信息; ③ 允许注册会计师在获取审计证据时不受限制地接触其认为必要的内部人员和其他相关人员

2. 确认的形式

(1) 在业务约定书中约定。在初步业务活动时,就管理层的责任达成一致意见,并包含在审计业务约定书中。

(2) 注册会计师应当要求管理层就其已履行某些责任提供管理层书面声明。

注册会计师需要使管理层意识到,如果管理层不认可其责任或不同意提供书面声明,注册会计师承接业务是不恰当的,除非法律法规另有规定。

【例题 2-1】　ABC 会计师事务所承接 20×5 年度财务报表审计业务时,对以下两家公司开展初步业务活动,你认为 ABC 会计师事务所是否应该承接这两家公司的财务报表审计业务?

(1) 甲公司是新客户,主要从事动漫游戏开发业务,ABC 会计师事务所审计人员缺乏 IT 审计业务知识。

(2) 乙公司是新客户,ABC 会计师事务所合伙人张三 20×2 年至 20×4 年曾任乙公司经理。

分析:

(1) 对甲公司,ABC 会计师事务所认为其不具备专业胜任能力,不应承接该家公司的财务报表审计业务。

（2）对乙公司，ABC会计师事务所认为其难以确保独立性，不应承接该家公司的财务报表审计业务。

任务二　签订审计业务约定书

2-2 审计业务约定书

一、审计业务约定书的定义

审计业务约定书，是指会计师事务所与被审计单位签订的，用以记录和确认审计业务的委托与受托关系、审计目标和范围、双方的责任及报告的格式等事项的书面协议。会计师事务所承接任何审计业务，都应与被审计单位签订审计业务约定书。

二、审计业务约定书的基本内容

审计业务约定书的具体内容和格式可能因被审计单位的不同而不同，但应当主要包括财务报表审计的目标与范围、注册会计师的责任、管理层的责任、适用的财务报告编制基础、审计报告的预期形式和内容及其他说明等方面。审计业务约定书的基本内容可以从甲方和乙方两个角度理解，具体如表2-4所示。

表2-4　　　　　　　　　审计业务约定书的基本内容

项目	基本内容	
	甲方（被审计单位）	乙方（会计师事务所）
审计目标与范围	—	对财务报表在所有重大方面不存在重大错报提供合理保证
责任（甲和乙）	管理层的责任（编报表、建内控、提供条件）	注册会计师的责任（对财务报表发表审计意见）
财务报告编制基础	指出适用的财务报告编制基础	评估财务报告编制基础可接受性
报告形式和内容	审计报告的预期形式和内容（预期成果），以及对在特定情况下出具的审计报告可能不同于预期形式和内容的说明	

审计业务约定书参考示例：

索引号：AD

审计业务约定书

甲方：湖北联晟通信科技股份有限公司

乙方：诚信 会计师事务所

兹由甲方委托乙方对20×4年度财务报表进行审计，经双方协商，达成以下约定：

一、业务范围与审计目标

（1）乙方接受甲方委托，对甲方按照企业会计准则编制的20×4年12月31日的资产负债表、20×4年度的利润表、股东权益变动表和现金流量表以及财务报表附注(以下统称"财务报表")进行审计。

(2) 乙方通过执行审计工作,对财务报表的下列方面发表审计意见:① 财务报表是否按照企业会计准则的规定编制;② 财务报表是否在所有重大方面公允反映甲方的财务状况、经营成果和现金流量。

二、甲方的责任与义务
(一) 甲方的责任
(1) 根据《中华人民共和国会计法》及《企业财务会计报告条例》,甲方及甲方负责人有责任保证会计资料的真实性和完整性。因此,甲方管理层有责任妥善保存和提供会计记录(包括但不限于会计凭证、会计账簿及其他会计资料),这些记录必须真实、完整地反映甲方的财务状况、经营成果和现金流量。

(2) 按照企业会计准则的规定编制财务报表是甲方管理层的责任,这种责任包括:① 设计、实施和维护与财务报表编制相关的内部控制,以使财务报表不存在由于舞弊或错误而导致的重大错报;② 选择和运用恰当的会计政策;③ 作出合理的会计估计。

(二) 甲方的义务
(1) 及时为乙方的审计工作提供其所要求的全部会计资料和其他有关资料(在20×5年1月31日之前提供审计所需的全部资料),并保证所提供资料的真实性和完整性。

(2) 确保乙方不受限制地接触任何与审计有关的记录、文件和所需的其他信息。

(3) 甲方管理层对其作出的与审计有关的声明予以书面确认。

(4) 为乙方派出的有关工作人员提供必要的工作条件和协助,主要事项将由乙方于外勤工作开始前提供清单。

(5) 按本约定书的约定及时足额支付审计费用以及乙方人员在审计期间的交通、食宿和其他相关费用。

三、乙方的责任和义务
(一) 乙方的责任
(1) 乙方的责任是在实施审计工作的基础上对甲方财务报表发表审计意见。乙方按照中国注册会计师审计准则(以下简称"审计准则")的规定进行审计。审计准则要求注册会计师遵守职业道德规范,计划和实施审计工作,以对财务报表是否不存在重大错报获取合理保证。

(2) 审计工作涉及实施审计程序,以获取有关财务报表金额和披露的审计证据。选择的审计程序取决于乙方的判断,包括对由于舞弊或错误导致的财务报表重大错报风险的评估。在进行风险评估时,乙方考虑与财务报表编制相关的内部控制,以设计恰当的审计程序,但目的并非对内部控制的有效性发表意见。审计工作还包括评价管理层选用会计政策的恰当性和作出会计估计的合理性,以及评价财务报表的总体列报。

(3) 乙方需要合理计划和实施审计工作,以使乙方能够获取充分、适当的审计证据,为甲方财务报表是否不存在重大错报获取合理保证。

(4) 乙方有责任在审计报告中指明所发现的甲方在某重大方面没有遵循企业会计准则编制财务报表且未按乙方的建议进行调整的事项。

(5) 由于测试的性质和审计的其他固有限制,以及内部控制的固有局限性,不可避免地存在着某些重大错报在审计后可能仍然未被乙方发现的风险。

（6）在审计过程中，乙方若发现甲方内部控制存在乙方认为的重要缺陷，应向甲方提交管理建议书。但乙方在管理建议书中提出的各种事项，并不代表已全面说明所有可能存在的缺陷或已提出所有可行的改善建议。甲方在实施乙方提出的改善建议前应全面评估其影响。未经乙方书面许可，甲方不得向任何第三方提供乙方出具的管理建议书。

（7）乙方的审计不能减轻甲方及甲方管理层的责任。

（二）乙方的义务

（1）按照约定时间完成审计工作，出具审计报告。乙方应于20×5年3月25日前出具审计报告。

（2）除下列情况之外，乙方应当对执行业务过程中知悉的甲方信息予以保密：① 取得甲方的授权；② 根据法律法规的规定，为法律诉讼准备文件或提供证据，以及向监管机构报告发现的违反法规行为；③ 接受行业协会和监管机构依法进行的质量检查；④ 监管机构对乙方进行行政处罚（包括监管机构处罚前的调查、听证）以及乙方对此提起行政复议。

四、审计收费

（1）本次审计服务的收费是以乙方各级别工作人员在本次工作中所耗费的时间为基础计算的。乙方预计本次审计服务的费用总额为人民币20万元。

（2）甲方应于本约定书签署之日起15日内支付50%的审计费用，其余款项于审计报告草稿完成日结清。

（3）如果由于无法预见的原因，致使乙方从事本约定书所涉及的审计服务实际时间较本约定书签订时预计的时间有明显的增加或减少时，甲乙双方应通过协商，相应调整本约定书第四条第1项所述的审计费用。

（4）如果由于无法预见的原因，致使乙方人员抵达甲方的工作现场后，本约定书所涉及的审计服务不再进行，甲方不得要求退还预付的审计费用；如上述情况发生于乙方人员完成现场审计工作，并离开甲方的工作现场之后，甲方应另行向乙方支付人民币3万元的补偿费，该补偿费应于甲方收到乙方的收款通知之日起10日内支付。

（5）与本次审计有关的其他费用（包括交通费、食宿费等）由甲方承担。

五、审计报告和审计报告的使用

（1）乙方按照《中国注册会计师审计准则第1501号——对财务报表形成审计意见和出具审计报告》《中国注册会计师审计准则第1502号——在审计报告中发表非无保留意见》《中国注册会计师审计准则第1503号——在审计报告中增加强调事项段和其他事项段》和《中国注册会计师审计准则第1504号——在审计报告中沟通关键审计事项》规定的格式和类型出具审计报告。

（2）乙方向甲方致送审计报告一式贰份。

（3）甲方在提交或对外公布审计报告时，不得修改乙方出具的审计报告及其后附的已审计财务报表。当甲方认为有必要修改会计数据、报表附注和所作的说明时，应当事先通知乙方，乙方将考虑有关的修改对审计报告的影响，必要时，将重新出具审计报告。

六、本约定书的有效期间

本约定书自签署之日起生效，并在双方履行完毕本约定书约定的所有义务后终止。但其中第三(二)(2)、四、五、八、九、十项并不因本约定书终止而失效。

七、约定事项的变更

如果出现不可预见的情况，影响审计工作如期完成，或需要提前出具审计报告，甲、乙双方均可要求变更约定事项，但应及时通知对方，并由双方协商解决。

八、终止条款

（1）如果根据乙方的职业道德及其他有关专业职责、适用的法律法规或其他任何法定的要求，乙方认为已不适宜继续为甲方提供本约定书约定的审计服务时，乙方可以采取向甲方提出合理通知的方式终止履行本约定书。

（2）在终止业务约定的情况下，乙方有权就其于本约定书终止之日前对约定的审计服务项目所做的工作收取合理的审计费用。

九、违约责任

甲、乙双方按照《中华人民共和国民法典》的规定承担违约责任。

十、适用法律和争议解决

本约定书的所有方面均应适用中华人民共和国法律进行解释并受其约束。本约定书履行地为乙方出具审计报告所在地，因本约定书所引起的或与本约定书有关的任何纠纷或争议（包括关于本约定书条款的存在、效力或终止，或无效之后果），双方选择以下第 1 种解决方式：

（1）向有管辖权的人民法院提起诉讼；

（2）提交_____仲裁委员会仲裁。

十一、双方对其他有关事项的约定

本约定书一式两份，甲、乙方各执一份，具有同等法律效力。

甲方：湖北联晟通信科技股份有限公司	乙方：诚信会计师事务所
（盖章）	（盖章）
授权代表：（签名并盖章）	授权代表：（签名并盖章）
孙超	梁涛
二〇×四年十月二十五日	二〇×四年十月二十五日

三、审计业务约定书的特殊考虑

（一）考虑特定需要

如果情况需要，注册会计师还可能考虑在审计业务约定书中列明下列内容：

（1）详细说明审计工作范围，包括提及适用的法律法规、审计准则以及职业道德守则和其他公告。

（2）对审计业务结果的其他沟通形式（书面或者口头）。

（3）注册会计师按照规定，在审计报告中沟通关键审计事项的要求。

（4）说明由于审计和内部控制的固有限制，即使审计工作按照审计准则的规定得到恰当的计划和执行，仍不可避免地存在某些重大错报未被发现的风险。

（5）计划和执行审计工作的安排，包括审计项目组的构成。

（6）预期管理层将提供书面声明。

（7）预期管理层将允许注册会计师接触管理层知悉的与财务报表编制相关的所有信息（包括与披露相关的所有信息）。

（8）管理层同意向注册会计师及时提供财务报表草稿和其他所有附带信息（管理层责

任之一),以使注册会计师能够按照预定的时间表完成审计工作。

(9)管理层同意告知注册会计师在审计报告日至财务报表报出日之间注意到的可能影响财务报表的事实。

(10)收费的计算基础和收费安排。

(11)管理层确认收到审计业务约定书并同意其中的条款。

(12)在某些方面利用其他注册会计师和专家工作的安排。

(13)对审计涉及的内部审计人员和被审计单位其他员工工作的安排(利用内部审计工作)。

(14)在首次审计的情况下,与前任注册会计师(如存在)沟通的安排。

(15)说明对注册会计师(履行)责任可能存在的限制。

(16)注册会计师与被审计单位之间需要达成进一步协议的事项。

(17)向其他机构或人员提供审计工作底稿的义务。

(二)组成部分的审计

如果母公司的注册会计师同时也是组成部分注册会计师,需要考虑下列因素,决定是否向组成部分单独致送审计业务约定书:

(1)组成部分注册会计师的委托人。

(2)是否对组成部分单独出具审计报告。

(3)与审计委托相关的法律法规。

(4)母公司占组成部分的所有权份额。

(5)组成部分管理层相对于母公司的独立程度。

(三)连续审计

对于连续审计,注册会计师应当根据具体情况评估是否需要对审计业务约定条款作出修改,以及是否需要提醒被审计单位注意现有的条款。

注册会计师可以决定不在每期都致送新的审计业务约定书或其他书面协议。但下列因素可能导致注册会计师修改审计业务约定条款或提醒被审计单位注意现有的业务约定条款:

(1)有迹象表明被审计单位误解审计目标和范围。

(2)需要修改约定条款或增加特别条款。

(3)被审计单位高级管理人员近期发生变动。

(4)被审计单位所有权发生重大变动。

(5)被审计单位业务的性质或规模发生重大变化。

(6)法律法规的规定发生变化。

(7)编制财务报表采用的财务报告编制基础发生变更。

(8)其他报告要求发生变化。

四、审计业务约定书条款的变更

(一)变更审计业务的理由

在完成审计业务前,如果被审计单位或委托人要求将审计业务变更为保证程度较低的业务。注册会计师应当确定变更的理由是否合理。

变更为保证程度较低的业务的合理理由如下:

(1) 环境变化对审计服务的需求产生影响。

(2) 对原来要求的审计业务的性质存在误解。

无论是管理层施加的还是其他情况引起的审计范围受到限制,不能作为变更业务的合理理由。

(二) 注册会计师的决策

没有合理的理由,注册会计师不应同意变更业务。如果注册会计师不同意变更审计业务约定条款,而管理层又不允许继续执行原审计业务,注册会计师应当执行以下措施:

(1) 在适用的法律法规允许的情况下,解除审计业务约定。

(2) 确定是否有约定义务或其他义务向治理层、所有者或监管机构等报告该事项。

(三) 变更为审阅业务或者相关服务的条款要求

在同意变更前,除考虑变更理由的合理性外,还需要评估变更业务对法律责任或业务约定的影响。

(四) 变更后对报告的影响

截至变更日已执行的审计工作可能与变更后的业务相关。为避免引起报告使用者的误解,对相关服务业务出具的报告不应提及下列事项:

(1) 原审计业务。

(2) 在原审计业务中已执行的程序。

只有将审计业务变更为执行商定程序业务,注册会计师才可在报告中提及已执行的程序。

变更后对报告的影响如表2-5所示。

表 2-5　　　　　　　　　　　变更后对报告的影响

情　形	能否在报告中提及原审计业务和已执行程序
审计→审阅	不应提及
审计→商定程序	可以提及
审计→其他相关服务	不应提及

任务三　制定审计计划

2-3　审计计划

审计计划分为总体审计策略和具体审计计划两个层次。注册会计师应当针对总体审计策略中所识别的不同事项,制定具体审计计划,并考虑通过有效利用审计资源以实现审计目标。值得注意的是,虽然制定总体审计策略的过程通常在具体审计计划之前,但是两项计划具有内在紧密联系,对其中一项的决定可能会影响甚至改变对另外一项的决定。例如,注册会计师在了解被审计单位及其环境的过程中,注意到被审计单位对主要业务的处理依赖复杂的自动化信息系统,因此计算机信息系统的可靠性及有效性对其经营、管理、决策及编制可靠的财务报告具有重大影响。对此,注册会计师可能会在具体审计计划中制定相应的审计程序,并相应调整总体审计策略的内容,作出利用信息风险管理专家的工作的决定。

总体审计策略侧重于对审计工作的整体安排,而具体审计计划则侧重于具体审计程序的安排。总体审计策略用以指导具体审计计划的制定,具体审计计划比总体审计策略更加详细。

(1) 制定总体审计策略的过程通常在具体审计计划之前。
(2) 根据总体审计策略中所识别的不同事项,制定具体审计计划。
(3) 两者并非是孤立的,对具体审计计划一项内容的调整(修改)可能会影响,甚至改变对总体审计策略的调整。

审计计划的两个层次如图 2-4 所示。

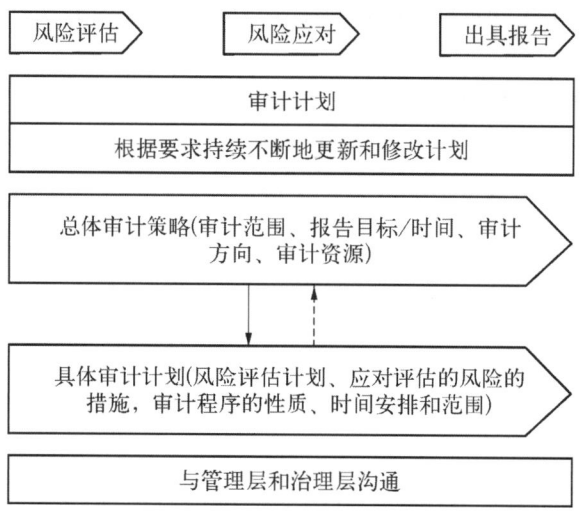

图 2-4 审计计划的两个层次

一、总体审计策略

(一) 总体审计策略的概念

总体审计策略,是指用以确定审计目标、审计范围、审计方向、审计时间和资源的安排,并指导具体审计计划的制定。在进驻客户时,项目组应召开会议,审计项目经理会对整个审计工作部署,其中包括将总体审计策略传达给项目组成员。

(二) 总体审计策略的内容

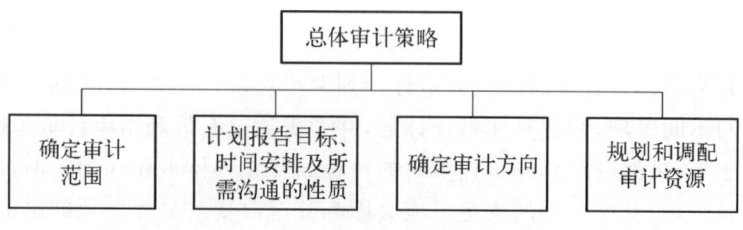

图 2-5 总体审计策略的内容

1. 确定审计范围

在总体审计策略中,确定业务特征、界定审计范围,主要考虑编制基础、特定行业、内部审计工作、集团因素等宏观层面的范围较大的方面。将确定审计范围的考虑因素归纳为以下三类,如表 2-6 所示。

表 2-6　　　　　　　　　　　　确定审计范围考虑的因素

归　类	考　虑　因　素
一般考虑因素	(1) 财务信息所依据的财务报告编制基础。 (2) 特定行业的报告要求,如某些行业监管机构要求提交的报告。 (3) 对利用在以前审计工作中获取的审计证据(如获取的与风险评估程序和控制测试相关的审计证据)的预期
集团审计因素	(1) 预期审计工作涵盖的范围,包括应涵盖的组成部分的数量及所在地点。 (2) 母公司和集团组成部分之间存在的控制关系的性质,以确定如何编制合并财务报表。 (3) 由组成部分注册会计师审计组成部分的范围。 (4) 拟审计的经营分部的性质,包括是否需要具备专门知识。 (5) 除为合并目的执行的审计工作外,对个别财务报表进行法定审计的需求
审计环境因素	(1) 外币折算,包括外币交易的会计处理、外币财务报表的折算和相关信息的披露。 (2) 内部审计工作的可获得性及注册会计师拟信赖内部审计工作的程度。 (3) 被审计单位使用服务机构的情况,及注册会计师如何取得有关服务机构内部控制设计和运行有效性的证据。 (4) 信息技术对审计程序的影响,包括数据的可获得性和对使用计算机辅助审计技术的预期。 (5) 协调审计工作与中期财务信息审阅的预期涵盖范围和时间安排,以及中期审阅所获取的信息对审计工作的影响。 (6) 与被审计单位人员的时间协调和相关数据的可获得性

2. 计划报告目标、时间安排及所需沟通的性质

计划报告目标、时间安排及所需沟通的性质时,时间安排包括对外报告时间、与管理层和治理层举行会谈时间、与第三方进行其他沟通时间。相关考虑因素共有七项:

(1) 被审计单位对外报告的时间表,包括中间阶段和最终阶段。

(2) 与管理层和治理层举行会谈,讨论审计工作的性质、时间安排和范围。

(3) 与管理层和治理层讨论注册会计师拟出具的报告的类型和时间安排以及沟通的其他事项,包括审计报告、管理建议书和向治理层通报的其他事项。

(4) 与管理层讨论预期就整个审计业务中审计工作的进展进行的沟通。

(5) 与组成部分注册会计师沟通拟出具报告的类型和时间安排,以及与组成部分审计相关的其他事项。

(6) 项目组成员之间沟通的预期性质和时间安排,包括项目组会议的性质和时间安排,以及复核已执行工作的时间安排。

(7) 预期是否需要和第三方进行其他沟通,包括与审计相关的法定或约定的报告责任。

3. 确定审计方向

根据职业判断,考虑用以指导项目组工作方向的重要因素,包括重要性、重大错报风险较高的审计领域、以往审计中对内部控制运行有效性进行评价的结果、会计准则及会计制度的变化。

确定审计方向的考虑因素归纳为以下三类,如表 2-7 所示。

表 2-7　　　　　　　　　　　　确定审计方向考虑的因素

归　类	考　虑　因　素
初步风险识别	(1) 重要性方面:① 为计划目的确定重要性;② 为组成部分确定重要性且与组成部分的注册会计师沟通;③ 在审计过程中重新考虑重要性;④ 识别重要的组成部分和账户余额。 (2) 重大错报风险较高的审计领域。 (3) 评估的财务报表层次的重大错报风险对指导、监督及复核的影响。 (4) 项目组人员的选择和工作分工,包括向重大错报风险较高的审计领域分派具备适当经验的人员。 (5) 项目预算,包括考虑为重大错报风险可能较高的审计领域分配适当的工作时间。 (6) 如何向项目组成员强调在收集和评价审计证据过程中保持职业怀疑的必要性
考虑内部控制	(1) 以往审计中对内部控制运行有效性进行评价的结果,包括所识别的控制缺陷的性质及应对措施。 (2) 管理层重视设计和实施健全的内部控制的相关证据,包括这些内部控制得以适当记录的证据。 (3) 基于交易规模、审计效率确定是否依赖内部控制。 (4) 对内部控制重要性的重视程度。 (5) 管理层用于识别和编制适用的财务报告编制基础所要求的披露的流程
考虑重大变化	(1) 影响被审计单位经营的重大发展变化,包括信息技术、业务流程的变化、关键管理人员变化,以及收购、兼并和分立。 (2) 重大的行业发展情况,如行业法规变化和新的报告规定。 (3) 会计准则及会计制度的变化。 (4) 其他重大变化,如影响被审计单位的法律环境的变化

4. 规划和调配审计资源

根据执行业务规划和调配所需资源的性质、时间安排和范围,包括人员、时间和资源的分配、利用与监督。规划和调配审计资源就是管理审计人员安排和时间节点控制,具体内容共四项。

(1) 向具体审计领域调配的资源,包括向高风险领域分派有适当经验的项目组成员,就复杂的问题利用专家工作等。

(2) 向具体审计领域分配资源的多少,包括分派到重要地点进行存货监盘的项目组成员的人数,在集团审计中复核组成部分注册会计师工作的范围,向高风险领域分配的审计时间预算等。

(3) 何时调配这些资源,包括是在期中审计阶段还是在关键的截止日期调配资源等。

(4) 如何管理、指导、监督这些资源,包括预期何时召开项目组预备会和总结会,预期项目合伙人和经理如何进行复核,是否需要实施项目质量复核等。

二、具体审计计划

注册会计师应当为审计工作制定具体审计计划。具体审计计划一般由高级审计员制定,其比总体审计策略更加详细,内容包括为获取充分、适当的审计证据以将审计风险降至可接受的低水平,项目组成员拟实施的审计程序的性质、时间安排和范围,是对具体业务所需执行的审计程序的计划,用以指导助理审计人员的工作。可以说,为获取充分、适当的审计证据,而确定审计程序的性质、时间安排和范围是具体审计计划的核心。具体审计计划应当包括风险评估程序、计划实施的进一步审计程序和其他审计程序。具体审计计划的内容如图 2-6 所示。

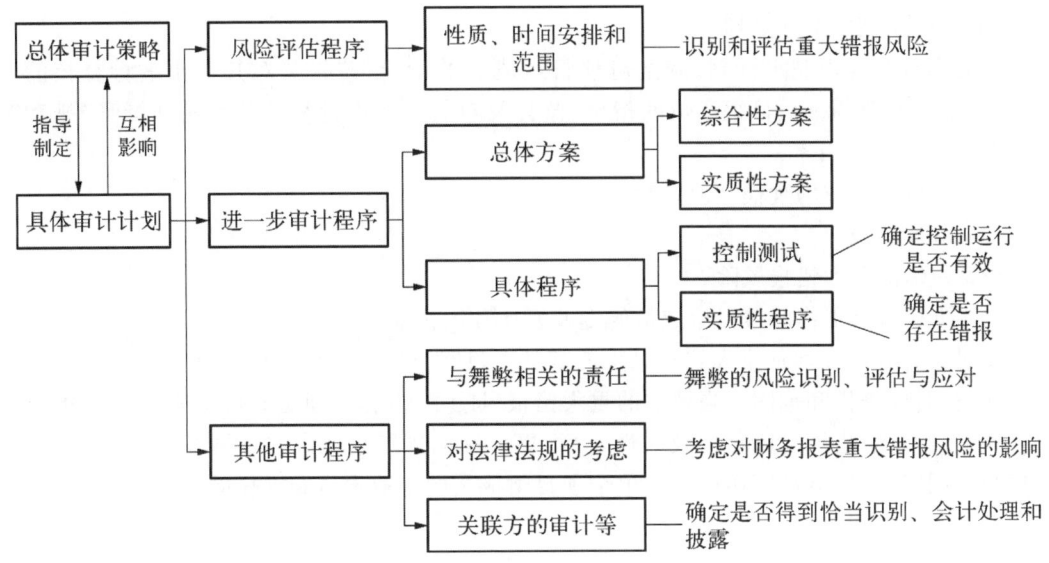

图 2-6 具体审计计划的内容

三、审计过程中对计划的修改

1. 对计划审计工作的认识

计划审计工作并非审计业务的一个孤立阶段,而是一个持续的、不断修正的过程,贯穿整个审计业务的始终。

2. 审计计划更改的基本要求

由于未预期事项、条件的变化或在实施审计程序中获取的审计证据等原因,在审计过程中,注册会计师应当在必要时对总体审计策略和具体审计计划作出更新和修改。

3. 导致审计计划修改的特别事项

一旦计划被更新和修改,就应当对审计工作进行相应的更新和修正。

(1)对重要性水平的修改。例如,对重要性水平的修改,对某类交易、账户余额和披露的重大错报风险的评估和进一步审计程序(包括总体方案和拟实施的具体审计程序)的更新和修改等。

(2) 对某类交易、账户余额和披露的重大错报风险评估的更新和修改。

(3) 对进一步审计程序的更新和修改。

例如,如果在制定审计计划时,注册会计师基于对材料采购交易的相关控制的设计和执行获取的审计证据,认为相关控制设计合理并得以执行,因此未将其评价为高风险领域并且计划执行控制测试。但是在执行控制测试时,获得的审计证据与审计计划阶段获得的审计证据相矛盾,注册会计师认为该类交易的控制没有得到有效执行,此时,注册会计师可能需要修正对该类交易的风险评估,并基于修正的评估风险修改计划的审计方案,如采用实质性方案。

如果注册会计师在审计过程中对总体审计策略或具体审计计划作出重大修改,应当在审计工作底稿中记录作出的重大修改及其理由。

四、指导、监督与复核

注册会计师应当制定计划,确定对项目组成员的指导、监督及对其工作进行复核的性质、时间安排和范围。项目组成员的指导、监督及对其工作进行复核的性质、时间安排和范围主要取决于下列因素:

(1) 被审计单位的规模和复杂程度。

(2) 审计领域。

(3) 评估的重大错报风险。

(4) 执行审计工作的项目组成员的专业素质和胜任能力。

注册会计师应在评估重大错报风险的基础上,计划对项目组成员工作的指导、监督与复核的性质、时间安排和范围。当评估的重大错报风险增加时,注册会计师通常会扩大指导与监督的范围,增强指导与监督的及时性,执行更详细的复核工作。在计划复核的性质、时间安排和范围时,注册会计师还应考虑单个项目组成员的专业素质和胜任能力。

任务四 确定重要性

一、重要性的概念

(一) 重要性的内涵

财务报告编制基础通常从编制和列报财务报表的角度阐释重要性的概念。财务报告编制基础可能以不同的术语解释重要性,但通常而言,重要性的概念可从下列方面进行理解:

(1) 如果合理预期错报(包括漏报)单独或汇总起来可能影响财务报表使用者依据财务报表作出的经济决策,则通常认为错报是重大的。

(2) 对重要性的判断是根据具体环境作出的,并受错报的金额或性质的影响,或受两者共同作用的影响。

(3) 判断某事项对财务报表使用者是否重大,是在考虑财务报表使用者整体共同的财务信息需求的基础上作出的。由于不同财务报表使用者对财务信息的需求可能差异很大,因此不考虑错报对个别财务报表使用者可能产生的影响。

> **关键阐释**
>
> 重要性的"一问一答"如表 2-8 所示。
>
> 表 2-8 重要性的"一问一答"
>
> | 问 | 答 |
> | --- | --- |
> | 重要性的本质是什么 | 判断错报的重大程度 |
> | 如何确定时间 | 制定总体审计策略时 |
> | 判断维度是什么 | 金额和性质 |
> | 如何从金额上判断 | 错报超过财务报表整体的重要性;错报超过特定类别的重要性(如适用) |
> | 如何从性质上判断 | 即使金额未超过财务报表整体的重要性,但影响财务报表预期使用者作出经济决策 |
> | 是否每年相同 | 很可能不同,需要考虑具体环境来确定重要性水平 |

(二)确定重要性的要求

在实施审计前,就必须对重大错报的规模和性质作出一个判断,包括确定财务报表整体的重要性和特定类别交易、账户余额和披露认定层次的重要性水平。当错报金额高于整体重要性水平时,就很可能被合理预期将对使用者根据财务报表作出的经济决策产生影响。

(三)确定整体重要性的目的

注册会计师使用整体重要性水平(将财务报表作为整体)的目的有:
(1)决定风险评估程序的性质、时间安排和范围。
(2)识别和评估重大错报风险。

(四)重要性的分类

审计的重要性水平如同未装满水的杯子,如图 2-7 所示:杯子左侧的总高度处 A 为财务报表整体的重要性,小于 A 的 B 为特定类别交易、账户余额或披露的重要性水平;在杯子右侧的水位高度处 C 为实际执行的重要性,b 则为与特定类别交易、账户余额或披露的重要性相关的实际执行的重要性,D 代表明显微小错报的临界值。

由于审计的总体目标是对财务报表整体是否不存在重大错报发表审计意见,因此注册会计师必须确定财务报表整体的重要性。根据被审计单位的特定情况,确定是否需对一个或多个特定类别交易、账户余额或

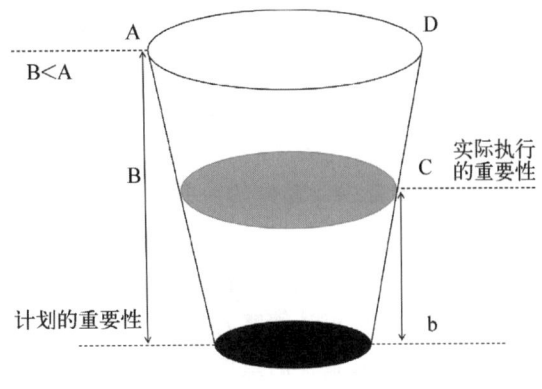

图 2-7 重要性"杯子"

披露的认定层次制定重要性。同时,注册会计师也应当为执行审计程序确定实际执行的重要性。不同层次的重要性水平如表2-9所示。

表2-9　　　　　　　　　　　　　不同层次重要性水平关系

序号	重 要 性 要 素	数 量 关 系	可能包含的金额
A	财务报表整体的重要性	a万元	1个
B	特定类别交易、账户余额或披露的重要性水平(如适用)	<a万元	1个/多个
b	与特定类别交易、账户余额或披露的重要性相关的实际执行的重要性(如适用)	B的50%至75%	1个/多个
C	实际执行的重要性	A的50%至75%	1个/多个
D	明显微小错报的临界值	A的3%至5%,通常不超过10%	1个/多个

2-4　重要性水平的确定

二、重要性的确定

在计划审计工作时,注册会计师应当确定一个合理的重要性水平,以发现在金额上重大的错报。注册会计师在确定计划的重要性水平时,需要考虑对被审计单位及其环境的了解、审计的目标、财务报表各项目的性质及其相互关系、财务报表项目的金额及其波动幅度。

(一) 重要性与审计风险、审计证据的关系

1. 重要性与审计风险之间呈反向变动关系

在制定审计计划时,注册会计师应参考审计风险确定重要性水平。(评估/存在的)审计风险越大,重要性金额一般越小。如果注册会计师通过初步分析,认为客户财务报表中出现错报的可能性较大,注册会计师难以将报表中重要错报查出的可能性也就越大,即"存在的审计风险"较大,注册会计师应采用较低的重要性水平,以获取充分的审计证据,降低审计风险至可接受水平。

2. 重要性与审计证据之间呈反向变动关系

重要性是注册会计师对财务报表能容忍的最大错报。如果重要性水平定得较低(指金额的大小),表明审计对象重要,意味着注册会计师要把超过重要性水平的错报查出来,在审计过程中就需执行较多的测试,获取较多证据。可见,重要性与审计证据之间呈反向变动关系。

(二) 财务报表整体的重要性

1. 总体要求

注册会计师在制定总体审计策略时,应当确定财务报表整体的重要性。

在制定总体审计策略时,注册会计师就必须对重大错报的金额和性质作出一个判断,包括确定财务报表整体的重要性水平和适用于特定类别交易、账户余额和披露的一个或多个重要性水平。当错报金额高于整体重要性水平时,就很可能被合理预期将对使用者根据财务报表作出的经济决策产生影响。

2．含义

如果一项错报单独或连同其他错报可能影响财务报表使用者依据财务报表作出的经济决策，则该项错报是重大的。

3．确定过程

（1）原则。

注册会计师需要运用职业判断确定重要性，经常根据事务所惯例和自身经验予以考虑，但不考虑与具体项目相关的固有不确定性。

（2）具体方法。

选定一个"基准"，再乘以某一"百分比"作为财务报表整体的重要性，使用公式可以将其表示为：

$$财务报表整体的重要性＝基准 \times 百分比$$

（3）选择基准的考虑因素。

① 财务报表要素，如资产、负债、所有者权益、收入和费用。

② 是否存在财务报表使用者特别关注的项目。例如，为了评价财务业绩，使用者可能更关注利润、收入或净资产。

③ 被审计单位的性质、所处的生命周期阶段及所处行业和经济环境。

④ 被审计单位的所有权结构和融资方式。例如，为了评价财务业绩，使用者可能更关注利润、收入或净资产。

⑤ 基准的相对波动性。

（4）基准的选择。

适当的基准取决于被审计单位的具体情况，包括各类报告收益（如税前利润、营业收入、毛利和费用总额），以及所有者权益或净资产。常用的基准如表 2 - 10 所示。

表 2 - 10　　　　　　　确定财务报表整体重要性水平常用的基准

被审计单位的情况	可能选择的基准
企业的盈利水平保持稳定	经常性业务的税前利润
企业近年来经营状况大幅度波动，盈利和亏损交替发生，或者由正常盈利变为微利或微亏，或者本年度税前利润因情况变化而出现意外增加或减少	过去 3 至 5 年经常性业务的平均税前利润或亏损（取绝对值），或其他基准，如营业收入
企业为新设企业，处于开办期，尚未开始经营，目前正在建造厂房及购买机器设备	总资产
企业处于新兴行业，目前侧重于抢占市场份额、扩大企业知名度和影响力	营业收入
开放式基金，致力于优化投资组合、提高基金净值、为基金持有人创造投资价值	净资产

(续表)

被审计单位的情况	可能选择的基准
国际企业集团设立的研发中心,主要为集团下属各企业提供研发服务,并以成本加成的方式向相关企业收取费用	成本与营业费用总额
公益性质的基金会	捐赠收入或捐赠支出总额

要注意的是,如果被审计单位的经营规模较上年度没有重大变化,那么通常使用替代性基准确定的重要性不宜超过上年度的重要性。

【例题 2-2】 甲企业近些年盈利和亏损交替发生,如何选定基准?如果甲企业是近些年微利和微亏交替发生,又该如何选定基准?

分析: 由于盈亏交替,使得企业经常性业务的税前利润(以下简称"税前利润")的波动性增大,选择某一年的数据将不具代表性,故可以按照过去 3 至 5 年的税前利润平均值作为基准,或者选择替代性基准,如营业收入。但需要注意,如果企业持续处于微利和微亏的状态,即使按照税前利润的平均值,该数值也接近盈亏临界点,由此计算的财务报表整体的重要性将趋近于零,无法在实务中运用,故此时应选择替代性基准。

(5) 百分比确定方法。

为选定的基准确定百分比需要运用职业判断。百分比和选定的基准之间存在一定的联系,如经常性业务的税前利润对应的百分比通常比营业收入对应的百分比要高。例如,对以营利为目的的制造行业实体,注册会计师可能认为经常性业务税前利润的 5% 是适当的;而对非营利组织,注册会计师可能认为总收入或费用总额的 1% 是适当的。百分比无论是高一些还是低一些,只要符合具体情况,都是适当的。通常实务中百分比为 1%~5%。

在确定百分比时,考虑的因素不限于:

① 是否为上市公司或公众利益实体。
② 财务报表使用者的范围是否涵盖广大范围的使用者。
③ 被审计单位是否由集团内部关联方提供融资或是否有大额对外融资。
④ 财务报表使用者是否对基准数据特别敏感等(如具有特殊目的财务报表使用者)。

> **关键阐释**
>
> 注册会计师在确定重要性水平时,不需考虑与具体项目计量相关的固有不确定性。例如,被审计单位历史期间业务单一,本年起对外进行股权投资并确认交易性金融资产,财务报表中含有高度估计不确定性的大额会计估计。这属于交易性金融资产的固有特性,注册会计师不能仅因此而确定一个比不含有该估计时更低的财务报表的整体重要性。

(三)"特定"的重要性水平

1. 含义

特定类别的交易、账户余额或披露发生错报时,即使错报金额低于财务报表整体的重要性,但如果能够合理预期该错报可能影响报表使用者依据财务报表作出的经济决策,应确定该认定的重要性水平。

2. 确定方法

确定特定类别交易、账户余额或披露的重要性水平时,应考虑的因素如表 2-11 所示。

表 2-11　　　　　　　确定"特定"的重要性水平考虑因素

考 虑 因 素	举　　例
法律法规或适用的财务报告编制基础是否影响财务报表使用者对特定项目计量或披露的预期	关联方交易、管理层和治理层的薪酬及对具有较高估计不确定性的公允价值会计估计的敏感性分析
与被审计单位所处行业相关的关键性披露	制药企业的研究与开发成本等
财务报表使用者是否特别关注财务报表中单独披露的业务的特定方面	重大企业合并的披露等

3. 确定要求

(1) 特定类别交易、账户余额或披露的重要性水平应低于财务报表整体的重要性。

(2) 与财务报表整体的重要性相同,认定层次的重要性也需要相应确定实际执行的重要性。

> **关键阐释**
>
> (1) 不是每次审计中都应当确定特定认定的重要性水平。
> (2) 每一财务报表可确定一个或多个特定认定的重要性水平。
> (3) 特定认定的重要性水平一定低于财务报表整体的重要性水平,但多个特定认定的重要性水平之和可能高于财务报表整体的重要性水平。
> (4) 某些错报虽低于整体的重要性水平但高于特定认定的重要性水平,也会影响报表使用者的经济决策,因此该错报也会影响审计意见。

(四) 实际执行的重要性

1. 含义

(1) 实际执行的重要性,是指注册会计师确定的低于财务报表整体重要性的一个或多个金额,旨在将未更正和未发现错报的汇总数超过财务报表整体重要性的可能性降至适当的低水平。

(2) 如果适用,还指注册会计师确定的低于特定类别的交易、账户余额或披露的重要性水平的一个或多个金额。

2. 确定方法

(1) 确定实际执行的重要性并非简单机械的计算,需要运用职业判断。

(2) 考虑因素:① 对被审计单位的了解;② 前期审计工作中识别出的错报的性质和范围;③ 根据前期识别出的错报对本期错报作出的预期。

3. 选择经验值

通常而言,实际执行的重要性为财务报表整体重要性的 50%~75%。经验值较低或较高的情形如表 2-12 所示。

表 2-12　　　　　　　　　　　实际执行的重要性选择示例

选取经验值	情　　形
接近财务报表整体重要性 50%(较低)	(1) 首次接受委托的审计项目。 (2) 连续审计项目,以前年度审计调整较多。 (3) 项目总体风险较高,如处于高风险行业、管理层能力欠缺、面临较大市场竞争压力或业绩压力等。 (4) 存在或预期存在值得关注的内部控制缺陷
接近财务报表整体重要性 75%(较高)	(1) 连续审计项目,以前年度审计调整较少。 (2) 项目总体风险为低到中等,如处于非高风险行业、管理层有足够能力、面临较低的市场竞争压力和业绩压力等。 (3) 以前期间的审计经验表明内部控制运行有效

审计准则要求注册会计师确定低于财务报表整体重要性的一个或多个金额作为实际执行的重要性,注册会计师无须通过将财务报表整体的重要性平均分配或按比例分配至各个报表项目的方法来确定实际执行的重要性,而是根据对报表项目的风险评估结果,确定如何确定一个或多个实际执行的重要性。例如,根据以前期间的审计经验和本期审计计划阶段的风险评估结果,注册会计师认为可以以财务报表整体重要性的 75% 作为大多数报表项目实际执行的重要性。与营业收入项目相关的内部控制存在控制缺陷,且以前年度审计中存在审计调整,因此考虑以财务报表整体重要性的 50% 作为营业收入项目实际执行的重要性,从而有针对性地对高风险领域执行更多的审计工作。

4. 在审计中的运用

实际执行的重要性的确定运用示例如表 2-13 所示。

表 2-13　　　　　　　　　　　实际执行的重要性在审计中的运用

运用环节	与实际执行的重要性的关系	具　体　考　虑
选取测试项目	超过	金额超过实际执行的重要性的财务报表项目通常要实施进一步的审计程序
	低于	对金额低于实际执行的重要性的下列项目实施进一步的审计程序: (1) 单个金额低于实际执行的重要性的财务报表项目汇总起来可能金额重大。 (2) 存在低估风险的财务报表项目。 (3) 识别出存在舞弊风险的财务报表项目

(续表)

运用环节	与实际执行的重要性的关系	具 体 考 虑
实质性分析程序	等于或低于	注册会计师确定的已记录金额与预期值之间的可接受差异额通常不超过实际执行的重要性
细节测试中采用审计抽样		注册会计师可以将可容忍错报的金额设定为等于或低于实际执行的重要性

【例题 2-3】 ABC 会计师事务所首次接受委托,审计甲公司 20×5 年度财务报表,甲公司处于新兴行业,面临较大竞争压力,目前侧重于抢占市场份额,审计工作底稿中与重要性和错报评价相关的部分内容摘录如下:

(1) 经与前任注册会计师沟通,审计项目组了解到甲公司以前年度内部控制运行良好、审计调整较少,因此,将实际执行的重要性确定为财务报表整体重要性的 75%。

(2) 审计项目组认为无须对金额低于实际执行的重要性的财务报表项目实施进一步的审计程序。

(3) 在运用审计抽样实施细节测试时,考虑到评估的重大错报风险水平为低,审计项目组将可容忍错报的金额设定为实际执行的重要性的 120%。

以上(1)—(3)项针对审计项目组的实际执行重要性相关做法是否恰当,请简要说明理由。

分析:

(1) 不恰当。因为 ABC 会计师事务所首次接受委托,甲公司处于新兴行业,属于高风险行业,且面临较大的竞争压力,应考虑选择较低的百分比来确定实际执行的重要性(如 50%)。

(2) 不恰当。可能需要对金额低于实际执行的重要性的财务报表项目实施进一步的审计程序,例如,单个低于实际执行的重要性项目但汇总起来可能金额重大、对于存在低估风险的财务报表项目,或者识别出存在舞弊风险的财务报表项目。

(3) 不恰当。在运用审计抽样实施细节测试时,注册会计师可以将可容忍错报的金额设定为等于或低于实际执行的重要性。

(五) 明显微小错报临界值

1. 含义

(1) 如果注册会计师将低于某一金额的错报界定为明显微小的错报,这些错报无论从规模、性质或其发生的环境来看,无论单独或者汇总起来看,都是明显微不足道的。

(2) "明显微小"不等同于"不重大"。

(3) 注册会计师应当在审计工作底稿中记录设定的明显微小错报临界值,低于该金额的错报视为明显微小的错报,可以不累积。

(4) 如果不确定一个或多个错报是否明显微小,就不能认为这些错报是明显微小的。

如果管理层愿意更正注册会计师识别出的低于该临界值的错报,当然是更好的,更正后财务报表数据更加准确。

> **关键阐释**
>
> "明显微小"不等同于"不重大"的一问一答如表2-14所示。
>
> 表2-14　　　　　"明显微小"不等同于"不重大"的一问一答
>
> | 问 | 答 |
> | --- | --- |
> | 明显微小错报临界值如何确定 | 财务报表整体重要性的3%～5%,一般不超过10% |
> | "不重大"的两种情形是什么 | (1)错报低于财务报表整体的重要性。
(2)错报低于特定类别的重要性水平(如适用) |
> | 明显微小的概念是什么 | 无论单独或者汇总起来,无论从规模、性质或其发生的环境来看都是明显微不足道的 |
> | "明显微小"与"不重大"的关系如何 | "明显微小"的数量级要小于"不重大"的数量级 |

2. 确定方法

(1)经验百分比。通常为财务报表整体重要性的3%至5%,通常不超过10%,除非注册会计师认为有必要单独为重分类错报确定一个更高的临界值。

(2)考虑因素:

① 以前年度审计中识别出的错报(包括已更正和未更正错报)的数量和金额。

② 重大错报风险的评估结果。

③ 被审计单位治理层和管理层对注册会计师与其沟通错报的期望。

④ 被审计单位的财务指标是否勉强达到监管机构的要求或投资者的期望。

【例题2-4】 ABC会计师事务所获取甲公司20×5年的财务数据,包括科目余额表、序时账、辅助项目余额表、辅助项目明细账,以及未审报表。未审报表部分数据如表2-15所示:

表2-15　　　　　　　甲公司未审报表部分数据　　　　　　　　单位:元

项目	金额
资产总额	50 000 000
所有者权益	30 000 000
营业收入	10 300 000
利润总额	7 000 000
净利润	4 000 000

甲公司近几年利润比较稳定,经项目组综合评估,决定按照未审报表税前利润的8%确定财务报表整体重要性,按照财务报表整体重要性的75%确定实际执行的重要性,按照财务报表整体重要性的5%确定明显微小错报临界值。

请计算财务报表整体重要性、实际执行重要性、明显微小错报临界值金额。

分析：

整体重要性水平＝7 000 000×8％＝560 000（元）

实际执行重要性水平＝560 000×75％＝420 000（元）

明显微小错报临界值＝560 000×5％＝28 000（元）

三、重要性的修改

由于存在下列原因，注册会计师可能需要修改财务报表整体重要性和特定类别的交易、账户余额或披露的重要性水平（如适用）：

（1）审计过程中情况发生重大变化（如决定处置被审计单位的一个重要组成部分）。

（2）获取新信息。

（3）通过实施进一步审计程序，注册会计师对被审计单位及其经营所了解的情况发生变化。例如，注册会计师在审计过程中发现，实际财务成果与最初确定财务报表整体的重要性时使用的预期本期财务成果相比存在着很大差异，则需要修改重要性。

四、错报

（一）定义

错报，是指某一财务报表项目的金额、分类或列报与按适用的财务报告编制基础应列示的金额、分类、列报之间存在的差异；以及根据注册会计师的判断，为使财务报表在所有重大方面实现合法、公允反映，需要对金额、分类、列报作出必要的调整。

（二）来源

错报来源于舞弊或错误。可能导致错报的事项不限于以下来源：

（1）收集或处理用以编制财务报表的数据时出现的错误。

（2）遗漏某项金额或披露，包括不充分或不完整的披露，以及为满足特定财务报告编制基础的披露目标而被要求作出的披露（如适用）。

（3）由疏忽或明显误解有关事实导致作出不正确的会计估计。

（4）注册会计师认为管理层对会计估计作出不合理的判断，或对会计政策作出不恰当的选择和运用。

（5）信息的分类、汇总或分解不恰当。

（三）类型

错报分为事实错报、判断错报和推断错报。错报的类型与内容如表2-16所示。

表2-16　　　　　　　　　　错报的类型与内容

类型	内容
事实错报	收集或处理数据错误，对事实的误解或忽略，或故意舞弊行为。本质是违反客观事实。例如，存货、固定资产的入账价值录入错误，与发票、合同等不符

(续表)

类型	内容
判断错报	（1）管理层和注册会计师对会计估计值的判断差异。 （2）管理层和注册会计师对选择和运用会计政策的判断差异。 如投资性房地产公允价值不合理；存货发出采用后进先出法核算等
推断错报	通常是指根据样本推断的总体错报。如运用审计抽样，通过测试样本估计出的总体的错报减去在测试中发现的已经识别的具体错报等

（四）审计过程中识别出错报的考虑

1. 可能存在其他错报

错报可能不会孤立发生，一项错报的发生还可能表明存在其他错报。如注册会计师识别出由于内部控制失效而导致的错报，或由于被审计单位广泛运用不恰当的假设或评估方法而导致的错报，均可能表明还存在其他错报。

2. 可能存在未被发现的错报

抽样风险和非抽样风险可能导致某些错报未被发现。审计过程中累积错报的汇总数接近确定的重要性，表明存在比可接受的低风险水平更大的风险，即可能未被发现的错报连同审计过程中累积错报的汇总数，可能超过重要性。

3. 考虑错报产生的原因

注册会计师可能要求管理层检查某类交易、账户余额或披露，以使管理层了解注册会计师识别出的错报的产生原因，并要求管理层采取措施以确定这些交易、账户余额或披露实际发生错报的金额，以及对财务报表作出适当的调整。例如，在从审计样本中识别出的错报推断总体错报时，注册会计师可能提出这些要求。

4. 审计过程中对错报的更正

通常，注册会计师应当及时将审计过程中累积的所有错报与适当层级的管理层进行沟通，还应当要求管理层更正这些错报。

有计划的人生是更值得过的

每天都会坚持做计划清单，遵循二八原则把事情按照重要性原则分类排序，优先完成具有挑战性或者重要性的工作。每次计划都看起来很"完美"，执行起来却发现很被动，计划外的事情太多，导致计划的完成率很差。

计划是对未来活动所作的事前预测、安排和应变处理。计划的目的是实现所提出的各项目标，每一项计划都是针对某一个特定目标的，因此一项计划首先要明确其所针对的目标。在目标明确以后，在计划中还必须说明如何做、谁做、何时做、在何地做、需投入多少资源等基本问题。计划应该具有针对性、预见性、首位性、普遍性、目的性、明确性和效率性。

思考与启示：凡事"预则立，不预则废"，在实施审计程序之前做充分的审计计划对于审计成败是至关重要的。生活也需要计划，有计划的生活更有意义。我们需要做好计划，有了计划，更有利于去努力实现目标，让目标达成，这样我们的生活才会过得更充实，避免碌碌无为、虚度光阴。

项目小结

（1）注册会计师开展的初步业务活动，旨在确保管理层诚信无虞、自身具备独立性和专业胜任能力，并消除业务约定误解，内容包括实施质量管理程序、评价职业道德遵守情况，并与被审计单位就审计业务约定条款达成一致。

（2）审计业务约定书是注册会计师与被审计单位签订的正式协议，明确审计目的、范围、责任、报告要求及费用安排等关键条款，确保双方对审计工作的期望、责任与权利有共同理解和约定。

（3）审计计划包括总体审计策略和具体审计计划，总体策略设定审计范围、时间、方向及资源分配，具体计划则细化至审计程序、风险评估方法及样本选择等执行细节，确保审计高效有序进行。

（4）重要性是指财务报表中错报或漏报的严重程度，足以影响使用者的经济决策，其确定需考虑报表使用者的需求、被审计单位的规模和业务性质，且在审计过程中可根据实际情况进行适当修改。

即测即评

一、单项选择题

1. 注册会计师应当在审计业务开始时开展初步业务活动。下列各项中，不属于初步业务活动的是（　　）。

    A. 评价遵守相关职业道德要求的情况

    B. 针对保持客户关系和具体审计业务实施相应的质量管理程序

    C. 在执行首次审计业务时，查阅前任注册会计师的审计工作底稿

    D. 就审计业务约定条款与被审计单位达成一致意见

2. 下列各项因素中，注册会计师在确定财务报告编制基础的可接受性时，通常无须考虑的是（　　）。

    A. 编制财务报表的目的

    B. 注册会计师是否充分了解财务报告编制基础

    C. 法律法规是否规定了适用的财务报告编制基础

    D. 被审计单位的性质

3. 下列有关审计业务约定书的说法中，错误的是（　　）。

    A. 审计业务约定书应当包括注册会计师的责任和管理层的责任

    B. 如果集团公司的注册会计师同时也是组成部分注册会计师，则无须向组成部分单独

致送审计业务约定书

C. 对于连续审计,注册会计师可能不需要每期都向被审计单位致送新的审计业务约定书

D. 注册会计师应当在签订审计业务约定书之前确定审计的前提条件是否存在

4. 下列各项中,通常属于变更审计业务条款的合理理由是(　　)。

　　A. 管理层在提供审计所需信息时出现严重拖延

　　B. 管理层对原审计业务的性质存在误解

　　C. 因不可抗力引起的审计范围受限

　　D. 收费的计算基础发生变更

5. 如果认为将审计业务变更为审阅业务具有合理理由,并且截至变更日已执行的审计工作与变更后的审阅业务相关,在出具审阅报告时,注册会计师正确的做法是(　　)。

　　A. 在审阅报告中提及原审计业务中已执行的工作

　　B. 在审阅报告中提及原审计业务

　　C. 在审阅报告中说明业务变更的合理理由

　　D. 在审阅报告中不提及原审计业务的任何情况

6. 下列各项中,不属于注册会计师确定对项目组成员的指导、监督与复核的性质、时间安排和范围时需要考虑的因素是(　　)。

　　A. 评估的重大错报风险　　　　　　B. 项目组成员的独立性

　　C. 审计领域　　　　　　　　　　　D. 被审计单位的规模和复杂程度

7. 下列有关计划审计工作的说法中,错误的是(　　)。

　　A. 在制定总体审计策略时,注册会计师应当考虑初步业务活动的结果

　　B. 注册会计师制定的具体审计计划应当包括风险评估程序、计划实施的进一步审计程序和其他审计程序

　　C. 注册会计师在制定审计计划时,应当确定对项目组成员的工作进行复核的性质、时间安排和范围

　　D. 具体审计计划通常不影响总体审计策略

8. 下列各项中,属于具体审计计划核心的是(　　)。

　　A. 确定重要性

　　B. 确定审计程序的性质、时间安排和范围

　　C. 确定对项目组成员的指导、监督与复核的性质、时间安排和范围

　　D. 确定项目组人员和工作分工

9. 下列有关财务报表整体的重要性的说法中,错误的是(　　)。

　　A. 注册会计师应当从定性和定量两个方面考虑财务报表整体的重要性

　　B. 财务报表的审计风险越高,财务报表整体的重要性金额越高

　　C. 财务报表整体的重要性可能需要在审计过程中作出修改

　　D. 注册会计师应当在制定总体审计策略时确定财务报表整体的重要性

10. 在选择确定重要性的基准时,注册会计师通常无须考虑的因素是(　　)。

　　A. 财务报表要素

　　B. 财务报表使用者特别关注的项目

C. 财务报表个别使用者对财务信息的特殊需求

D. 被审计单位所处行业和经营环境

11. 关于特定类别交易、账户余额或披露的重要性水平,下列说法中,错误的是（　　）。

A. 只有在适用时,才需确定特定类别交易、账户余额或披露的重要性水平

B. 确定时,可将与被审计单位所处行业相关的关键性披露作为一项考虑因素

C. 特定类别交易、账户余额或披露的重要性水平应低于财务报表整体的重要性

D. 无须确定特定类别交易、账户余额或披露实际执行的重要性

12. 下列情形中,注册会计师通常采用较高的百分比确定实际执行的重要性的是（　　）。

A. 以前期间的审计经验表明被审计单位的内部控制运行有效

B. 注册会计师首次接受委托

C. 被审计单位面临较大的市场竞争压力

D. 被审计单位管理层能力欠缺

13. 下列有关实际执行的重要性的说法中,错误的是（　　）。

A. 实际执行的重要性应当低于财务报表整体的重要性

B. 并非所有审计业务都需要确定实际执行的重要性

C. 实际执行的重要性可以被用作细节测试中的可容忍错报

D. 注册会计师可以确定一个或多个实际执行的重要性

14. 下列有关明显微小错报的说法中,错误的是（　　）。

A. 注册会计师无须累积明显微小的错报

B. 明显微小错报是指财务报表整体没有重大的错报

C. 金额低于明显微小错报临界值的错报是明显微小错报

D. 如果无法确定某错报是否明显微小,则不能认定为明显微小错报

15. 随着审计过程的推进,注册会计师通常认为修改重要性水平的合理理由是（　　）。

A. 审计的时间预算重新调整

B. 约定的审计收费发生变化

C. 被审计单位及其经营环境发生变化

D. 被审计单位在下一年度采用新的固定资产折旧政策

二、多项选择题

1. 下列有关总体审计策略和具体审计计划的说法中,正确的有（　　）。

A. 总体审计策略用以指导具体审计计划的制定

B. 总体审计策略通常在具体审计计划之前制定

C. 具体审计计划可能影响甚至改变总体审计策略

D. 具体审计计划比总体审计策略更加详细

2. 在运用重要性概念时,下列各项中,注册会计师认为应当考虑包括在内的有（　　）。

A. 财务报表整体的重要性

B. 实际执行的重要性

C. 特定类别的交易、账户余额或披露的重要性

D. 明显微小错报的临界值

3. 下列各项中，不属于注册会计师在制定具体审计计划时，应当考虑的内容有（　　　）。
A. 计划实施的风险评估程序的性质、时间和范围
B. 计划与管理层和治理层沟通的日期
C. 计划向高风险领域分派的项目组成员
D. 计划召开项目组会议的时间

4. 下列各项审计工作中，注册会计师需要使用财务报表整体重要性的有（　　　）。
A. 识别和评估重大错报风险
B. 确定实际执行的重要性
C. 评价已识别的错报对财务报表的影响
D. 确定风险评估程序的性质、时间安排和范围

5. 下列各项中，属于判断错报的有（　　　）。
A. 管理层对事实的误解和忽略
B. 管理层作出的会计估计超出了注册会计师确定的合理范围
C. 管理层选用了错误的会计政策
D. 注册会计师根据样本推断的总体错报

三、判断题

1. 确保具备执行业务所需要的独立性和专业胜任能力是开展初步业务活动的目的之一。（　　）

2. 评价遵守相关职业道德要求的情况以确保注册会计师已具备执行业务所需要的独立性和专业胜任能力，且不存在因管理层诚信问题而影响注册会计师保持该项业务的意愿等情况。（　　）

3. 在接受被审计单位的委托之前，不需要与前任注册会计师沟通。（　　）

4. 审计前提条件是否存在不影响注册会计师接受被审计单位的审计委托。（　　）

5. 管理层作为被审计单位的重要主体，其责任就是按照适用的财务报告编制基础编制财务报表，并使其实现公允反映。（　　）

6. 只要是合理的理由，审计业务约定书条款就可以变更。（　　）

7. 审计业务约定书条款变更后，注册会计师可以在报告中提及已执行的程序。（　　）

8. 审计计划一旦制定，在整个审计过程中不再更改。（　　）

9. 一般而言，重要性水平越高，所需要的审计证据越多。（　　）

10. 在实际业务中，只要错报金额不超过实际执行的重要性水平，则无须实施进一步审计程序。（　　）

技能实践

1. **任务描述**：成承股份有限公司是纺织行业的上市公司，20×0年发行社会公众股并上市交易，受政府的优惠政策的支持，业绩相当不错，上市当年的每股收益为0.433元，但在20×1年开始出现下滑的趋势，每股收益为0.20元。公司目前在准备20×5年的年度审计，

并打算聘请诚信会计师事务所进行年度审计。诚信会计师事务所在接受该公司委托前通过公开渠道了解到如下信息：

(1) 20×2年、20×3年两年的业绩相当不理想,每股收益分别为0.155元和0.10元。

(2) 20×4年未经审计的中期报表的每股收益为0.09元。

(3) 20×4年12月5日公告了其进行资产重组的消息。

(4) 20×2年、20×3年从事该公司年度报表审计的事务所是大胜会计师事务所。

(5) 公司在20×4年2月26日宣布组建电子商务网络公司,并处于控股地位。

任务要求：

(1) 你作为该审计项目的负责人,在接受委托前你会如何处理？

(2) 如果接受委托,你在编制审计计划时采用何种手段防范因上述信息可能带来的风险。

2. **任务描述：** 注册会计师对ABC公司20×4年度财务报表进行审计,其未经审计的有关财务报表项目金额如表2-17所示。

表2-17　　　　　　ABC公司未经审计的有关财务报表项目金额　　　　　　单位：万元

项目	金额
资产总额	180 000
净资产	88 000
营业收入	240 000
净利润	24 120

该公司所处行业的市场波动较大,因此其销售与盈利水平受到很大影响,但总资产比较稳定。

任务要求： 如以资产总额、净资产、营业收入和净利润作为基准,百分比分别为资产总额、净资产、营业收入和净利润的0.5%、1%、0.5%和5%。请代注册会计师计算确定ABC公司20×4年度财务报表层次的重要性水平(要求列示计算过程),并简要说明理由。

头脑风暴

1. 企业近些年盈利和亏损交替发生,如何选定基准？如果是近些年微利和微亏交替发生,又如何选定基准？

2. 如何理解"注册会计师可以确定一个或多个实际执行的重要性"？

3. 如何理解重要性、重大错报风险、检查风险和审计证据数量之间的关系？

4. 在计划审计工作中如何理解"计划赶不上变化"？

5. 初步业务活动中"评价遵守相关职业道德要求"的意义是什么？

项目三　收集审计证据与编制审计工作底稿

思维导图

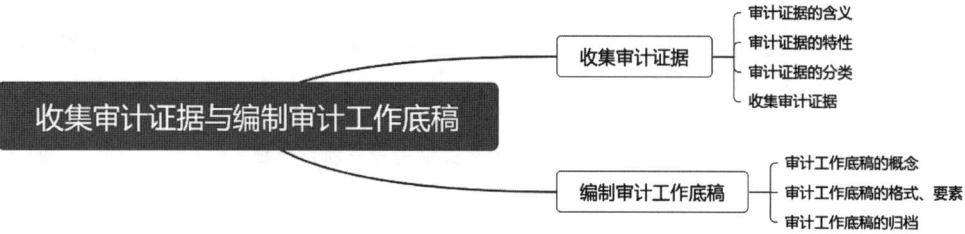

学习目标

【素质目标】
1. 具备客观公正、实事求是的职业态度和职业素养。
2. 具备强烈的法律法规意识，并遵守相关法律法规。
3. 保持敬业精神，具备团队协作能力与沟通技巧。

【知识目标】
1. 理解审计证据的含义。
2. 掌握审计证据的分类和特性。
3. 掌握审计工作底稿的概念、要素。
4. 掌握审计工作底稿的归档。

【技能目标】
1. 能够在审计过程中获取充分、适当的审计证据。
2. 能够对审计证据进行整理分析。
3. 能够编制规范的审计工作底稿，并进行归档。

案例导入

获取充分适当证据，守好审计底线

2022年2月，安徽省财政厅依据《注册会计师法》《会计师事务所执业许可和监督管理办法》对安徽某会计师事务所处警告、没收违法所得。处罚事由为该事务所审计注册会计师在未履行必要的审计程序，未获取充分适当的审计证据的情况下出具审计报告。

依据《中华人民共和国证券法》的有关规定，广东证监局对广东某会计师事务所（特殊普通合伙）执行的某公司2021年度审计项目进行了专项检查。检查发现该所存在未对异常事项保持职业怀疑、坏账准备核查程序不到位、函证程序执行不到位、未执行必要审计程序、审计抽样样本选取不合理、审计工作底稿存在错漏等执业质量问题。广东证监局依法对该所采取出具警示函的行政监管措施。

思考：什么是审计证据？监管机构如何认定事务所没有收集充分适当的审计证据？什么是审计工作底稿？怎么编制规范的审计工作底稿？

任务一 收集审计证据

收集和评价审计证据，是审计人员得出审计结论、支撑审计意见的基础，如图3-1所示。

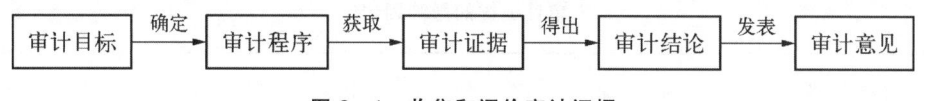

图3-1 收集和评价审计证据

审计人员应当获取充分、适当的审计证据，以得出合理的审计结论，作为形成审计意见的基础。

一、审计证据的含义

审计证据是审计人员在执行审计业务过程中，为形成审计结论或审计意见所获取的证明材料。审计证据包括构成财务报表基础的记录所含有的会计信息和其他信息，如表3-1所示。

表3-1　　　　　　　　　　　　审计证据内容

类型	内容
会计信息	(1) 账簿、凭证（记账凭证和原始凭证）、报表、其他调整； (2) 纸质、电子数据表
其他信息	会计记录以外的信息，如被审计单位会议记录、内部控制手册、询证函回函、分析师的报告、与竞争者的比较数据，以及注册会计师获取或编制的分析表等

3-1 审计证据

财务报表依据的记录中包含的会计信息和其他信息共同构成了审计证据，两者缺一不可。如果没有前者，审计工作将无法进行；如果没有后者，可能无法识别重大错报风险。只有将两者结合在一起，才能将审计风险降至可接受的低水平，为审计人员发表审计意见提供合理的基础。

二、审计证据的特性

审计人员应当保持职业怀疑态度，运用职业判断，评价审计证据的充分性和适当性，如图3-2所示。

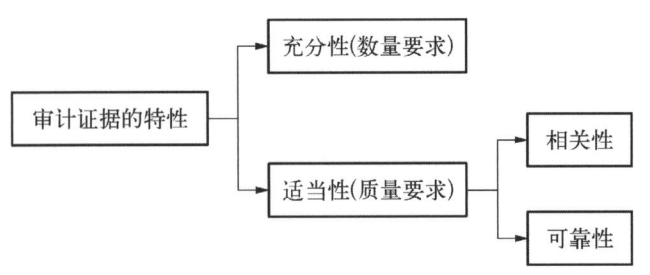

图 3-2 审计证据的特性

(一) 审计证据的充分性

审计证据的充分性,是对审计证据数量的衡量,即审计证据的数量足以证明审计结论和审计意见。审计人员获取审计证据的数量受其对重大错报风险评估结果、审计证据质量的影响,如表 3-2 所示。

表 3-2 审计证据的影响因素

因　　素	关　　系
重大错报风险评估结果	评估的被审计单位的重大错报风险越高,所需审计证据的数量越多
审计证据质量	质量越高,可能需要的数量越少
	质量存在缺陷,可能无法通过获取更多的审计证据予以弥补

> **关键阐释**
>
> 审计证据质量存在的缺陷无法通过数量弥补。

(二) 审计证据的适当性

审计证据的适当性,是对审计证据质量的衡量,即审计证据在支持审计意见所依据的结论方面具有的相关性和可靠性。相关性和可靠性是审计证据适当性的核心内容,只有相关且可靠的审计证据才是高质量的。

1. 审计证据的相关性

审计证据要有证明力,必须与审计人员的审计目标相关。审计证据是否相关必须结合具体审计目标综合考虑。在确定审计证据的相关性时,审计人员应当考虑以下三点。

(1) 特定的审计程序可能只为某些认定提供相关的审计证据,而与其他认定无关。

(2) 针对同一项认定可以从不同来源获取审计证据或获取不同性质的审计证据。

(3) 只与特定认定相关的审计证据并不能替代与其他认定相关的审计证据。

2. 审计证据的可靠性

审计证据的可靠性,是指审计证据的可信程度。审计证据的可靠性受其来源和性质的影响,并取决于获取审计证据的具体环境。审计人员在判断审计证据的可靠性时,通常会考虑下列原则:

(1) 从外部独立来源获取的审计证据比从其他来源获取的审计证据更可靠。从外部独立来源获取的审计证据未经被审计单位有关职员之手,从而减小了伪造、更改凭证或业务记录的可能性,因而其证明力最强。如银行询证函回函、应收账款询证函回函、保险公司等机构出具的证明等。相反,从其他来源获取的审计证据,由于证据提供者与被审计单位存在经济或行政关系等原因,其可靠性应受到质疑,如被审计单位内部的会计记录、会议记录等。

(2) 内部控制有效时内部生成的审计证据比内部控制薄弱时内部生成的审计证据更加可靠。如果被审计单位有健全的内部控制且在日常管理中得到一贯的执行,会计记录的可信赖程度将会增加。如果被审计单位的内部控制薄弱,甚至不存在任何内部控制,被审计单位内部凭证记录的可靠性就大为降低。例如,如果与销售业务相关的内部控制有效,审计人员就能从销售发票和发货单中取得比内部控制不健全时更加可靠的审计证据。

(3) 直接获取的审计证据比间接获取或推论得出的审计证据更可靠。例如,审计人员观察某项内部控制的运行得到的证据,比询问被审计单位某项内部控制的运行得到的证据更加可靠。间接获取的证据存在被涂改及伪造的可能性,降低了可信赖程度。推论得出的审计证据,其主观性较强,人为因素较多,可信赖程度也受到影响。

(4) 以文件、记录形式(无论是纸质、电子或其他介质)存在的审计证据比口头形式的审计证据更加可靠。例如,会议的同步书面记录比对讨论事项事后的口头表述更加可靠。口头证据本身并不足以证明事实的真相,仅仅提供了一些重要线索,为进一步调查确认所用。一般情况下,口头证据往往需要得到其他相应证据的支持。

(5) 从原件获取的审计证据比从传真件或复印件获取的审计证据更加可靠。审计人员可审查原件是否有被涂改或伪造的迹象,排除伪证,从而提高证据的可信赖程度。而传真件或复印件容易被编造或伪造,可靠性较低。

审计人员在按照上述原则评价审计证据的可靠性时,还应当注意可能出现的重要例外情况。例如,审计证据虽是从独立的外部来源获得的,但如果该证据是由不知情者或不具备资格者提供的,审计证据也可能是不可靠的。同样,如果审计人员不具备评价证据的专业能力,那么即使是直接获取的证据,也可能是不可靠的。

(三) 充分性和适当性之间的关系

充分性和适当性是审计证据的两个重要特征,两者缺一不可,只有充分且适当的审计证据才具有证明力。审计人员需要获取的审计证据的数量也受审计证据质量的影响。审计证据质量越高,需要的审计证据数量可能越少。也就是说,审计证据的适当性会影响审计证据的充分性。需要注意的是,尽管审计证据的充分性和适当性相关,但如果审计证据的质量存在缺陷,审计人员靠获取更多的审计证据可能无法弥补其质量上的缺陷。

三、审计证据的分类

根据外形特征审计证据可分为实物证据、书面证据、口头证据、环境证据和电子证据。

1. 实物证据

实物证据,是指通过实际观察或盘点取得的,用以确定某些实物资产是否存在的证据。实物证据通常是证明实物资产是否存在的最有说服力的证据,但实物证据不能完全证明被审计单位对实物资产拥有所有权。对于取得实物证据的账面资产,还应就其所有权归属及其价值情况另行审计。例如,审计人员通过监盘存货获取存货存在的证据,但不能完全证实被审计单位对其拥有所有权,可能其中一部分存货是其他单位委托加工的,也难以通过单独监盘判断存货是否发生减值。

2. 书面证据

书面证据,是指审计人员获取的各种书面文件形式的一类证据,包括与具体审计目标有关的各种原始凭证、会计记录(记账凭证、会计账簿等),以及各种会议记录、文件、合同、通知书、报告书、函件等。书面证据是审计证据的主要组成部分,也被称为基本证据。书面证据按其来源可分为外部证据和内部证据,如表 3-3 所示。

表 3-3　　书面证据类型和内容

类型	内容
外部证据	被审计单位以外的组织机构或人士编制的书面证据,一般具有较强的证明力
内部证据	被审计单位内部机构或职员编制和提供的书面证据,包括被审计单位的会计记录、被审计单位管理当局申明书,以及其他各种由被审计单位编制和提供的相关书面文件

一般而言,从被审计单位内部获得的书面证据,其可靠性低于从被审计单位外部获得的书面证据。但如果内部证据在外部流转,并获取其他单位或个人的承认(如销货发票、付款支票),则具有较强的可靠性。

3. 口头证据

口头证据,是指被审计单位的职员或其他有关人员对审计人员的提问进行口头答复所形成的一类证据。口头证据可靠性较差、证明力较小,本身不足以证明事情的真相,只能起到提供线索,以及配合其他证据的收集、分析、评价的作用。在获取口头审计证据时,对各种重要的口头证据应该尽快做成书面记录,并注明是何人、何时、在何种情况下所做的口头陈述,必要时还应获得被询问者的签名确认。

4. 环境证据

环境证据,是指对被审计单位产生影响的各种环境事实,如被审计单位的内部控制情况、被审计单位管理人员的素质、各种管理条件和管理水平等。这类证据除了对证明报表总体合理性有所帮助之外,其本身不能直接证明其他某一具体的审计目标,但它有助于审计人员正确评价有关资料所反映信息在总体或大体上的可靠程度。

5. 电子证据

电子证据,是借助电子技术或电子设备而形成的证据,如电子数据、电子合同、电子提单、电子保险单、电子发票、手机短信、网页等。电子证据通常是以电子形式存储在各种电子介质上的,包括磁盘、硬盘、光盘等新型的信息介质。电子证据具有高科技性、无形性、复合性、易破坏性、多样性、易保管等特点。

电子证据以技术为依托,受主观因素影响较小,能够避免其他证据的弊端,如错误传递证言等,因此相对比较准确,且使用效率比较高。随着计算机和网络技术的普及,电子文件已经成为传递信息、记录事实的重要载体。但由于电子数据以数字信号方式存在,如果有人故意对计算机证据进行删减、剪接,则比较难以辨认或查清。

上述各种证据可用来实现各种不同的审计目标,但是对每一具体账户及其相关的认定来说,审计人员应选择能以最低成本实现全部审计目标的证据,力求做到证据收集既有效又经济。

【例题3-1】 某审计小组对某市某进出口公司总经理进行了离任审计,查处了该公司长达七年之久的大额"小金库"1 970万元,偷漏税费98万元的违纪行为。

审前,审计人员首先与该公司的有关人员召开了座谈会,认真地听取了财务人员汇报经理任期内的资产、负债和损益等情况。通过离任经理的述职报告,了解了其任期内的业绩及政绩。在该公司,审计人员注意到接任和离任经理都分别乘坐着豪华轿车。

随后,审计人员对该公司的库存现金、存货、固定资产等实物进行了盘点,并对有关会计资料进行了审计。审计过程中,结合听汇报和观察工作环境及条件,审计人员发现"固定资产"账内没有两个经理乘坐的高级轿车,查看历年的"固定资产"明细账,也从未有过购建职工宿舍等业务。那么,高级轿车和职工宿舍是怎么来的呢?凭着多年的审计经验,审计人员敏感地认为公司有账外账。

为查清上述疑点,审计人员采取跟踪追击的方法,多次追问财务科长是否还有另一套账。财务科长说自己才任职三个月,所有的会计资料都提交给审计人员了。于是审计人员找到前任财务科长,争取得到他们的配合,以便了解账外资金的来源和使用情况,但他们均以各种理由回避审计问题,因此审计陷入了困境。此时,审计人员一方面继续做好被审计单位有关人员的政治思想工作,解决他们认识问题;另一方面加大内外调查力度,采取多种方式与职工进行交谈,经过详查和内协外调,审计人员终于掌握了大量购买固定资产的原始资料。

最后,审计人员向该公司有关人员进行法制宣传教育,反复向他们讲明"账外账"的危害性和审计查处的决心,消除了他们的疑虑,打消了他们继续隐瞒事实的念头,将营造七年之久的"小金库"账簿和凭证全盘托出。

经过反复审查核实,离任经理在任职期间,为小团体的利益将商品出口组织费收入等其他收入1 970万元,不入正规财务收支经营账,而作为"小金库",随意耗用。其中:购置固定资产1 155万元(职工宿舍747万元、汽车385万元、其他资产23万元),奖金及职工福利支出559万元,招待费支出53万元,其他各项支出203万元。

要求: 请结合案情分析审计人员的取证方法和获取的审计证据的种类。

分析:

观察——环境证据

询问——口头证据

有形资产检查——实物证据

记录或文件检查——书面证据

四、收集审计证据

审计证据的收集贯穿整个财务报表审计流程,其环节包括从初步业务活动、计划审计工作、审计风险评估、审计风险应对到完成审计工作,如图3-3所示。

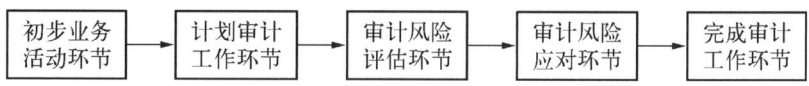

图3-3 收集审计证据流程

1. 初步业务活动环节

在初步业务活动环节,审计人员需要完成如下工作:

(1) 了解审计的目标、审计报告的用途、审计范围和时间安排等。

(2) 查阅以前年度审计工作底稿,重点关注非标准审计报告涉及的说明事项,管理建议书的具体内容,重大事项概要等。

(3) 初步了解被审计单位及其环境发生的重大变化,并予以记录。

(4) 评价是否具备执行该项审计业务所需要的独立性和专业胜任能力。

(5) 完成业务保持评价表。

(6) 考虑是否需要修改业务约定条款,以及是否需要提醒被审计单位注意现有的业务约定条款。

这个环节按工作完成情况,会形成初步业务活动程序表、业务保持评价表、审计业务约定书等工作底稿,并收集支撑工作底稿的审计证据。

2. 计划审计工作环节

在计划审计工作环节,审计人员需要完成如下工作:

(1) 制定总体审计策略,确定审计范围、时间和方向。

(2) 编制具体审计计划,明确具体审计分工,具体时间和重点审计领域。

这个环节按工作完成情况,会形成总体审计策略、重要性水平确定、具体审计计划表等工作底稿,并收集支撑工作底稿的审计证据。

3. 审计风险评估环节

在审计风险评估环节,审计人员需要完成如下工作:

(1) 询问管理层和被审计单位内部其他人员。

(2) 实施分析程序,识别异常的交易或事项,以及对财务报表和审计产生影响的金额、比率和趋势。

(3) 采用观察和检查,了解被审计单位的情况及其外部环境,同时对管理层和其他相关人员的询问结果可以印证。

(4) 采用询问、观察和检查,了解被审计单位的内部控制。

(5) 在了解被审计单位的情况及其外部环境的整个过程中,识别和评估重大错报风险。

这个环节按工作完成情况,会形成询问记录、观察记录、检查被审计单位内控制度及财务资料、非财务信息资料等口头证据、环境证据、书面证据,并记录于相应工作底稿当中。

4. 审计风险应对环节

在审计风险应对环节,审计人员针对被审计单位的财务报表层次重大错报风险,确定总体应对措施,并针对评估的认定层次重大错报风险设计和实施进一步审计程序,将面临的审计风险降至可接受的低水平。此环节工作任务,会结合各循环审计中具体审计项目进行,在具体审计项目中实施风险应对过程中,会形成口头证据、书面证据、实物证据和环境证据,并与工作底稿相呼应。

5. 完成审计工作环节

在完成审计工作环节,审计人员需要完成如下工作:

(1) 进行审计差异分类,编制审计差异调整表。

(2) 编制试算平衡表。

（3）对财务报表总体合理性实施分析程序。

（4）评价审计结果。对重要性和审计风险进行最终的评价，对被审计单位已审计财务报表形成审计意见并草拟审计报告。

（5）与治理层沟通，获取管理层声明。

（6）提出审计意见，出具审计报告。

此环节工作任务的完成过程中，形成账项调整分录汇总表、重分类调整分录汇总表、未更正错报汇总表、试算平衡表、与治理的沟通函、询问记录表、管理层声明书等工作底稿，并收集支撑的审计证据。

任务二　编制审计工作底稿

一、审计工作底稿的概念

审计工作底稿，是指审计人员对制定的审计计划、实施的审计程序、获取的相关审计证据，以及得出的审计结论作出的记录。审计工作底稿是审计证据的载体，是审计人员在审计过程中形成的审计工作记录和获取的资料。审计工作底稿形成于审计过程，也反映整个审计过程。

二、审计工作底稿的格式、要素

（一）审计工作底稿的格式

审计工作底稿应有规范的格式，但不同性质的审计项目、被审计单位和审计事项对工作底稿的格式又有不同的要求，因而审计工作底稿的格式必须有一定的弹性。实务中应用的工作底稿分为通用格式和专用格式两类。

通用格式的审计工作底稿，是指有固定格式但没有具体用途的工作底稿。实际上，通用格式的工作底稿就是印有被审计单位名称、会计期间或截止日、编制人及编制日期、复核人及复核日期、索引号及页次等要素的空白工作底稿表。审计人员可以根据审计事项的特点、被审计单位的实际情况，直接记录在空白表上，或自己在空白表上画成所需要的表格后进行填写。

专用格式的审计工作底稿，是根据具体审计事项特点而专门设计的工作底稿，如业务循环内部控制测试记录表、科目审定表、财产物资监盘表、库存现金监盘表、银行存款余额调节表及询证函等。

通用格式和专用格式工作底稿各有优缺点。专用格式的工作底稿是根据具体审计事项特点设计的，比较适用，而且许多需要写的文字都事先印好了，使用起来效率比较高。专用格式是按照常规程序设计的，内容比较完整，但当被审计单位业务具有特殊性时就显得不太适用，或者业务量不大，仅需使用整张表格中的一小部分，其余显得十分多余和不适用。相反，通用格式则具有较大的灵活性，可以根据需要编制。但自己设计的格式往往不如预先设计得那样清晰，而且制表填写的工作量也较大。

（二）审计工作底稿的要素

审计人员编制的审计工作底稿通常包括下列全部或部分要素，如图 3-4 所示。

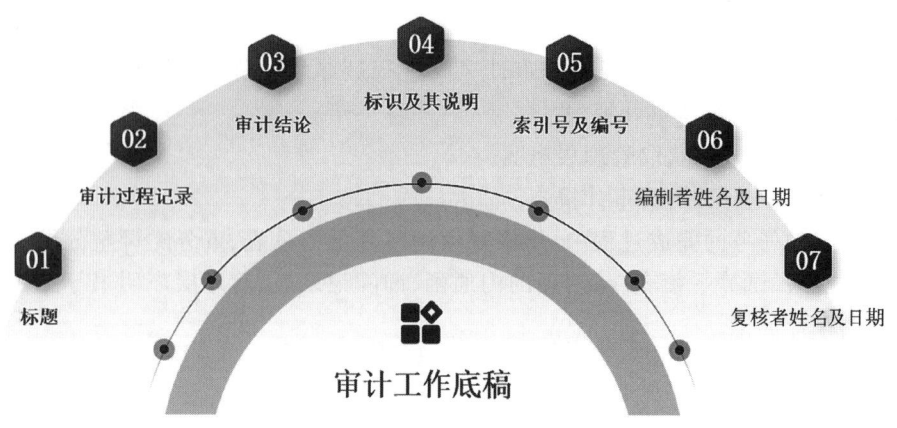

图 3-4　审计工作底稿的要素

1. 标题

每张底稿应当包括被审计单位的名称、审计项目的名称,以及资产负债表日或底稿覆盖的会计期间(如果与交易相关)。

2. 审计过程记录

审计过程记录,即审计人员的审计轨迹与专业判断的记录。审计人员应将其实施审计从而达到审计目标的过程记录在审计工作底稿中。在记录审计过程时,应当特别注意:特定项目或事项的识别特征、重大事项、针对重大事项如何处理矛盾或不一致的情况等。

3. 审计结论

审计工作的每个部分都应包含与已实施审计程序的结果及其是否实现既定审计目标相关的结论,还应包括审计程序识别出的例外情况和重大事项如何得到解决的结论。审计人员恰当地记录审计结论非常重要。审计人员需要根据所实施的审计程序及获取的审计证据得出结论,并以此作为对财务报表发表审计意见的基础。在记录审计结论时,需注意在审计工作底稿中记录的审计程序和审计证据是否足以支持所得出的审计结论。

4. 审计标识及其说明

审计标识,是注册会计师为便于表达审计含义而采用的符号。为便于他人理解,注册会计师应在审计工作底稿中说明各种审计标识所代表的含义,或者采用审计标识说明表的形式统一说明。审计标识应前后一致。以下是注册会计师在审计工作底稿中列明的标识并说明其含义的例子,仅供参考。在实务中,注册会计师也可以依据实际情况运用更多的审计标识。

∧:纵加核对。

＜:横加核对。

B:与上年结转数核对一致。

T:与原始凭证核对一致。

G:与总分类账核对一致。

S:与明细账核对一致。

T/B:与试算平衡表核对一致。

C:已发询证函。

C＼:已收回询证函。

5. 索引号及编号

通常,审计工作底稿需要注明索引号及顺序编号,以使相关审计工作底稿之间保持清晰的勾稽关系。相互引用时,需要在审计工作底稿中交叉注明索引编号。

6. 编制者姓名及日期

每张审计工作底稿上应当注明执行审计工作的人员姓名及其完成该项审计工作的日期。

7. 复核者姓名及日期

审计工作的复核人员也应当在审计工作底稿上签名,并注明复核的日期和范围。在需要项目质量控制复核的情况下,还需要注明项目质量控制复核人员及复核的日期。

8. 其他应说明事项

审计工作底稿范例如表3-4所示。

表3-4 审计工作底稿范例

被审计单位:×××股份有限公司		索引号:Z5-2-4		页次:	
项目:应收账款函证结果调节表		编制人:		日期:	
财务报表截止日:2024-12-31		复核人:		日期:	
被询证单位:	×××有限公司				
回函日期:	2025/1/9				
1. 被询证单位回函余额					
2. 减:被询证单位已记录项目					
序号	日期	摘要/差异原因(存在争议的项目等)	相关的支持性证据的索引号	金 额	
1					
2					
3					
3. 加:被审计单位已记录项目					
序号	日期	摘要/差异原因(存在争议的项目等)	凭证号	金 额	
1					
2					
3					
4. 调节后金额					
5. 被审计单位账面金额					
6. 差异金额					
审计说明:					

说明标注:
- 索引号及编号
- 编制者姓名及日期
- 复核者姓名及日期
- 审计过程记录
- 审计结论

三、审计工作底稿的归档

3-2 审计工作底稿的归档

审计人员在完成审计工作后,应当根据《中国注册会计师审计准则第1131号——审计工作底稿》中对审计工作底稿归档的具体规定,对审计工作底稿进行归档、保存。

(一) 审计工作底稿归档的性质

在出具审计报告前,注册会计师应完成所有必要的审计程序,取得充分、适当的审计证据并得出适当的审计结论。由此,在审计报告日后将审计工作底稿归整为最终审计档案是一项事务性的工作,不涉及实施新的审计程序或得出新的结论。

如果在归档期间对审计工作底稿作出的变动属于事务性的,注册会计师可以作出变动。主要包括:

(1) 删除或废弃被取代的审计工作底稿。

(2) 对审计工作底稿进行分类、整理和交叉索引。

(3) 对审计档案归整工作的完成核对表签字认可。

(4) 记录在审计报告日前获取的、与项目组相关成员进行讨论并达成一致意见的审计证据。

(二) 审计工作底稿归档后的变动

在完成最终审计档案的归整工作后,注册会计师不应在规定的保存期限届满前删除或废弃任何性质的审计工作底稿。

1. 需要变动审计工作底稿的情形

注册会计师发现有必要修改现有审计工作底稿或增加新的审计工作底稿的情形主要有以下两种:

(1) 注册会计师已实施了必要的审计程序,取得了充分、适当的审计证据并得出了恰当的审计结论,但审计工作底稿的记录不够充分。

(2) 审计报告日后,发现例外情况要求注册会计师实施新的或追加的审计程序,或导致注册会计师得出新的结论。例外情况主要是指审计报告日后发现与已审计财务信息相关,且在审计报告日已经存在的事实,该事实如果被注册会计师在审计报告日前获知,可能影响审计报告。例如,注册会计师在审计报告日后才获知法院在审计报告日前已对被审计单位的诉讼、索赔事项作出最终判决结果。例外情况可能在审计报告日后发现,也可能在财务报表报出日后发现,注册会计师应当按照《中国注册会计师审计准则第1332号——期后事项》有关"财务报表报出后发现的事实"的相关规定,对例外事项实施新的或追加的审计程序。

2. 变动审计工作底稿时的记录要求

在完成最终审计档案的归整工作后,如果发现有必要修改现有审计工作底稿或增加新的审计工作底稿,无论修改或增加的性质如何,注册会计师均应记录下列事项:

(1) 修改或增加审计工作底稿的理由。

(2) 修改或增加审计工作底稿的时间和人员,以及复核的时间和人员。

(三) 审计工作底稿归档的期限

《中国注册会计师审计准则第1131号——审计工作底稿》要求,审计工作底稿的归档期限为审计报告日后60天内。如果注册会计师未能完成审计业务,审计工作底稿的归档期限为审计业务中止后的60天内。

如果针对客户的同一财务信息执行不同的委托业务,出具两个或多个不同的报告,会计师事务所应当将其视为不同的业务,根据会计师事务所内部制定的政策和程序,在规定的归档期限内分别将审计工作底稿归整为最终审计档案。

(四)审计工作底稿的保存期限

会计师事务所应当自审计报告日起,对审计工作底稿至少保存10年。如果注册会计师未能完成审计业务,会计师事务所应当自审计业务中止日起,对审计工作底稿至少保存10年。

编制审计工作底稿要注意"六忌"

审计工作底稿是审计证据的载体,也能在很大程度上反映审计人员最真实的专业水平,是专业理论和实务相结合的产物。做好审计底稿,要避开"六忌",具体如下:

一忌"小零件"不全。在翻阅审计底稿时,常常发现有的财务报表没有盖章、签字。对于上述问题,有的审计人员认为是"小零件",不影响审计质量,只要把审计程序做到位就可以。殊不知,这些"小零件"都有其存在的必然性。

二忌做无用功。在有的审计底稿中,审计人员竟把客户的固定资产明细账复印下来,页数占底稿总数的四分之一。但其实,这是"小儿科"行为,是在做无用功。也可以说,这是一种毫无价值的成本消耗。对审计底稿的要求,不是越多越好,而是要充分、适当。

三忌乱替代。在"年审季",有的审计人员因工作忙或侥幸心理,随意改变审计准则程序,擅自对某些程序进行替代,如银行对账单替代银行函证。实际上,替代不是完全不可以,但是替代是具有针对性的,不能牵强附会,不是自己随意作决定就可以替代的。

四忌按部就班,忽略"地雷"。从有的审计底稿中可以看出,审计人员的确按照会计科目和审计程序从头到尾审计一遍,按部就班,看起来很"顺溜",但其实忽略了其中暗藏的"地雷"。如果发现"怪点"或者"疑点",审计项目经理就需要增加审计程序,一定不能视而不见,草草放过。

五忌资料残缺不全。在实践中发现,有的审计底稿丢三落四,缺东少西。例如,在审计货币资金科目时,有的审计人员对银行存款审计未实施函证程序。审计人员要用审计证据说话,证据不全或忽略了该获取到的重大资料,证据就没有了力量,甚至失去了鉴定作用。

六忌走形式。有的审计底稿按常规要求的审计程序进行审计,积累了厚厚的资料。但光好看不管用,不能为了相关部门检查而做审计,遇到问题绕道走,这样的底稿还不如不做。

思考与启示:质量是审计工作的生命线,而高质量的审计证据和审计工作底稿无疑是高质量审计监督的最有力保证。严格规范审计执业行为,不断创新审计项目质量管理模式,着力夯实审计工作基础,这将是审计人员永远需要锤炼的"内功"。

项目小结

（1）审计证据，是审计人员在审计过程中通过实施审计程序和方法所获取的，用以证实审计事项真相，形成审计结论与意见的客观事实依据和证明材料，是审计工作的核心和基石。

（2）审计工作底稿，是审计人员在审计过程中记录审计程序执行、审计发现、审计结论和分析等内容的书面文件，是审计报告的编制基础，体现了审计工作的全过程和审计人员的专业判断。

即测即评

一、单项选择题

1. 下列有关审计证据的说法中，错误的是（　　）。
   A. 从外部独立来源获取的审计证据比从其他来源获取的审计证据更可靠
   B. 口头证据与书面证据矛盾时，注册会计师应当采用书面证据
   C. 审计证据相关性可能受测试方向的影响
   D. 相关性和可靠性是审计证据适当性的核心

2. 下列有关审计证据的适当性的说法中，错误的是（　　）。
   A. 审计证据的适当性不受审计证据的充分性的影响
   B. 审计证据的适当性包括相关性和可靠性
   C. 审计证据的适当性影响审计证据的充分性
   D. 审计证据的适当性是对审计证据质量和数量的衡量

3. 下列各项中，不影响审计证据可靠性的是（　　）。
   A. 用作审计证据的信息与相关认定之间的关系
   B. 审计证据的来源
   C. 被审计单位内部控制是否有效
   D. 审计证据的存在形式

4. 下列有关审计证据质量的说法中，错误的是（　　）。
   A. 审计证据的适当性是对审计证据质量的衡量
   B. 审计证据的质量与审计证据的相关性和可靠性有关
   C. 注册会计师可以通过获取更多的审计证据弥补审计证据质量的缺陷
   D. 在既定的重大错报风险水平下，需要获取的审计证据数量受审计证据质量的影响

5. 下列有关审计证据充分性和适当性的说法中，错误的是（　　）。
   A. 审计证据的充分性和适当性分别是对审计证据数量和质量的衡量
   B. 审计证据的充分性会影响审计证据的适当性
   C. 只有充分且适当的审计证据才有证明力
   D. 审计证据的适当性会影响审计证据的充分性

6. 下列有关审计证据的说法中，正确的是（　　）。
   A. 外部证据与内部证据矛盾时，注册会计师应当采用外部证据

B. 审计证据不包括会计师事务所接受与保持客户或业务时实施质量管理程序获取的信息

　　C. 职业怀疑要求注册会计师质疑获取的审计证据并鉴别其真伪

　　D. 注册会计师可以考虑获取审计证据的成本与所获取信息的有用性之间的关系

　7. 下列有关审计工作底稿的说法中,错误的是( )。

　　A. 以电子形式存在的审计工作底稿,应当通过打印等方式转换成纸质形式并与其他纸质形式的审计工作底稿一并归档

　　B. 审计工作底稿通常不包括已被取代的审计工作底稿的草稿和财务报表的草稿

　　C. 如果针对同一财务信息执行不同的委托业务,应当分别将审计工作底稿归档

　　D. 会计师事务所应当自审计报告日起对审计工作底稿至少保存10年

　8. 下列有关审计工作底稿归档期限的说法中,正确的是( )。

　　A. 注册会计师应当自财务报表批准日起60天内将审计工作底稿归档

　　B. 如对同一财务信息出具两份日期相近的审计报告,注册会计师应当在较早的审计报告日后60天内将审计工作底稿归档

　　C. 如注册会计师未能完成审计业务,应当自审计业务中止后的60天内将审计工作底稿归档

　　D. 注册会计师应当自财务报表报出日起60天内将审计工作底稿归档

　9. 下列有关审计工作底稿的说法中,错误的是( )。

　　A. 在确定审计工作底稿的格式、要素和范围时,注册会计师应当考虑审计证据的重要程度

　　B. 在审计工作底稿中作出适当的书面记录,有利于提高职业判断的可辩护性

　　C. 注册会计师不应在审计工作底稿的归档期间内记录审计报告日前获取的审计证据

　　D. 审计工作底稿归档后,注册会计师不应在规定的保存期限届满前删除或废弃任何性质的审计工作底稿

　10. 下列各项中,不属于在审计工作底稿归档期间的事务性变动的是( )。

　　A. 删除被取代的审计工作底稿

　　B. 将在审计报告日后获取的管理层书面声明放入审计工作底稿

　　C. 对审计工作底稿进行分类和整理

　　D. 将在审计报告日前获取的、与项目组相关成员进行讨论并达成一致意见的审计证据放入审计工作底稿

　11. 在某些例外情况下,如果在审计报告日后实施了新的或追加的审计程序,或者得出新的结论,应当形成相应的审计工作底稿。下列各项中,无须包括在审计工作底稿中的是( )。

　　A. 有关例外情况的记录

　　B. 实施的新的或追加的审计程序、获取的审计证据、得出的结论及对审计报告的影响

　　C. 对审计工作底稿作出相应变动的时间和人员及复核的时间和人员

　　D. 审计报告日后,修改后的被审计单位财务报表草稿

　12. 在修改审计工作底稿时,注册会计师应当记录的事项不包括( )。

　　A. 审计项目合伙人的批准意见　　　　B. 修改审计工作底稿的理由

C. 修改审计工作底稿的时间和人员　　D. 复核的时间和人员

13. 下列各项中,注册会计师认为不属于在归档期间对审计工作底稿作出事务性变动的是( )。

A. 删除被取代的审计工作底稿

B. 对审计工作底稿进行分类、整理和交叉索引

C. 对审计档案归整工作的完成核对表签字认可

D. 记录在审计报告日后实施补充审计程序获取的审计证据

14. 下列有关归档期限的要求中,注册会计师认为正确的是( )。

A. 在审计报告日后60天内完成审计工作底稿的归档工作

B. 在审计报告日后90天内完成审计工作底稿的归档工作

C. 在审计报告公布日后60天内完成审计工作底稿的归档工作

D. 在审计报告公布日后90天内完成审计工作底稿的归档工作

15. 组成部分注册会计师为集团审计目的出具审计报告的日期为2024年2月15日,集团项目组出具集团审计报告的日期为2024年3月5日。下列关于组成部分注册会计师的审计工作底稿保存期限的说法中,正确的是( )。

A. 应当自2024年1月1日起至少保存10年

B. 应当自2024年2月15日起至少保存10年

C. 应当自2024年3月5日起至少保存10年

D. 应当自2024年4月16日起至少保存10年

二、多项选择题

1. 下列有关审计工作底稿存在形式的说法中,正确的有( )。

A. 审计工作底稿可以以纸质、电子或其他介质形式存在

B. 以电子或其他介质形式存在的审计工作底稿,应与其他纸质形式的审计工作底稿一并归档

C. 以电子或其他介质形式存在的审计工作底稿,只要保存完整,不必考虑是否能够转换成纸质形式的审计工作底稿

D. 以电子或其他介质形式存在的审计工作底稿,与其他纸质形式的审计工作底稿一并归档时,不需要单独保存以电子或其他介质形式存在的审计工作底稿

2. 下列各项中,属于审计工作底稿通常包括的内容有( )。

A. 总体审计策略和具体审计计划　　B. 重复的文件记录

C. 分析表和问题备忘录　　D. 被审计单位文件记录的摘要或复印件

3. 下列各项中,属于审计工作底稿通常包括的内容有( )。

A. 询证函回函　　B. 管理建议书

C. 与被审计单位律师的沟通文件　　D. 项目组内部的会议记录

4. 下列各项中,通常不属于审计工作底稿包括的内容有( )。

A. 已被取代的审计工作底稿草稿　　B. 反映不全面或初步思考的记录

C. 存在印刷错误而作废的文本　　D. 已被取代的财务报表草稿

5. 下列各项中,属于注册会计师编制的审计工作底稿通常包含的要素有( )。

A. 审计工作底稿的标题 B. 审计过程记录
C. 审计结论 D. 编制者姓名及编制日期

三、判断题

1. 口头证据比书面证据更容易取得、更为及时。但是,书面证据比口头证据更加可靠。（　　）

2. 审计证据的数量越多越好。（　　）

3. 审计证据的充分性,是指注册会计师形成审计意见所需审计证据的最低数量要求。（　　）

4. 注册会计师在获取审计证据时,不论是重要的审计项目还是一般的审计项目,均不应考虑成本效益原则。（　　）

5. 审计工作底稿保存 10 年即可自行销毁。（　　）

6. 审计证据是否有说服力,关键是判断审计证据是否具备充分性和适当性这两个基本特征。（　　）

7. 项目经理复核主要是评价已完成的审计工作、所获得的证据和工作底稿编制人员形成的结论。（　　）

8. 审计方法和审计证据之间并不是一一对应的关系,通常一种方法可以产生多种类型的审计证据,而要获得某类审计证据也可以选择用多种审计方法和程序。（　　）

9. 注册会计师需要获取的审计证据的数量受错报风险的影响。错报风险越大,需要的审计证据可能越多。（　　）

10. 注册会计师需要获取的审计证据的数量也受审计证据质量的影响。审计证据质量越高,需要的审计证据可能越少。（　　）

技能实践

1. 任务描述:

审计证据排序。目前存在以下审计证据:

(1) 银行函证回函。

(2) 购货发票。

(3) 销货发票副本。

(4) 应收账款明细账。

任务要求:将以上审计证据按可靠程度的强弱排序,并说明排序原因。

2. 任务描述:

审计证据归类。目前存在以下审计证据:

(1) 初步业务活动表。

(2) 业务约定书。

(3) 公司组织机构图。

(4) 发展战略。

(5) 内部管理制度汇编。

(6)风险评估结果汇总表。

(7)重要性水平确定表。

(8)总体审计策略。

(9)具体审计计划。

(10)管理层声明书。

(11)银行对账单。

(12)应收票据台账。

(13)存货明细表。

(14)土地使用权证。

任务要求：将以上审计证据正确归类到相应的审计工作底稿中。

3．**任务描述**：

函证结果明细表编制。假设你现在正在整理湖北联晟通信科技股份有限公司2024年审计的应收账款底稿，应收账款底稿编制人为李梦，复核人为梁涛，日期均为2025/1/8。（底稿见审计基础资源包技能实践的项目三任务三）

任务要求：完成应收账款底稿中函证结果明细表的编制，包括填写被审计单位、项目、财务报表截止日、编制人、审核人、日期等信息。

1．如何理解审计证据的充分性和适当性？

2．简述审计工作底稿的基本要素。

3．审计工作底稿归档后能否发生变动？

4．伪造审计证据会承担什么样的法律责任？

5．获取审计证据是否考虑成本？是否只考虑成本？

项目四　实施审计程序与方法

思维导图

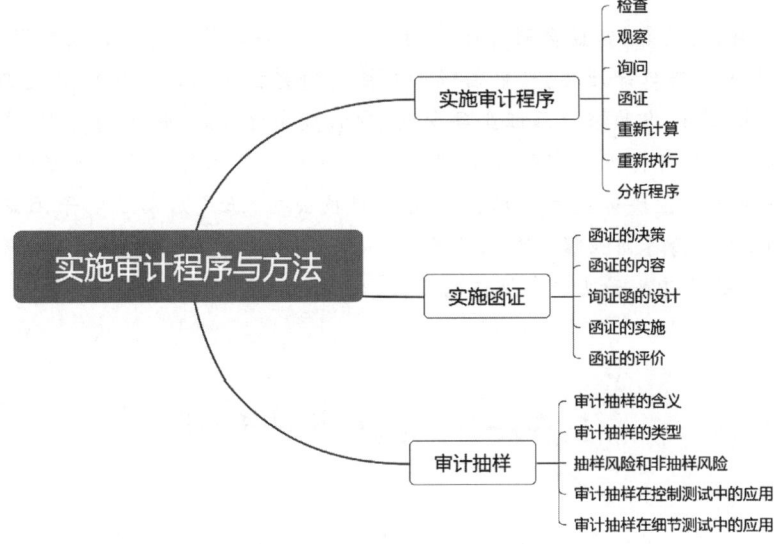

学习目标

【素质目标】
1. 具备扎实的专业领域基础和博学意识。
2. 具备创新意识、创新思维与创新能力。
3. 具备良好的职业敏感度和职业判断力。

【知识目标】
1. 掌握审计程序的内容与适用范围。
2. 掌握函证的设计、实施与评价。
3. 理解抽样风险和非抽样风险。
4. 掌握审计抽样在控制测试、细节测试中的应用。

【技能目标】
1. 能够熟练地应用审计程序。
2. 能够独立完成函证。

3. 能够熟练地应用审计抽样技术。

案例导入

区块链赋能银行函证数字化转型

银行询证函,是指会计师事务所在执行审计过程中,以被审计单位名义向银行发出的,用以验证被审计单位在银行的对公业务以及出资情况是否真实、合法、完整的询证性书面文件,是注册会计师独立审计的核心程序之一。

函证业务作为商业银行基础性的常规服务,业务数量巨大且涉及大量上市企业,因而社会效益及影响较为广泛,风险外溢性很强。据统计,银行函证回函每年数量高达1 200余万笔。

2020年8月,财政部、银监会联合印发的《关于进一步规范银行函证及回函工作的通知》明确要求,由中国注册会计师协会、中国银行业协会研究推动函证数字化建设工作。为落实监管部门的要求,有效推动银行函证业务向电子化、数字化、标准化方向转型,中银协开展了对函证业务数字化的可行性研究和论证,明确了以区块链技术作为平台底层技术,在全国范围内筛选出多家拥有区块链技术及场景应用的科技公司,正式启动了电子函证金融服务平台的建设工作,并邀请各商业银行加入平台。

思考: 什么是函证?如何进行函证的设计、实施与评价?

任务一 实施审计程序

审计程序,是指审计人员在审计过程中的某个时间,对将要获取的某类审计证据如何进行收集的详细指令。例如,审计人员为了验证某公司应收账款2024年12月31日的存在,取得某公司编制的应收账款明细账,对应收账款进行函证。在审计过程中,审计人员可根据需要单独或综合运用以下审计程序,以获取充分、适当的审计证据。

一、检查

4-1 检查

检查,是指审计人员对被审计单位内部或外部生成的,以纸质、电子或其他介质形式存在的记录和文件进行审查,或对资产进行实物审查。检查记录或文件可以提供可靠程度不同的审计证据,审计证据的可靠性取决于记录或文件的性质和来源,而在检查内部记录或文件时,其可靠性则取决于生成该记录或文件的内部控制的有效性。

某些文件是表明一项资产存在的直接审计证据,如构成金融工具的股票或债券,但检查此类文件并不一定能提供有关所有权或计价的审计证据。此外,检查已执行的合同可以提供与被审计单位运用会计政策(如收入确认)相关的审计证据。

检查有形资产可为其存在提供可靠的审计证据,但不一定能够为权利和义务或计价等认定提供可靠的审计证据。对个别存货项目进行的检查,可与存货监盘一同实施。

检查程序的对象、可靠性及运用环节总结如表4-1所示。

表 4-1　　　　　　　　　　　检查的对象、可靠性及运用环节

项　目	内　容
对象	记录和文件(纸质、电子或其他介质) 实物(固定资产、存货、现金、应收票据等)
可靠性	取决于相关内部控制的有效性
运用环节	风险评估程序/控制测试/实质性程序

二、观察

观察,是指审计人员查看相关人员正在从事的活动或实施的程序。例如,审计人员对被审计单位人员执行的存货盘点或控制活动进行观察。观察可以提供执行有关过程或程序的审计证据,但观察所提供的审计证据仅限于观察发生的时点,且被观察人员的行为可能因被观察而受到影响,这也会使观察提供的审计证据受到限制。

观察程序的对象、可靠性及运用环节总结如表 4-2 所示。

表 4-2　　　　　　　　　　　观察的对象、可靠性及运用环节

项　目	内　容
对象	相关人员正在从事的活动(如盘点)或实施的程序
可靠性	仅限于观察时点;被观察人员的行为可能受到被观察的影响
运用环节	风险评估程序/控制测试/实质性程序

4-2　观察和询问

三、询问

询问,是指审计人员以书面或口头方式,向被审计单位内部或外部的知情人员获取财务信息和非财务信息,并对答复进行评价的过程。作为其他审计程序的补充,询问广泛应用于整个审计过程中。

知情人员对询问的答复可能为审计人员提供尚未获悉的信息或佐证证据。另一方面,对询问的答复也可能提供与审计人员已获取的其他信息存在重大差异的信息,例如,关于被审计单位管理层凌驾于控制之上可能性的信息。在某些情况下,对询问的答复为审计人员修改审计程序或实施追加的审计程序提供了基础。

对通过询问获取的审计证据予以佐证通常特别重要,但在询问管理层意图时,获取的支持管理层意图的信息可能是有限的。在这种情况下,了解管理层过去所声称意图的实现情况、选择某项特别措施时声称的原因,以及实施某项具体措施的能力,可以为佐证通过询问获取的证据提供相关信息。

针对某些事项,审计人员可能认为有必要向管理层和治理层(如适用)获取书面声明,以证实对口头询问的答复。

询问程序的方式、对象、可靠性及运用环节总结如表 4-3 所示。

表 4-3　　　　　　　　　　询问的方式、对象、可靠性及运用环节

项　目	内　容
方式	书面或口头;对答复进行评价
对象	被审计单位内部(业务/财务/内审/管理层等)或外部(供应商/客户/律师/专家等)的知情人员获取财务信息和非财务信息
可靠性	询问可能本身不足以提供充分、适当的审计证据;必要时获取书面声明
运用环节	风险评估程序/控制测试/实质性程序

【例题 4-1】　审计询问是审计过程中获取证据、发现问题、印证判断的重要手段。通过有效的询问,审计人员可以深入了解被审计单位的经济活动、内部控制、业务管理等情况,从而发现潜在的问题和风险。审计中的"问"是一门艺术,它体现了审计人员的专业素养、沟通技巧和策略思维。

要求:思考审计询问的技巧、审计询问的策略以及审计询问的注意事项。

分析:

审计询问的技巧:明确目标、充分准备、灵活应变、注重沟通、善于倾听。

审计询问的策略:突然袭击、单刀直入、迂回求证、循循善诱、旁敲侧击。

审计询问的注意事项:保持冷静、保护证据、遵守法规、做好记录。

四、函证

函证,是指审计人员直接从第三方(被询证者)获取书面答复以作为审计证据的过程,书面答复可以采用纸质、电子或其他介质等形式。当针对的是与特定账户余额及其项目相关的认定时,函证常常是相关的程序。但是,函证不必仅仅局限于账户余额。例如,审计人员可能要求对被审计单位与第三方之间的协议和交易条款进行函证。审计人员可能在询证函中询问协议是否作过修改,如果作过修改,要求被询证者提供相关的详细信息。此外,函证程序还可以用于获取不存在某些情况的审计证据,如不存在可能影响被审计单位收入确认的"背后协议"。

函证程序的对象、内容以及运用环节总结如表 4-4 所示。

表 4-4　　　　　　　　　函证程序的对象、内容以及运用环节

项　目	内　容
对象	直接从第三方(被询证者)获取书面答复
内容	账户余额/协议和交易条款
运用环节	实质性程序

五、重新计算

重新计算,是指审计人员对记录或文件中数据计算的准确性进行核对。重新计算可通

过手工方式或电子方式进行。

重新计算程序的对象、运用环节总结如表 4-5 所示。

表 4-5　　　　　　　　　　重新计算程序的对象、运用环节

项　目	内　容
对象	以手工或电子的方式,对记录或文件中的数据计算的准确性进行核对
运用环节	实质性程序

【例题 4-2】 XYZ 科技股份有限公司(以下简称"XYZ 公司")是一家专注于通信技术领域的公司,拥有多项关键的无线通信技术专利和软件著作权。由于市场环境和技术进步的影响,XYZ 公司决定对其持有的无形资产进行重新评估与计算,以更准确地反映其经济价值。为确保重新计算的准确性和合规性,XYZ 公司聘请了 ABC 会计师事务所进行专项审计。

无线通信技术专利原值总计为 1 500 万元,预计使用寿命为 10 年,残值率为 10%。
软件著作权原值总计为 800 万元,预计使用寿命为 5 年,残值率为 5%。
无线通信技术专利采用直线摊销法,年摊销额 =(1 500-150)÷10=135(万元)。
软件著作权也采用直线摊销法,年摊销额 =(800-40)÷5=152(万元)。

分析:
收集评估资料:确定 XYZ 公司需要重新计算的无线通信技术专利和软件著作权清单,收集与无形资产相关的所有文件,包括专利证书、软件著作权登记证书、技术文档、市场分析报告、未来收益预测等。

选择评估方法:
无线通信技术专利:采用收益现值法,根据未来预期收益和折现率计算现值。
软件著作权:采用重置成本法,根据开发成本、技术更新速度和市场调整计算价值。

执行评估:
无线通信技术专利:根据未来 5 年的预期收益和 12% 的折现率,计算得出专利权的现值为 2 000 万元。
软件著作权:根据开发成本、技术更新速度和市场调整,计算得出软件著作权的重置成本为 1 200 万元。

调整账面价值:
无线通信技术专利:原账面价值为 1 500 万元,调整后账面价值为 2 000 万元。
软件著作权:原账面价值为 800 万元,调整后账面价值为 1 200 万元。

重新计算无形资产摊销:
无线通信技术专利:调整后使用寿命仍为 10 年,但年摊销额 =(2 000-200)÷10=180(万元)。
软件著作权:调整后使用寿命仍为 5 年,但年摊销额 =(1 200-60)÷5=228(万元)。

六、重新执行

4-4 重新计算与重新执行

重新执行,是指审计人员独立执行原本作为被审计单位内部控制组成部分的程序或控制。

重新执行程序的对象、运用环节总结如表 4-6 所示。

表 4-6　重新执行程序的对象、运用环节

项 目	内 容
对象	重新独立执行作为被审计单位内部控制组成部分的程序或控制
运用环节	控制测试

七、分析

分析,是指审计人员通过分析不同财务数据之间,以及财务数据与非财务数据之间的内在关系,对财务信息作出评价。分析程序还包括在必要时对识别出的、与其他相关信息不一致或与预期值差异重大的波动或关系进行调查。

分析程序的对象、内容及运用环节总结如表 4-7 所示。

4-5 分析程序

表 4-7　分析程序的对象、内容及运用环节

项 目	内 容
对象	不同财务数据之间以及财务数据与非财务数据之间的内在关系
内容	评价和调查
运用环节	风险评估程序/实质性程序

【例题 4-3】　从行业协会、专业研究机构或公开数据库获取机械制造行业在 2024 年度的关键财务指标和运营效率指标,如毛利率、净利率、应收账款周转率、存货周转率;从某公司的财务部门获取 2024 年度的财务预算报告,包括各项财务指标的目标值;从某公司的财务报表和运营数据中提取 2024 年度的实际财务数据。数据如表 4-8 所示。

表 4-8　某公司财务指标

项 目	毛利率	净利率	应收账款周转率	存货周转率
行业平均值	20%	8%	6 次	4 次
预算值	22%	10%	7 次	5 次
实际值	19%	7%	5 次	3 次

要求：分析该公司在2024年度的财务状况和运营效率,通过对比行业平均值、公司预算值与实际值,识别潜在的问题和机会。

分析：

成本控制：该公司的实际毛利率低于预算值,也略低于行业平均值,表明成本控制可能存在问题,或产品定价策略需要调整。公司需要深入分析成本构成,识别成本超支的原因,如原材料成本上升、生产效率低下等,并采取相应的成本控制措施。

盈利能力：该公司的实际净利率低于预算值,也低于行业平均值,表明公司在费用控制或盈利能力方面存在挑战。公司需要评估产品定价策略,提高产品附加值,同时优化费用结构,降低非必要支出。

收款管理：该公司的应收账款周转率低于预算值,也低于行业平均值,表明公司在收款管理和客户信用评估方面可能存在不足。公司需要加强客户信用评估,优化收款流程,减少坏账损失,提高应收账款周转率。

库存管理：该公司的存货周转率低于预算值,也远低于行业平均值,表明公司在库存管理、生产计划和销售预测方面需要改进。公司需要优化库存管理策略,提高生产计划的准确性,减少库存积压和缺货成本。

上述七种审计程序基于审计的不同阶段和目的单独或组合起来,可用作风险评估程序、控制测试和实质性程序,总结如表4-9所示。

表4-9 审计程序总结

项 目	风险评估	控制测试	实质性程序
检查	√	√	√
观察	√	√	√
询问	√	√	√
函证	×	×	√
重新计算	×	×	√
重新执行	×	√	×
分析	√	×	√

任务二 实施函证

一、函证的决策

审计人员应当确定是否有必要实施函证以获取认定层次的充分、适当的审计证据。在作出决策时,审计人员应当考虑以下三个因素。

（一）评估的认定层次重大错报风险

评估的认定层次重大错报风险水平越高，审计人员对通过实质性程序获取的审计证据的相关性和可靠性的要求越高。相反，评估的认定层次重大错报风险水平越低，审计人员需要从实质性程序中获取审计证据的相关性和可靠性的要求越低。如果认为某项风险属于特别风险，审计人员需要考虑是否通过函证特定事项以降低检查风险。

（二）函证程序针对的认定

函证可以为某些认定提供审计证据，但是对不同的认定，函证的证明力是不同的。在函证应收账款时函证可能为存在、权利和义务认定提供相关可靠的审计证据，但是不能为计价和分摊认定（应收账款涉及的坏账准备计提）提供证据。

对于特定认定，函证的相关性受注册会计师选择函证信息的影响。例如，在审计应付账款完整性认定时，审计人员需要获取没有重大未记录负债的证据。相应地，向被审计单位主要供应商函证，即使记录显示应付金额为零，相对于选择大金额的应付账款进行函证，这在检查未记录负债方面通常更有效。

（三）实施除函证以外的其他审计程序

针对同一项认定，可以从不同来源获取审计证据或获取不同性质的审计证据。

这里的其他审计程序是指除函证程序之外的其他审计程序。审计人员应当考虑被审计单位的经营环境、内部控制的有效性、账户或交易的性质、被询证者处理询证函的习惯做法及回函的可能性等，以确定函证的内容、范围、时间和方式。例如，如果被审计单位与应收账款存在有关的内部控制设计良好并有效运行，审计人员可适当减少函证的样本量。

除上述三个因素之外，注册会计师还可以考虑下列因素，以确定是否选择函证程序作为实质性程序。

（1）被询证者对函证事项的了解。如果被询证者对所函证的信息具有必要的了解，其提供的回复可靠性更高。

（2）预期被询证者回复询证函的能力或意愿。例如，在下列情况下，被询证者可能不会回复，也可能只是随意回复或可能试图限制对其回复的依赖程度。

① 被询证者可能不愿承担回复询证函的责任。
② 被询证者可能认为回复询证函成本太高或消耗太多时间。
③ 被询证者可能对因回复询证函而可能承担的法律责任有所担心。
④ 被询证者可能以不同币种核算交易。
⑤ 回复询证函不是被询证者日常经营活动的重要部分。

（3）预期被询证者的客观性。如果被询证者是被审计单位的关联方，则其回复的可靠性会降低。

二、函证的内容

（一）函证的对象

1. 银行存款、借款及与金融机构往来的其他重要信息

审计人员应当对银行存款（包括零余额账户和在本期内注销的账户）、借款及与金融机构往来的其他重要信息实施函证程序，除非有充分证据表明某一银行存款、借款及与金融机

构往来的其他重要信息,对财务报表不重要且与之相关的重大错报风险很低。如果不对这些项目实施函证程序,审计人员应当在审计工作底稿中说明理由。

2. 应收账款

审计人员应当对应收账款实施函证程序,除非有充分证据表明应收账款对财务报表不重要,或函证很可能无效。如果认为函证很可能无效,审计人员应当实施替代审计程序,获取相关、可靠的审计证据。如果不对应收账款函证,审计人员应当在审计工作底稿中说明理由。

3. 函证的其他内容

审计人员可以根据具体情况和实际需要对下列内容(包括但并不限于)实施函证:① 交易性金融资产;② 应收票据;③ 其他应收款;④ 预付账款;⑤ 由其他单位代为保管、加工或销售的存货;⑥ 长期股权投资;⑦ 应付账款;⑧ 预收账款;⑨ 保证、抵押或质押;⑩ 或有事项;⑪ 重大或异常的交易。

(二) 函证程序实施的范围

如果采用审计抽样的方式确定函证程序的范围,无论采用统计抽样方法,还是非统计抽样方法,选取的样本应当足以代表总体。根据对被审计单位的了解、评估的重大错报风险及所测试总体的特征等,审计人员可以确定从总体中选取特定项目进行测试。选取的特定项目可能包括:

(1) 金额较大的项目。
(2) 账龄较长的项目。
(3) 交易频繁但期末余额较小的项目。
(4) 重大关联方交易。
(5) 重大或异常的交易。
(6) 可能存在争议、舞弊或错误的交易。

(三) 函证的时间

审计人员通常以资产负债表日为截止日,在资产负债表日后适当时间内实施函证。如果重大错报风险评估为低水平,注册会计师可选择资产负债表日前的适当日期为截止日来实施函证,并对所函证项目自该截止日起至资产负债表日止发生的变动实施实质性程序。

三、询证函的设计

(一) 设计询证函的总体要求

审计人员应当根据特定审计目标设计询证函。例如,函证应收账款时,询证函中不列出账户余额,而是要求被询证者填写有助于发现应收账款的低估错报。

(二) 设计询证函需要考虑的因素

(1) 函证的方式。
(2) 以往审计或类似业务的经验。
(3) 拟函证信息的性质。
(4) 选择被询证者的适当性。

(5) 被询证者易于回函的信息类型。

(三) 积极与消极的函证方式

审计人员可采用积极或消极的函证方式实施函证,也可将两种方式结合使用,如表4-10所示。

表 4-10　　　　　　　　　　积极式函证与消极式函证

项　目	积 极 式 函 证	消 极 式 函 证
回函要求	必须回函,用以确认询证函所列示信息是否正确,或填列询证函要求的信息	只要求被询证者仅在不同意询证函列示信息的情况下才予以回函
函证条件	存在下列情况时,审计人员可考虑采用积极的函证方式: (1) 金额较大。 (2) 重大错报风险评估为高水平。 (3) 有理由相信欠款可能有争议或差错	当同时存在下列情况时,审计人员可考虑采用消极的函证方式: (1) 重大错报风险评估为低水平。 (2) 涉及大量余额较小的账户。 (3) 预期不存在大量的错误。 (4) 没有理由相信被询证者不认真对待函证
回函结论	(1) 在采用积极的函证方式时,只有审计人员收到回函,才能为财务报表认定提供审计证据。 (2) 如果在合理的时间内没有收到询证函回函时,审计人员应当考虑必要时间再次向被询证者寄发询证函。如果未能得到被询证者的回应,审计人员应当实施替代审计程序	(1) 如果收到回函,能够为财务报表相关认定提供说服力强的审计证据。 (2) 未收到回函并不能明确表明预期的被询证者已经收到询证函或已经核实了询证函中包含的信息的准确性
结合使用	对大额应收账款采用积极的函证方式,对小额应收账款采用消极的函证方式	

1. 积极的函证方式

如果采用积极的函证方式,审计人员应当要求被询证者在所有情况下必须回函,确认询证函所列示信息是否正确,或填列询证函要求的信息。积极的函证方式又分为两种:一种是在询证函中列明拟函证的账户余额或其他信息,要求被询证者确认所函证的款项是否正确。通常认为,对这种询证函的回复能够提供可靠的审计证据。但是,其缺点是被询证者可能对所列示信息根本不加以验证就予以回函确认。审计人员通常难以发觉是否发生了这种情形。为了避免这种风险,审计人员可以采用另外一种询证函,即在询证函中不列明账户余额或其他信息,而要求被询证者填写有关信息或提供进一步信息。由于这种询证函要求被询证者作出更多的努力,可能会导致回函率降低,进而导致审计人员执行更多的替代程序。

在采用积极的函证方式时,只有审计人员收到回函,才能为财务报表认定提供审计证据。审计人员没有收到回函,可能是因为被询证者根本不存在,或是因为被询证者没有收到询证函,也可能是因为被询证者没有理会询证函,因此无法证明所函证信息是否正确。

积极式询证函模板如表4-11所示。

表 4-11　　　　　　　　　　　　　积极式询证函模板

企业询证函(积极式)

索引号：A4-3-1

A 公司：

　　本公司聘请的 ABC 会计师事务所正在对本公司 20×5 年度财务报表进行审计，按照中国注册会计师审计准则的要求，应当询证本公司与贵公司的往来账项等事项。下列数据出自本公司账簿记录，如与贵公司记录相符，请在本函下端"信息证明无误"处签章证明；如有不符，请在"信息不符"处列明不符金额。回函请直接寄至 ABC 会计师事务所。

　　回函地址：
　　邮　编：
　　电　话：
　　传　真：
　　联系人：
　　本公司与贵公司的往来账项列示如下：

单位：元

截止日期	贵公司欠款	欠贵公司	备注
20×5 年 12 月 31 日	900 000	—	

2. 消极的函证方式

　　如果采用消极的函证方式，审计人员只要求被询证者仅在不同意询证函列示信息的情况下才予以回函。对消极式询证函而言，未收到回函并不能明确表明预期的被询证者已经收到询证函，或已经核实了询证函中包含信息的准确性。因此，未收到消极式询证函的回函提供的审计证据，远不如积极式询证函的回函提供的审计证据有说服力。如果询证函中的信息对被询证者不利，则被询证者更有可能回函表示其不同意；相反，如果询证函中的信息对被询证者有利，回函的可能性就会相对较小。例如，被审计单位的供应商如果认为询证函低估了被审计单位的应付账款余额，则其更有可能回函；如果高估了该余额，则回函的可能性很小。因此，审计人员在考虑这些余额是否可能低估时，向供应商发出消极式询证函可能是有用的程序，但是，利用这种程序收集该余额高估的证据就未必有效。

　　消极式询证函模板如表 4-12 所示。

表 4-12　　　　　　　　　　　　　消极式询证函模板

企业询证函(消极式)

索引号：A4-3-2

A 公司：

　　本公司聘请的 ABC 会计师事务所正在对本公司 20×5 年度财务报表进行审计，按照中国注册会计师审计准则的要求，应当询证本公司与贵公司的往来账项等事项。下列数据出自本公司账簿记录，如与贵公司数据相符，则无须回函。如与贵公司记录不符，请在空白处列明贵公司认为是正确的信息。回函请直接寄至 ABC 会计师事务所。

　　回函地址：
　　邮　编：
　　电　话：

(续表)

传真：
联系人：
本公司与贵公司的往来账项列示如下：

单位：元

截止日期	贵公司欠款	欠贵公司	备注
20×5年12月31日	600 000	—	

3. 两种方式的结合使用

在实务中，审计人员也可将这两种方式结合使用。以应收账款为例，当应收账款的余额由少量的大额应收账款和大量的小额应收账款构成时，审计人员可以对所有的或抽取的大额应收账款样本项目采用积极的函证方式，而对抽取的小额应收账款样本项目采用消极的函证方式。

四、函证的实施

（一）管理层要求不实施函证的处理

当被审计单位管理层要求对拟函证的某些账户余额或其他信息不实施函证时，审计人员应当考虑该项要求是否合理，并获取审计证据予以支持。其分为两种情况，如表4-13所示。

表4-13　　　　　　　　　　　管理层要求不实施函证应对措施

情　形	措　施
如果认为管理层的要求合理	审计人员应当实施替代审计程序，以获取与这些账户余额或其他信息相关的充分、适当的审计证据
如果认为管理层的要求不合理	且被其阻挠而无法实施函证，审计人员应当视为审计范围受到限制，并考虑对审计报告可能产生的影响

分析管理层要求不实施函证的原因时，审计人员应当保持职业怀疑态度，并考虑以下内容：管理层是否诚信；是否可能存在重大的舞弊或错误；替代审计程序能否提供与这些账户余额或其他信息相关的充分、适当的审计证据。

（二）函证发出前的控制

询证函经被审计单位盖章后，应当由审计人员直接发出。

为使函证程序能有效地实施，在询证函发出前，审计人员需要恰当地设计询证函，并对询证函上的各项资料进行充分核对，注意事项可能包括以下几项：

（1）询证函中填列的需要被询证者确认的信息是否与被审计单位账簿中的有关记录保持一致。对于银行存款的函证，需要银行确认的信息是否与银行对账单等保持一致。

（2）考虑选择的被询证者是否适当，包括被询证者对被函证信息是否知情、是否具有客观性、是否拥有回函的授权等。

(3) 是否已在询证函中正确填列被询证者直接向审计人员回函的地址。

(4) 是否已将部分或全部被询证者的名称、地址与被审计单位有关记录进行核对,以确保询证函中的名称、地址等内容的准确性。可以执行的程序包括但不限于:通过拨打公共查询电话核实被询证者的名称和地址;通过被询证者的网站或其他公开网站核对被询证者的名称和地址;将被询证者的名称和地址信息与被审计单位持有的相关合同等文件核对;对于供应商或客户,可以将被询证者的名称、地址与被审计单位收到或开具的增值税专用发票中的对方单位名称、地址进行核对。

(三) 函证发出方式的控制

在审计过程中通常采用邮寄或跟函的方式发出函证,控制要点如表 4-14 所示。

表 4-14　　　　　　　　　　函证发出方式的控制

方　式	说　　明
邮寄	(1) 不使用被审计单位本身的邮寄设施,独立寄发。 (2) 需要警惕被审计单位通过快递员拦截询证函的风险;审计人员可以考虑在所发出的询证函上添加不易复制的特定标识,以便在收到回函时与审计人员事先留存的复印件或扫描件比对以辨别真伪
跟函	(1) 审计人员需要在整个过程中保持对询证函的控制,同时对被审计单位和被询证者之间串通舞弊的风险保持警觉。 (2) 可以考虑采用非预约方式按照相应银行的通用受理流程在相应柜台现场办理

五、函证的评价

(一) 评价回函的可靠性

函证所获取的审计证据的可靠性主要取决于审计人员设计询证函、实施函证程序和评价函证结果等程序的适当性。在验证回函的可靠性时,审计人员需要保持职业怀疑。不同回函方式可靠性的评价如表 4-15 所示。

表 4-15　　　　　　　　　不同回函方式可靠性的评价

方　式	说　　明
邮寄回函	(1) 验证回函原件、被询证者名称、地址、邮戳等。 (2) 如果被询证者将回函寄至被审计单位,被审计单位将其转交审计人员,该回函不能视为可靠的审计证据;在这种情况下,审计人员可以要求被询证者直接书面回复
跟函	验证处理人员的身份、权限和工作流程;观察处理过程
电子回函	(1) 审计人员和回函者采用一定的程序为电子形式的回函创造安全环境,可以降低该风险。 (2) 向被询证者核实回函的来源及内容。 (3) 必要时,审计人员可以要求被询证者提供回函原件

(续表)

方　式	说　明
传真回函	联系被询证者,向被询证者核实回函的来源及内容
口头答复	不能作为可靠的审计证据,可以要求被询证者提供直接的书面回复;如果仍未收到书面回函,审计人员需要实施替代程序
第三方电子询证函平台	(1) 评估第三方电子询证函平台聘请的信息安全认证机构或专业人员的胜任能力、专业素质和独立性,并记录相关的评估过程、取得的证据和得出的结论。 (2) 取得第三方电子询证函平台聘请的信息安全认证机构颁发的信息系统安全测评证书,或专业人员出具的鉴证报告等由电子询证函平台定期公开发布的信息,了解第三方电子询证函平台及其所有者和运营商的组织架构、是否存在被监管机构处罚、是否存在涉诉信息等与电子询证函平台的独立性、安全可靠性等方面相关的信息,评估通过第三方电子询证函平台收发的电子询证函是否可靠。同时,记录其依据信息安全认证机构颁发的信息系统安全测评证书或专业人员出具的鉴证报告,来合理评估第三方电子询证函平台可靠性的过程、获取的证据及得出的结论。 (3) 了解第三方电子询证函平台聘请的信息安全认证机构或专业人员测试的范围、实施的程序、程序涵盖的期间及自实施程序以来的时间间隔,评估信息安全认证机构或专业人员的工作是否支持通过第三方电子询证函平台实施函证程序的可靠性
直接访问被询证者网站	(1) 如果审计人员通过被询证者直接提供给审计人员的信息(如网址、服务器地址、用户名、登录密码等)登录被询证者官方或指定网站(或服务器等)以查询被审计单位相关信息,且被询证者通过书面形式确认其知晓下列事项时,通过该方式获取的审计证据与实施函证程序获得的证据效力基本等同:① 审计人员的信息需求和所需信息的潜在用途;② 审计人员所查询的相关文件含有其所需信息。 (2) 如果被审计单位将其在被询证者(如银行、证券公司、其他非银行金融机构及其他机构等)的账户名或用户名、登录密码等信息提供给审计人员,由审计人员直接登录查询,该方式不符合函证的定义,而属于检查程序。通过该方式获取的信息可作为一种审计证据,但在评估其可靠性时可能需要考虑额外的风险

(二) 评价回函的限制性条款

无论是采用纸质还是采用电子介质,被询证者的回函中都可能包括免责或其他限制条款。回函中存在免责或其他限制条款是影响外部函证可靠性的因素之一,但这种限制不一定使回函失去可靠性,审计人员能否依赖回函信息及依赖的程度,取决于免责或限制条款的性质和实质。常见的限制性条款如表 4-16 所示。

表 4-16　　　　　　　　　　　限制性条款

要　点	情　形
影响可靠性	影响信息的完整性、准确性或审计人员能够依赖其所含信息的程度。例如: (1) 本信息从电子数据库中取得,可能不包括被询证方所拥有的全部信息。 (2) 本信息既不能保证准确又不能保证是最新的,他方可能会持有不同意见。 (3) 接收人不能依赖函证中的信息

(续表)

要 点	情 形
不影响可靠性	格式化的免责条款可能不影响所确认信息的可靠性,或其他限制条款与所测试的认定无关。例如: (1) 提供的本信息仅出于礼貌,我方没有义务必须提供,我方不因此承担任何明示或暗示的责任、义务和担保。 (2) 本回复仅用于审计目的,被询证方、其员工或代理人无任何责任,也不能免除注册会计师做其他询问或执行其他工作的责任

(三) 关注舞弊风险迹象

注册会计师在函证环节应关注可能存在舞弊风险的一些现象:

(1) 管理层不允许寄发询证函。

(2) 管理层试图拦截、篡改询证函或回函,如坚持以特定的方式发送询证函。

(3) 要求被询证者将回函寄至被审计单位,由被审计单位将其转交审计人员。

(4) 审计人员跟进访问被询证者,发现回函信息与被询证者记录不一致。例如,对银行的跟进访问表明提供给审计人员的银行函证结果与银行的账面记录不一致。

(5) 从私人电子信箱发送的回函。

(6) 收到同一日期发回的、相同笔迹的多份回函。

(7) 位于不同地址的多家被询证者的回函邮戳显示的发函地址相同。

(8) 收到不同被询证者用快递寄回的回函,但快递的交寄人或发件人是同一个人或是被审计单位的员工。

(9) 回函邮戳显示的发函地址与被审计单位记录的被询证者的地址不一致。

(10) 不正常的回函率,如银行函证未回函;与以前年度相比,回函率异常偏高或回函率重大变动;向被审计单位债权人发送的询证函回函率很低。

(11) 被询证者缺乏独立性。例如,被审计单位及其管理层能够对被询证者施加重大影响以使其向审计人员提供虚假或误导信息(如被审计单位是被询证者唯一或重要的客户或供应商);被询证者既是被审计单位资产的保管人又是资产的管理者。

(四) 积极式函证未收到回函时的处理

采用积极式函证时,如果在合理的时间内没有收到询证函回函,审计人员应当考虑在必要时再次向被询证者寄发询证函。

如果未能得到被询证者的回应,审计人员应当实施替代审计程序。在某些情况下,审计人员可能识别出认定层次重大错报风险,且取得积极式函证回函是获取充分、适当的审计证据的必要程序。这些情况可能包括:

(1) 可获取的佐证管理层认定的信息只能从被审计单位外部获得。

(2) 存在特定舞弊风险因素。例如,管理层凌驾于内部控制之上、员工和(或)管理层串通使审计人员不能信赖从被审计单位获取的审计证据。

如果审计人员认为取得积极式函证回函是获取充分、适当的审计证据的必要程序,则替代程序不能提供审计人员所需要的审计证据。在这种情况下,如果未获取回函,审计人员应当确定其对审计工作和审计意见的影响。

(五) 对不符事项的处理

注册会计师应当调查不符事项,以确定是否表明存在错报。

某些不符事项并不表明存在错报。例如,审计人员可能认为询证函回函的差异是由函证程序的时间安排、计量或书写错误造成的。

如果以抽样方式实施函证,对样本中识别出的错报,审计人员应当调查错报的原因,并根据样本错报推断总体中存在的错报。

任务三　审　计　抽　样

一、审计抽样的含义

(一) 审计抽样的概述

审计人员在获取充分、适当的审计证据时,需要选取项目进行测试。选取方法包括三种:① 对某总体包含的全部项目进行测试(如资本公积项目);② 对选出的特定项目进行测试,但不推断总体;③ 审计抽样,以样本结果推断总体结论。在现实社会经济生活中,企业规模的扩大和经营复杂程度的不断上升,使审计人员对每一笔交易进行检查变得既不可行,又没有必要。为了在合理的时间内以合理的成本完成审计工作,审计抽样应运而生。

审计抽样,是指审计人员对具有审计相关性的总体中低于100%的项目实施审计程序,使所有抽样单元都有被选取的机会,为审计人员针对整个总体得出结论提供合理基础。审计抽样能够使审计人员获取和评价有关所选取项目某一特征的审计证据,以形成或有助于形成有关总体的结论。总体,是指审计人员从中选取样本并期望据此得出结论的整个数据集合,抽样单元是指构成总体的个体项目。

抽样是一个适用性较广的概念,不仅审计人员执行审计工作时使用,意见调查、市场分析或科学研究都可能用到。但是审计抽样不同于其他行业的抽样,例如,审计抽样可能为某账户余额的准确性提供进一步的佐证证据,审计人员通常只需要评价该账户余额是否存在重大错报,而不需要确定其初始金额,这些初始金额在审计抽样开始之前已由被审计单位记录并汇总完毕。而在运用抽样方法进行意见调查、市场分析或科学研究时,类似的初始数据在抽样开始之前通常并未得到累积、编制或汇总。

(二) 审计抽样的基本特征

审计抽样应当同时具备三个基本特征:
(1) 对具有审计相关性的总体中低于100%的项目实施审计程序。
(2) 所有抽样单元都有被选取的机会。
(3) 可以根据样本项目的测试结果推断出有关抽样总体的结论。

(三) 审计抽样的应用场景

审计抽样并非在所有审计程序中都可使用。审计人员拟实施的审计程序将对运用审计抽样产生重要影响。在风险评估程序、控制测试和实质性程序中,有些审计程序可以使用审计抽样,有些审计程序则不宜使用审计抽样。

1. 风险评估程序

风险评估程序通常不涉及审计抽样。如果审计人员在了解控制的设计和确定控制是否得到执行的同时计划和实施控制测试,则可能涉及审计抽样,但此时审计抽样仅适用于控制测试。

2. 控制测试

当控制的运行留下轨迹时,审计人员可以考虑使用审计抽样实施控制测试。对于未留下运行轨迹的控制,审计人员通常实施询问、观察等审计程序,以获取有关控制运行有效性的审计证据,此时不宜使用审计抽样。此外,在被审计单位采用信息技术处理各类交易及其他信息时,审计人员通常只需要测试信息技术的一般控制,并从各类交易中选取一笔或几笔交易进行测试,就能获取有关信息技术应用控制运行有效性的审计证据,此时不需要使用审计抽样。

3. 实质性程序

实质性程序包括对各类交易、账户余额和披露的细节测试,以及实质性分析程序。在实施细节测试时,审计人员可以使用审计抽样获取审计证据,以验证有关财务报表金额的一项或多项认定(如应收账款的存在认定),或对某些金额作出独立估计(如陈旧存货的价值)。如果审计人员将某类交易或账户余额的重大错报风险评估为可接受的低水平,也可不实施细节测试,此时不需要使用审计抽样。实施实质性分析程序时,审计人员的目的不是根据样本项目的测试结果推断有关总体的结论,因而不宜使用审计抽样。

审计抽样可以与其他选取测试项目的方法结合进行。例如,在审计应收账款时,审计人员可以使用选取特定项目的方法将应收账款中的单个重大项目挑选出来单独测试,再针对剩余的应收账款余额进行抽样。

各项目阶段是否适用审计抽样如表 4-17 所示。

表 4-17 审计抽样的适用情况

阶 段		是否适用审计抽样
风险评估		×
控制测试	有运行轨迹	√
	无运行轨迹	×
实质性程序	细节测试	√
	实质性分析	×

二、审计抽样的类型

(一) 统计抽样和非统计抽样

所有的审计抽样都需要审计人员运用职业判断,计划并实施抽样程序,并评价样本结果。审计抽样时,审计人员既可以使用统计抽样方法,又可以使用非统计抽样方法。

1. 统计抽样

统计抽样是指同时具备下列特征的抽样方法:① 随机选取样本项目;② 运用概率论评价样本结果,包括计量抽样风险。如果审计人员严格按照随机原则选取样本,却没有对样本结果进行统计评估,或者基于非随机选样进行统计评估,都不能被认为使用了统计抽样。

统计抽样有助于审计人员高效地设计样本,计量所获取证据的充分性,以及定量评价样本结果。但统计抽样又可能发生额外的成本。第一,统计抽样需要特殊的专业技能,因此使用统计抽样需要增加额外的支出对审计人员进行培训。第二,统计抽样要求单个样本项目符合统计要求,这些也可能需要支出额外的费用。使用审计抽样软件能够适当降低统计抽样的成本。

2. 非统计抽样

不同时具备统计抽样两个基本特征的抽样方法为非统计抽样。统计抽样能够客观地计量抽样风险,并通过调整样本规模精确地控制风险,这是与非统计抽样最重要的区别。不允许计量抽样风险的抽样方法都是非统计抽样;即便审计人员按照随机原则选取样本项目,或使用统计抽样的表格确定样本规模,如果没有对样本结果进行统计评估,仍然是非统计抽样。审计人员使用非统计抽样时,也必须考虑抽样风险并将其降至可接受水平,但无法精确地测定抽样风险。

在统计抽样与非统计抽样之间进行选择时,审计人员主要考虑成本效益。不管统计抽样还是非统计抽样,两种方法都要求审计人员在设计、选取和评价样本时运用职业判断。若设计适当,非统计抽样也能提供与统计抽样同样有效的结果。另外,对选取的样本项目实施的审计程序通常与使用的抽样方法无关。统计抽样与非统计抽样的区别如表 4-18 所示。

表 4-18 统计抽样与非统计抽样的区别

项 目	统 计 抽 样	非 统 计 抽 样
定义	同时具备两个特征: (1) 随机选取样本项目。 (2) 运用概率论评价样本结果、计量抽样风险	不同时具备两个特征
特点	(1) 客观计量抽样风险。 (2) 成本较高	(1) 无法计量抽样风险。 (2) 如果设计适当,也能提供与统计抽样同样有效的结果
决策	在统计抽样与非统计抽样之间进行选择时,审计人员主要考虑成本效益,并运用职业判断	

(二) 属性抽样和变量抽样

属性抽样和变量抽样都是统计抽样方法。

1. 属性抽样

属性抽样,是一种用来对总体中某一事件发生率得出结论的统计抽样方法。属性抽样在审计中最常见的用途是测试某一设定控制的偏差率,以支持审计人员评估的控制风险水平。无论交易的规模如何,针对某类交易的设定控制预期将以同样的方式运行。因此,在属性抽样中,设定控制的每一次发生或偏离都被赋予同样的权重,而不管交易的金额大小。

2. 变量抽样

变量抽样,是一种用来对总体金额得出结论的统计抽样方法。变量抽样通常要回答下列问题:金额是多少?账户是否存在重大错报?变量抽样在审计中的主要用途是进行细节测试的,以确定记录金额是否合理。

一般而言,属性抽样得出的结论与总体发生率有关,而变量抽样得出的结论与总体的金额有关。但有一个例外,即变量抽样中的货币单元抽样是运用属性抽样的原理得出以金额表示的结论的。

属性抽样与变量抽样的区别如表4-19所示。

表4-19　　　　　　　　　　　　属性抽样与变量抽样的区别

项目	属 性 抽 样	变 量 抽 样
定义	对总体中某一事件发生率得出结论的统计抽样方法	对总体金额得出结论的统计抽样方法
运用	控制测试	细节测试
目的	测试某一设定控制的偏差率,而不考虑交易的金额大小	确定记录金额是否正确

三、抽样风险和非抽样风险

(一)抽样风险

抽样风险,是指审计人员根据样本得出的结论,可能不同于如果对整个总体实施与样本相同的审计程序得出的结论的风险。抽样风险是由抽样引起的,与样本规模和抽样方法相关。

1. 控制测试中的抽样风险

控制测试中的抽样风险包括信赖过度风险和信赖不足风险。

(1)信赖过度风险,是指推断的控制有效性高于其实际有效性的风险,也可以说,尽管样本结果支持审计人员计划信赖内部控制的程度,但实际偏差率不支持该信赖程度的风险。信赖过度风险与审计的效果有关。如果审计人员评估的控制有效性高于其实际有效性,从而导致评估的重大错报风险水平偏低,审计人员可能不适当地减少从实质性程序中获取的证据,因此审计的有效性下降。对于审计人员而言,信赖过度风险更容易导致审计人员发表不恰当的审计意见,因而更应予以关注。

(2)信赖不足风险,是指推断的控制有效性低于其实际有效性的风险,也可以说,尽管样本结果不支持审计人员计划信赖内部控制的程度,但实际偏差率支持该信赖程度的风险。信赖不足风险与审计的效率有关。当审计人员评估的控制有效性低于其实际有效性时,评估的重大错报风险水平高于实际水平,审计人员可能会增加不必要的实质性程序。在这种情况下,审计效率可能降低。

控制测试中的抽样风险如图4-1所示。

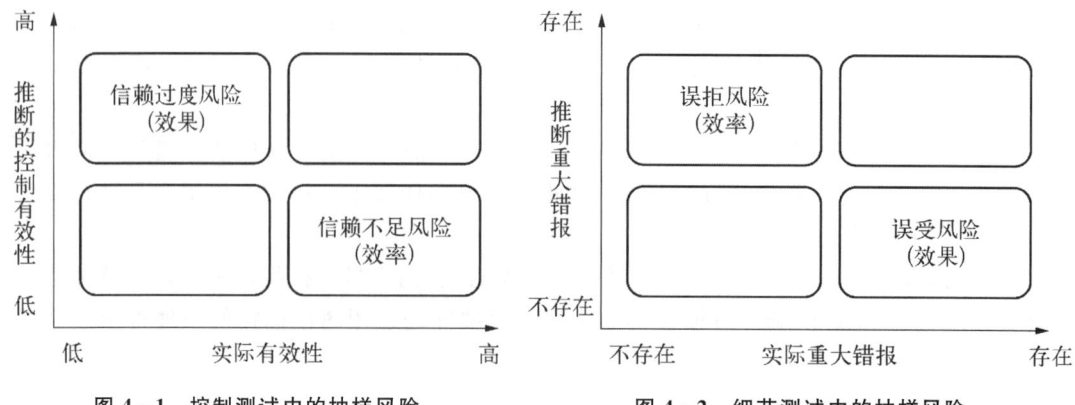

图 4-1 控制测试中的抽样风险　　　图 4-2 细节测试中的抽样风险

2. 细节测试中的抽样风险

在实施细节测试时,审计人员也要关注误受风险和误拒风险两类抽样风险。

(1) 误受风险,是指审计人员推断某一重大错报不存在而实际上存在的风险。如果账面金额实际上存在重大错报而审计人员认为其不存在重大错报,审计人员通常会停止对该账面金额继续进行测试,并根据样本结果得出账面金额无重大错报的结论。与信赖过度风险类似,误受风险影响审计效果,容易导致审计人员发表不恰当的审计意见,因此审计人员更应予以关注。

(2) 误拒风险,是指审计人员推断某一重大错报存在而实际上不存在的风险。与信赖不足风险类似,误拒风险影响审计效率。如果账面金额不存在重大错报而审计人员认为其存在重大错报,审计人员会扩大细节测试的范围并考虑获取其他审计证据,最终审计人员会得出恰当的结论。在这种情况下,审计效率可能降低。

细节测试中的抽样风险如图 4-2 所示。

也就是说,无论在控制测试还是在细节测试中,抽样风险都可以分为两种类型:一类是影响审计效果的抽样风险,包括控制测试中的信赖过度风险和细节测试中的误受风险;另一类是影响审计效率的抽样风险,包括控制测试中的信赖不足风险和细节测试中的误拒风险。相较于影响审计效率的抽样风险,审计人员更应关注影响审计效果的抽样风险。抽样风险对审计工作的影响如表 4-20 所示。

表 4-20　　　　　　　　　　抽样风险对审计工作的影响

项　目	抽样风险种类	对审计工作的影响
控制测试	信赖过度风险	效果
	信赖不足风险	效率
实质性程序	误受风险	效果
	误拒风险	效率

只要使用了审计抽样,抽样风险总会存在。抽样风险与样本规模呈反方向变动:样本规模越小,抽样风险越大;样本规模越大,抽样风险越小。无论是控制测试还是细节测试,审

计人员都可以通过扩大样本规模降低抽样风险。如果对总体中的所有项目都实施检查,就不存在抽样风险,此时审计风险完全由非抽样风险产生。

(二)非抽样风险

非抽样风险,是指审计人员由于任何与抽样风险无关的原因而得出错误结论的风险。审计人员即使对某类交易或账户余额的所有项目实施审计程序,也可能仍未能发现重大错报或控制失效。在审计过程中,可能导致非抽样风险的原因主要包括下列情况:

(1)审计人员选择了不适于实现特定目标的审计程序。例如,审计人员依赖应收账款函证来揭露未入账的应收账款。

(2)审计人员选择的总体不适合于测试目标。例如,审计人员在测试销售收入完整性认定时,将主营业务收入日记账界定为总体。

(3)审计人员未能适当地定义误差(包括控制偏差或错报),导致审计人员未能发现样本中存在的偏差或错报。例如,审计人员在测试现金支付授权控制的有效性时,未将签字人未得到适当授权的情况界定为控制偏差。

(4)审计人员未能适当地评价审计发现的情况。例如,审计人员错误解读审计证据可能导致没有发现误差。审计人员对所发现误差的重要性的判断有误,从而忽略了性质十分重要的误差,也可能导致得出不恰当的结论。

非抽样风险是由人为因素造成的。虽然难以量化非抽样风险,但通过采取适当的质量管理政策和程序,对审计工作进行适当的指导、监督和复核,仔细设计审计程序,以及对审计实务的适当改进,审计人员可以将非抽样风险降至可接受水平。

四、审计抽样在控制测试中的应用

在控制测试中使用审计抽样可以分为设计样本、选取样本和评价样本结果三个阶段,如图4-3所示。

图4-3 抽样风险流程

(一)样本设计阶段

样本设计阶段包括确定测试目标、定义总体和抽样单元、定义偏差构成条件和定义测试期间,如图4-4所示。

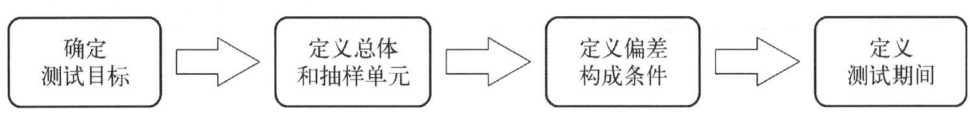

图4-4 样本设计阶段

1. 确定测试目标

审计人员实施控制测试的目标是提供关于控制运行有效性的审计证据,以支持计划的重大错报风险评估水平。因此,控制测试主要关注:① 控制在所审计期间的相关时点是如何运行的;② 控制是否得到一贯执行;③ 控制由谁或以何种方式执行。

2. 定义总体和抽样单元

(1) 定义总体。

总体,是指审计人员从中选取样本并期望据此得出结论的整个数据集合。审计人员在界定总体时,应当确保总体的适当性和完整性。

适当性要求总体应适于特定的审计目标,包括适于测试的方向。例如,要测试用以保证所有发运商品都已开单的控制是否有效运行,审计人员从已开单的项目中抽取样本不能发现误差,因为该总体不包含那些已发运但未开单的项目。为发现这种误差,将所有已发运的项目作为总体通常比较适当。再如,要测试现金支付授权控制是否有效运行,如果从已得到授权的项目中抽取样本,审计人员不能发现控制偏差,因为该总体不包含那些已支付但未得到授权的项目。

完整性要求审计人员应当从总体项目内容和涉及时间等方面确定总体是无缺的。例如,如果审计人员从档案中选取付款证明,除非确信所有的付款证明都已归档,否则审计人员不能对该期间的所有付款证明得出结论。再如,如果审计人员对某一控制活动在财务报告期间是否有效运行得出结论,总体应包括来自整个报告期间的所有相关项目。

在控制测试中,审计人员还必须考虑总体的同质性。同质性,是指总体中的所有项目应该具有同样的特征。例如,如果被审计单位的出口和内销业务的处理方式不同,审计人员应分别评价两种不同的控制情况,因此出现了两个独立的总体。再如,虽然被审计单位的所有分支机构的经营可能都相同,但每个分支机构是由不同的人运行的。如果审计人员对每个分支机构的内部控制和员工感兴趣,可以将每个分支机构作为一个独立的总体对待。另外,如果审计人员关心的不是单个分支机构而是被审计单位整体的经营,且各分支机构的控制具有足够的相同之处,就可以将被审计单位视为一个单独的总体。总体的特征如表4-21所示。

表4-21 总体的特征

特 征	分 析
适当性	总体应适于特定的审计目标
完整性	应当从总体项目内容和涉及时间等方面确定总体的完整性
同质性	(1) 总体中的所有项目应该具有同样的特征。 (2) 评价不同的控制情况,定义不同的独立主体。 (3) 对本期发生重大变化的内部控制,应针对变化前后分别定义总体

(2) 定义抽样单元。

审计人员定义的抽样单元应与审计测试目标相适应。抽样单元通常是能够提供控制运行证据的一份文件资料、一个记录或其中一行,每个抽样单元构成了总体中的一个项目。

3. 定义偏差构成条件

审计人员应根据对内部控制的了解,确定哪些特征能够显示被测试控制的运行情况,然后据此定义偏差构成条件。在控制测试中,偏差是指偏离对设定控制的预期执行。在评估控制运行的有效性时,审计人员应当考虑其认为必要的所有环节。

4. 定义测试期间

审计人员通常在期中实施控制测试。由于期中测试获取的证据只与控制截至期中测试时点的运行有关,审计人员需要确定如何获取关于剩余期间的证据。审计人员可以有两种做法:① 将测试扩展至在剩余期间发生的交易,以获取额外的证据;② 不将测试扩展至在剩余期间发生的交易。

(二) 选取样本阶段

选取样本阶段包括确定取样方法、确定样本规模、选取样本并实施审计程序,如图 4-5 所示。

图 4-5 选取样本阶段

1. 确定抽样方法

(1) 简单随机选样。

使用这种方法,相同数量的抽样单元组成的每种组合被选取的概率都相等。审计人员可以使用计算机或随机数表获得所需的随机数,选取匹配的随机样本。简单随机选样在统计抽样和非统计抽样中均适用。

(2) 系统选样。

使用这种方法,审计人员需要确定选样间隔,即用总体中抽样单元的总数量除以样本规模,得到样本间隔,然后在第一个间隔中确定一个随机起点,从这个随机起点开始,按照选样间隔,从总体中顺序选取样本。例如,如果销售发票的总体范围是 652~3 151,设定的样本量是 125,那么选样间距为 20[(3 152-652)÷125]。注册会计师必须从第一个间隔(652~671)中随机选取一个样本项目,作为抽样起点。如果随机起点是 661,那么其余的 124 个项目是 681(661+20),701(681+20)……依此类推,直至第 3141 号。

使用系统选样方法,总体中每一个抽样单元被选取的机会都相等,当从总体中人工选取样本时,这种方法尤为方便。但是,使用系统选样方法要求总体必须是随机排列的,如果抽样单元在总体内的分布具有某种规律性,则样本的代表性就可能较差,容易发生较大的偏差。

(3) 随意选样。

使用这种方法并不意味着审计人员可以漫不经心地选择样本,审计人员要避免任何有意识的偏向或可预见性(如回避难以找到的项目,或总是选择或回避每页的第一个或最后一个项目),从而保证总体中的所有项目都有被选中的机会,使选择的样本具有代表性。随意选样仅适用于非统计抽样。在使用统计抽样时,运用随意选样是不恰当的,因为审计人员无法量化选取样本的概率。

(4) 整群选样。

使用这种方法,审计人员从总体中选取一群(或多群)连续的项目。例如,总体为 20×5 年的所有付款单据,从中选取 2 月 3 日、5 月 17 日和 7 月 19 日这三天的所有付款单据作为样本。整群选样通常不能在审计抽样中使用,因为大部分总体的结构使连续的项目之间可能具有相同的特征,但与总体中其他项目的特征不同。虽然在有些情况下审计人员检查一群项目可能是适当的审计程序,但当审计人员希望根据样本作出有关整个总体的有效推断时,极少将整群选样作为适当的选样方法。

2. 确定样本规模

(1)影响样本规模的因素。

在控制测试中影响样本规模的因素如下:

① 可接受的信赖过度风险。控制测试中的抽样风险包括信赖过度风险和信赖不足风险,信赖过度风险与审计效果有关,信赖不足风险则与审计效率有关,信赖过度风险更容易导致审计人员发表不恰当的审计意见,因此在实施控制测试时,审计人员主要关注信赖过度风险。可接受的信赖过度风险与样本规模呈反向变动关系。审计人员愿意接受的信赖过度风险越低,样本规模通常越大。反之,审计人员愿意接受的信赖过度风险越高,样本规模越小。

② 可容忍偏差率。可容忍偏差率是审计人员能够接受的最大偏差数量,如果偏差超过这一数量则减少或取消对内部控制的信赖。可容忍偏差率与样本规模呈反向变动关系。在确定可容忍偏差率时,审计人员应考虑计划评估的控制有效性。计划评估的控制有效性越低,审计人员确定的可容忍偏差率通常越高,所需的样本规模就越小。一个很高的可容忍偏差率通常意味着,控制的运行不会大大降低相关实质性程序的程度。在这种情况下,由于审计人员预期控制运行的有效性很低,特定的控制测试可能不需要进行。反之,如果审计人员在评估认定层次重大错报风险时预期控制的运行是有效的,审计人员必须实施控制测试。换言之,审计人员在风险评估时,越依赖控制运行的有效性,确定的可容忍偏差率就越低,进行控制测试的范围就越大,因而样本规模就会增加。

表4-22列示了可容忍偏差率和计划评估的控制有效性之间的关系。

表4-22　　　　　　　可容忍偏差率和计划评估的控制有效性之间的关系

计划评估的控制有效性	可容忍偏差率
高	3%～7%
中	6%～12%
低	11%～20%
最低	不进行控制测试

③ 预期总体偏差率。预期总体偏差率与样本规模同向变动。在既定的可容忍偏差率下,预期总体偏差率越大,所需的样本规模越大。预期总体偏差率不应超过可容忍偏差率,如果预期总体偏差率高得无法接受,意味着控制有效性很低,审计人员通常决定不实施控制测试,而实施更多的实质性程序。

④ 总体规模。除非总体非常小,一般而言,总体规模对样本规模的影响几乎为零。审计人员通常将抽样单元超过2 000个的总体视为大规模总体。对大规模总体而言,总体的实际容量对样本规模几乎没有影响。对小规模总体而言,审计抽样比其他测试项目的方法效率低。

⑤ 其他因素。控制运行相关期间越长,需要测试样本越多;控制程序越复杂,测试的样本越多;样本规模还取决于所测试的控制类型,通常对人工控制实施的测试要多过自动化控制。

表 4-23 列示了控制测试中影响样本规模的主要因素,并分别说明了这些影响因素在控制测试中的表现形式。

表 4-23　　　　　　　　　控制测试中影响样本规模的主要因素

影 响 因 素	与样本规模的关系
可接受的信赖过度风险	反向变动
可容忍偏差率	反向变动
预期总体偏差率	同向变动
总体规模	影响很小

(2) 针对运行频率较低的内部控制的考虑。

某些重要的内部控制并不经常运行,例如,银行存款余额调节表的编制可能是按月执行的,针对年末结账流程的内部控制则一年执行一次。审计人员可以根据表 4-24 确定所需的样本规模。一般情况下,样本规模接近表 4-24 中样本数量区间的下限是适当的。如果控制发生变化,或曾经发现控制缺陷,样本规模更可能接近甚至超过表 4-24 中样本数量区间的上限。如果拟测试的控制是针对相关认定的唯一控制,审计人员往往可能需要测试比表中所列的更多的样本。

表 4-24　　　　　　　　　测试运行频率较低的内部控制的有效性

控制运行频率和总体的规模	测试的样本数量
1 次/季度(4)	2
1 次/月度(12)	2～5
1 次/半月(24)	3～8
1 次/周(52)	5～15

(3) 确定样本量。

实施控制测试时,审计人员可能使用统计抽样,也可能使用非统计抽样。在非统计抽样中,审计人员可以只对影响样本规模的因素进行定性的估计,并运用职业判断确定样本规模。使用统计抽样方法时,审计人员必须对影响样本规模的因素进行量化,并利用根据统计公式开发的专门计算机程序或专门样本量表来确定样本规模。

3. 选取样本并实施审计程序

在对选取的样本项目实施审计程序时,可能出现无效单据、未使用或不适用的单据。如果能够合理确信该无效单据是正常的且不构成设定控制的偏差,则可以用另外的单据替代;如果使用随机选样,审计人员要用一个替代的随机数与新的单据样本对应。

审计人员应当针对选取的每个项目,实施适合于具体审计目标的审计程序。如果审计人员无法对选取的项目实施计划的审计程序或适当的替代程序(如单据丢失或损毁),考虑在评价样本时将该样本项目视为控制偏差。

(三) 评价样本结果阶段

评价样本结果阶段包括计算偏差率、考虑抽样风险、考虑偏差的性质和原因、得出总体结论,如图 4-6 所示。

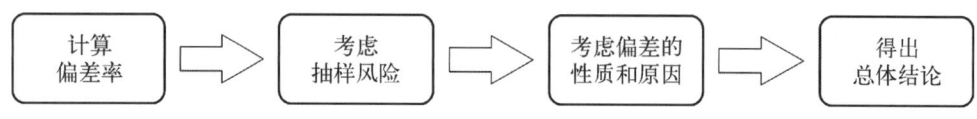

图 4-6 评价样本结果阶段

1. 计算偏差率

将样本中发现的偏差数量除以样本规模,就可以计算出样本偏差率。样本偏差率是审计人员对总体偏差率的最佳估计,因此在控制测试中无须另外推断总体偏差率,但审计人员还必须考虑抽样风险。

2. 考虑抽样风险

(1) 使用统计抽样方法。审计人员在统计抽样中通常使用公式、表格或计算机程序,直接计算在确定的信赖过度风险水平下可能发生的偏差率上限。

使用统计公式评价样本结果:

$$总体偏差率上限 = 风险系数(R) \div 样本量(n)$$

控制测试中常用的风险系数如表 4-25 所示。

表 4-25　　　　　　　　控制测试中常用的风险系数

样本中发现偏差的数量	信赖过度风险	
	5%	10%
0	3.0	2.3
1	4.8	3.9
2	6.3	5.3
3	7.8	6.7
4	9.2	8.0
5	10.5	9.3
6	11.9	10.6
7	13.2	11.8

（续表）

样本中发现偏差的数量	信赖过度风险	
8	14.5	13.0
9	15.7	14.2
10	17.0	15.4

使用样本结果评价表。审计人员也可以使用样本结果评价表评价统计抽样的结果。可接受的信赖过度风险为10%时的总体偏差率上限如表4-26所示。

表4-26　控制测试中统计抽样结果评价——信赖过度风险10%时的总体偏差率上限

样本规模	实际发现的偏差数										
	0	1	2	3	4	5	6	7	8	9	10
20	10.9	18.1	*	*	*	*	*	*	*	*	*
25	8.8	14.7	19.9	*	*	*	*	*	*	*	*
30	7.4	12.4	16.8	*	*	*	*	*	*	*	*
35	6.4	10.7	14.5	18.1	*	*	*	*	*	*	*
40	5.6	9.4	12.8	16.0	19.0	*	*	*	*	*	*
45	5.0	8.4	11.4	14.3	17.0	19.7	*	*	*	*	*
50	4.6	7.6	10.3	12.9	15.4	17.8	*	*	*	*	*
55	4.1	6.9	9.4	11.8	14.1	16.3	18.4	*	*	*	*
60	3.8	6.4	8.7	10.8	12.9	15.0	16.9	18.9	*	*	*
70	3.3	5.5	7.5	9.3	11.1	12.9	14.6	16.3	17.9	19.6	*
80	2.9	4.8	6.6	8.2	9.8	11.3	12.8	14.3	15.8	17.2	18.6
90	2.6	4.3	5.9	7.3	8.7	10.1	11.5	12.8	14.1	15.4	16.6
100	2.3	3.9	5.3	6.6	7.9	9.1	10.3	11.5	12.7	13.9	15.0
120	2.0	3.3	4.4	5.5	6.6	7.6	8.7	9.7	10.7	11.6	12.6
160	1.5	2.5	3.3	4.2	5.0	5.8	6.5	7.3	8.0	8.8	9.5
200	1.2	2.0	2.7	3.4	4.0	4.6	5.3	5.9	6.5	7.1	7.6

计算出估计的总体偏差率上限后，审计人员通常可以对总体进行如下判断：

如果总体偏差率上限低于可容忍偏差率，则总体可以接受。

如果总体偏差率上限大于或等于可容忍偏差率,则总体不能接受。

如果总体偏差率上限低于但接近可容忍偏差率,审计人员应当结合其他审计程序的结果,考虑是否接受总体,并考虑是否需要扩大测试范围,以进一步证实计划评估的控制有效性和重大错报风险水平。

(2) 使用非统计抽样方法。在非统计抽样中,抽样风险无法直接计量。审计人员通常将估计的总体偏差率(即样本偏差率)与可容忍偏差率相比较,运用职业判断确定总体是否可以接受。

如果总体偏差率大于可容忍偏差率,则总体不能接受。

如果总体偏差率大大低于可容忍偏差率,审计人员通常认为总体可以接受。

如果总体偏差率虽然低于可容忍偏差率,但两者很接近,审计人员通常认为实际的总体偏差率高于可容忍偏差率的抽样风险很高,因而总体不可接受。

如果总体偏差率与可容忍偏差率之间的差额不是很大也不是很小,以至于不能认定总体是否可以接受时,审计人员则要考虑扩大样本规模或实施其他测试,以进一步收集证据。

3. 考虑偏差的性质和原因

除了关注偏差率和抽样风险,审计人员还应当调查识别出的所有偏差的性质和原因,并评价其对审计程序的目的和审计的其他方面可能产生的影响。无论是统计抽样还是非统计抽样,对样本结果的定性评估和定量评估一样重要。

如果对偏差的分析表明是故意违背了既定的内部控制政策或程序,审计人员应考虑存在重大舞弊的可能性。

在分析偏差的性质和原因时,审计人员还要考虑已识别的偏差对财务报表的直接影响。控制偏差虽然增加了金额错报的风险,但并不一定导致财务报表中的金额错报。如果某项控制偏差更容易导致金额错报,该项控制偏差就更加重要。

一般情况下,如果在样本中发现了控制偏差,审计人员有两种处理办法:一是扩大样本规模,以进一步收集证据;二是认为控制没有有效运行,样本结果不支持计划的控制运行有效性和重大错报风险的评估水平,因而提高重大错报风险评估水平,需要增加对相关账户的实质性程序。但是,如果确定控制偏差是由系统偏差或舞弊导致,则扩大样本规模通常无效,审计人员需要直接采用第二种处理办法。

4. 得出总体结论

在计算偏差率、考虑抽样风险、分析偏差的性质和原因之后,审计人员需要运用职业判断得出总体结论。如果样本结果及其他相关审计证据支持计划评估的控制有效性,从而支持计划的重大错报风险评估水平,审计人员可能不需要修改计划的实质性程序。如果样本结果不支持计划的控制运行有效性和重大错报风险的评估水平,审计人员通常有两种选择:

(1) 进一步测试其他控制(如补偿性控制),以支持计划的控制运行有效性和重大错报风险的评估水平。

(2) 提高重大错报风险评估水平,并相应修改计划的实质性程序的性质、时间安排和范围。

五、审计抽样在细节测试中的应用

细节测试旨在对各类交易、账户余额和披露的相关认定进行测试,尤其是对存在或发生、计价认定的测试。在细节测试中进行审计抽样,可能使用统计抽样,也可能使用非统计抽样。统计抽样和非统计抽样的流程和步骤完全一样,只是在确定样本规模、选取样本和推断总体的具体方法上有所差别。审计人员在细节测试中使用的统计抽样方法主要包括变量抽样法和PPS抽样法。两种统计抽样方法的区别主要体现在确定样本规模和推断总体两个方面。

(一) 变量抽样法

变量抽样法在确定样本规模时需要量化可接受的抽样风险、可容忍错报、预计总体错报等影响因素,并代入专门的统计公式中计算所需的样本数量。根据推断总体的方法不同,变量抽样法又可以分均值估计抽样、差额估计抽样和比率估计抽样三种具体的方法。

1. 均值估计抽样

均值估计抽样,是指通过抽样审查确定样本的平均值,再根据样本平均值推断总体的平均值和总值的一种变量抽样方法。使用这种方法时,审计人员先计算样本中所有项目审定金额的平均值,然后用这个样本平均值乘以总体规模,得出总体金额的估计值。总体金额估计值和总体账面金额之间的差额就是推断的总体错报。

【例题 4-4】 某会计师事务所承接了某公司2024年财务报表的审计工作。在针对应付账款实施细节测试时,决定采用传统变量抽样方法实施审计抽样。2024年12月31日应付账款的账面余额为380万元,审计人员确定总体规模为1 000,样本规模为200,样本账面余额为80万元,样本审定金额为78万元,要求采用均值法来推断总体的错报金额。

样本审定金额的平均值=78÷200=0.39(万元/个)

估计的总体余额=0.39×1 000=390(万元)

推断的总体错报=390-380=10(万元)

2. 差额估计抽样

差额估计抽样,是一种以样本实际金额与账面金额的平均差额来估计总体实际金额与账面金额的平均差额,然后再以这个平均差额乘以总体规模,从而求出总体的实际金额与账面金额的差额(即总体错报)的方法。差额估计抽样的计算公式如下。

$$平均错报=(样本实际金额-账面金额)÷样本规模$$

$$推断的总体错报=平均错报×总体规模$$

使用这种方法时,审计人员先计算样本项目的平均错报,然后根据这个样本平均错报推断总体。

【例题 4-5】 承接【例 4-4】,要求采用差额法来推断总体的错报金额。

样本平均错报=(80-78)÷200=0.01(万元/个)

推断的总体错报=0.01×1 000=10(万元)

3. 比率估计抽样

比率估计抽样,是指一种以样本的实际金额与账面金额之间的比率关系来估计总体实际金额与账面金额之间的比率关系,然后再以这个比率去乘以总体的账面金额,从而求出估计的总体实际金额的抽样方法。比率估计抽样的计算公式如下。

$$比率=样本审定金额÷样本账面金额$$

$$估计的总体实际金额=总体账面金额×比率$$

推断的总体错报＝估计的总体实际金额－总体账面金额

【例题 4-6】 承接【例 4-4】,要求采用比率法来推断总体的错报金额。

比率＝78÷80＝0.975

估计的总体金额＝380×0.975＝370.5(万元)

推断的总体错报＝380－370.5＝9.5(万元)

如果未对总体进行分层,审计人员通常不使用均值估计抽样,因为此时所需的样本规模可能太大,以致不符合成本效益原则。比率估计抽样和差额估计抽样都要求样本项目存在错报。如果样本项目的审定金额和账面金额之间没有差异,这两种方法使用的公式所隐含的机理就会导致错误的结论。如果审计人员决定使用统计抽样,且预计只发现少量差异,就不应使用比率估计抽样和差额估计抽样,而应考虑使用其他的替代方法,如均值估计抽样或概率比例规模抽样。

审计人员在使用变量抽样时通常运用计算机程序确定样本规模,一般不需懂得这些方法所用的数学公式。审计人员在确定样本规模时,要考虑可容忍错报率和误受风险,有时也需要考虑误拒风险。

(二) PPS 抽样法

PPS(probability proportionate to size sampling)抽样是一种运用属性抽样原理对货币金额而不是对发生率得出结论的统计抽样方法,也被称为金额加权抽样,或货币单位抽样,或累计货币金额抽样。PPS 抽样是一种以货币单位作为抽样单元进行选样的方法,有时也被称为金额加权抽样货币单位抽样、累计货币金额抽样或综合属性变量抽样等。在该方法下,总体中的每个货币单位被选中的机会是相同的,所以总体中某项目被选中的概率等于该项目的金额与总体金额的比率。项目金额越大,被选中的概率也就越大。

德技并修

推进函证数字化

1. 关于推进会计师事务所函证数字化相关工作的指导意见

2020 年 9 月,财政部等七部门联合发布《关于推进会计师事务所函证数字化相关工作的指导意见》(以下简称《指导意见》)表示鼓励会计师事务所采用函证集中化数字化处理方式,在开展会计师事务所质量评估等工作中予以倾斜。鼓励上市公司、新三板挂牌公司、公司信用类债券发行人、国有企业、金融企业等配合运用数字函证。数字函证对于会计师事务所、被审计单位、被函证单位以及监管机构等多个相关方在提升审计效率、节约审计成本、降低审计风险、推动审计变革等诸多方面都具有积极影响和重要价值。

2. 银行函证区块链服务平台在北京发布

2020 年 12 月 18 日,银行函证区块链服务平台在北京发布。该平台由中国银行业协会和中国注册会计师协会推动建设(在工行原有函证平台"e 信"的基础上完善),目前已有 100 余家银行、数十家会计师事务所申请接入该平台。当天,中国银行业协会分别与中国工商银行、普华永道等机构代表签署了意向合作协议。

3. 互金协会搭建基于区块链的第三方数字函证平台

根据《指导意见》，中国互联网金融协会（以下简称"互金协会"）协调产学研各方搭建了基于区块链的第三方数字函证平台，该项目业已列入人民银行组织开展的金融科技创新监管试点项目，据悉，目前互金协会正遵循不断完善并已做好数字函证平台试点的技术及业务准备工作。

互金协会表示，下一步，将继续稳妥开展数字函证平台建设运营工作，在试点过程中严格接受监管部门监督、指导和检验，力争尽快向银行、会计师事务所及有关监管部门提供优质高效、安全可靠的数字函证服务，助力《指导意见》等监管政策有效落地，为推进国家治理体系和治理能力现代化作出有益贡献。

思考与启示：推进函证数字化是促进提升会计审计工作信息化水平，加快实施国家信息化发展战略的基本内容；是有效保障会计师事务所函证及时准确，推动注册会计师行业高质量发展的重要举措；是方便市场主体操作、防范控制银行风险，实现企业、银行、事务所多方共赢，强化财会监督的重要保障。

项目小结

（1）审计程序与方法，是审计人员为达成审计目标，遵循既定步骤，运用检查、观察、询问、函证、分析性复核等手段，收集和评价审计证据，形成审计结论的一系列规范化流程和技术手段。

（2）审计抽样，是一种审计人员在审计过程中，依据统计原理或专业判断，从被审计对象的总体中选取部分样本进行测试，并根据样本测试结果推断总体特征，以评估和控制审计风险的科学方法。

即测即评

一、单项选择题

1. 下列审计程序中，可以运用在控制测试和实质性程序中的是（　　）。
   A. 重新计算　　　　B. 重新执行　　　　C. 分析程序　　　　D. 观察

2. 下列有关询问程序的说法中，错误的是（　　）。
   A. 询问适用于风险评估、控制测试和实质性程序
   B. 询问可以以口头或书面方式进行
   C. 注册会计师应当就管理层对询问作出的口头答复获取书面声明
   D. 询问是指注册会计师向被审计单位内部或外部的知情人员获取财务信息和非财务信息，并对答复进行评价的过程

3. 下列有关函证的说法中，正确的是（　　）。
   A. 如果注册会计师认为取得积极式函证回函是获取充分、适当的审计证据的必要程序，则替代程序不能提供注册会计师所需要的审计证据
   B. 如果被审计单位与银行存款存在认定有关的内部控制设计良好并有效运行，注册会

计师可适当减少函证的样本量

C. 注册会计师应当对应收账款实施函证程序,除非应收账款对财务报表不重要且评估的重大错报风险低

D. 如果注册会计师将重大错报风险评估为低水平,且预期不符事项的发生率很低,可以将消极式函证作为唯一的实质性程序

4. 下列各项中,注册会计师评价影响函证可靠性的因素时无须考虑的是( )。

A. 函证的方式　　　　　　　　　　B. 选择被询证者的适当性

C. 拟函证信息的性质　　　　　　　D. 函证程序所针对的认定

5. 下列有关积极式函证的说法中,错误的是( )。

A. 注册会计师应当在发出询证函后予以跟进,必要时再次向被询证者寄发询证函

B. 如果管理层不允许寄发询证函的原因不合理,注册会计师可以考虑发表非无保留意见

C. 如果注册会计师认为取得积极式函证回函是获取充分、适当的审计证据的必要程序,则替代程序不能提供注册会计师所需要的审计证据

D. 为保证回函率,注册会计师应当要求被审计单位安排专人催收函证

6. 下列有关选取测试项目的方法的说法中,正确的是( )。

A. 从总体中选取特定项目进行测试时,应当使总体中每个项目都有被选取的机会

B. 对全部项目进行检查,通常更适用于细节测试

C. 应使所有抽样单元都有相等的被选取机会

D. 审计抽样更适用于控制测试

7. 下列有关统计抽样和非统计抽样的说法中,错误的是( )。

A. 注册会计师在统计抽样与非统计抽样方法之间进行选择时主要考虑成本效益

B. 非统计抽样如果设计适当,也能提供与统计抽样方法同样有效的结果

C. 注册会计师应当根据具体情况并运用职业判断,确定使用统计抽样或非统计抽样方法

D. 注册会计师使用非统计抽样时,不需要考虑抽样风险

8. 下列有关抽样风险的说法中,错误的是( )。

A. 在使用非统计抽样中,注册会计师可以对抽样风险进行定性评价和控制

B. 如果注册会计师对总体中的所有项目都实施检查,就不存在抽样风险

C. 注册会计师未能恰当地定义误差将导致抽样风险

D. 无论是控制测试还是细节测试,注册会计师都可以通过扩大样本规模降低抽样风险

9. 下列有关抽样风险的说法中,正确的是( )。

A. 注册会计师选择的总体不适合于测试目标将导致抽样风险

B. 信赖过度风险和误拒风险影响审计效果

C. 统计抽样能够客观地计量抽样风险,并通过调整样本规模控制风险

D. 使用非统计抽样时,无须考虑和测定抽样风险

10. 下列各项中,不会导致非抽样风险的是( )。

A. 注册会计师选择的总体不适合于测试目标

B. 注册会计师未能适当地定义误差

C. 注册会计师未对总体中的所有项目进行测试

D. 注册会计师未能适当地评价审计发现的情况

11. 下列有关非抽样风险的说法中,错误的是( )。

A. 非抽样风险影响审计风险

B. 非抽样风险不能量化

C. 注册会计师可以通过采取适当的质量管理政策和程序降低非抽样风险

D. 注册会计师可以通过扩大样本规模降低非抽样风险

12. 下列有关非抽样风险的说法中,错误的是( )。

A. 注册会计师未能适当地定义误差会导致非抽样风险

B. 非抽样风险可以量化

C. 非抽样风险在所有审计业务中均存在

D. 对总体中所有的项目实施测试无法消除非抽样风险

13. 下列有关控制测试的样本规模的说法中,错误的是( )。

A. 可接受的信赖过度风险与样本规模反向变动

B. 总体规模与样本规模反向变动

C. 可容忍偏差率与样本规模反向变动

D. 预计总体偏差率与样本规模同向变动

14. 在运用审计抽样实施控制测试时,下列各项因素中,不影响样本规模的是( )。

A. 控制的类型　　　　　　　　　B. 可容忍偏差率

C. 控制运行相关期间的长短　　　D. 选取样本的方法

15. 在使用审计抽样实施控制测试时,下列情形中,注册会计师不能另外选取替代样本的是( )。

A. 单据丢失　　B. 单据不适用　　C. 单据无效　　D. 单据未使用

二、多项选择题

1. 下列有关询证函回函可靠性的说法中,错误的有( )。

A. 被询证者对于函证信息的口头回复是可靠的审计证据

B. 询证函回函中的免责条款削弱了回函的可靠性

C. 由被审计单位转交给注册会计师的回函不是可靠的审计证据

D. 以电子形式收到的回函不是可靠的审计证据

2. 下列各项因素中,通常影响注册会计师是否实施函证的决策的有( )。

A. 评估的认定层次重大错报风险　　B. 被审计单位管理层的配合程度

C. 函证信息与特定认定的相关性　　D. 被询证者的客观性

3. 下列各项中,属于审计抽样基本特征的有( )。

A. 对具有审计相关性的总体中低于100%的项目实施审计程序

B. 可以根据样本项目的测试结果推断出有关抽样总体的结论

C. 所有抽样单元都有被选取的机会

D. 可以基于某一特征从总体中选出特定项目实施审计程序

4. 下列有关审计抽样的相关概念的说法中,错误的有( )。

A. 使用审计抽样时,注册会计师更应予以关注信赖不足风险和误拒风险
B. 在细节测试中使用审计抽样时,注册会计师需要确定相关账户余额的初始金额
C. 对总体中所有的项目都实施检查时,审计风险完全由非抽样风险产生
D. 注册会计师通常在非统计抽样中使用随意选样和整群选样

5. 下列抽样方法中,通常可以用于统计抽样的有(　　　　)。
A. 系统选样　　　　B. 随机选样　　　　C. 随意选样　　　　D. 整群选样

三、判断题

1. 审计程序就是计划审计工作。（　　）
2. 有充分证据表明,应收账款对财务报表不重要或注册会计师认为函证很可能无效这两种情形下,注册会计师可以不对应收账款实施函证。（　　）
3. 如果应收账款函证结果表明无审计差异,则审计人员可以合理地推论,全部应收账款总体是合理的。（　　）
4. 如果被审计单位与银行存款存在认定有关的内部控制设计良好并有效运行,注册会计师可适当减少函证的样本量。（　　）
5. 对以电子形式收到的回函,注册会计师应当要求被询证者尽快寄回原件。（　　）
6. 如果注册会计师认为取得积极式函证回函是获取充分、适当的审计证据的必要程序,则替代程序不能提供注册会计师所需要的审计证据。（　　）
7. 如果注册会计师预期不存在大量的错误,可以将消极式函证作为唯一的实质性程序。（　　）
8. 注册会计师在使用非统计抽样时,无须考虑抽样风险。（　　）
9. 统计抽样方法比非统计抽样方法更有效。（　　）
10. 非统计抽样不需要运用职业判断。（　　）

技能实践

1. 任务描述：20×5 年 1 月 5 日上午 9 点,审计人员李梦在被审计单位会计主管（张××）的陪同下,对出纳（刘××）保管的库存现金进行了监盘,监盘明细：100 元 13 张,50 元 8 张,20 元 12 张,10 元 15 张,5 元 4 张,1 元 25 张（枚）,5 角 10 枚,1 角 21 枚,5 分 5 枚,1 分 7 枚。

（1）盘点日账面库存余额为 2 000 元。
（2）盘点日未记账传票收入金额为 142.42 元。
（3）报表日至审计日库存现金付出总额为 0,报表日至审计日库存现金收入总额为 2 142.42 元。
（4）报表日账面余额为 0。

任务要求：完成库存现金监盘并填写库存现金监盘表（底稿见审计基础资源包技能实践的项目四任务一）。

2. 任务描述：审计人员在执行货币资金实质性程序,发函时通过某主流地图软件检查了发函地址,核对一致;检查了回函情况,所有账户均收到了回函,地址一致且回函金额和对

账单一致。

任务要求：完成银行账户招商银行循礼门的函证,并完成银行询证函、货币资金函证控制表、函证地址核查表的工作底稿编制。(底稿见审计基础资源包技能实践的项目四任务二)

3. **任务描述**：对被审计单位湖北联晟通信科技股份有限公司应收账款进行审计,审计人员根据函证清单核实了回函情况,发现JS通光光缆有限公司回函金额为4 096 055.65元,经查,差异为联晟通信20×4年12月25日销售JS通光铝包钢单丝一批,金额为98 891.28元,凭证号为581,JS通光光缆有限公司未入账;CF光纤光缆股份有限公司未回函,需执行替代测试,CF光纤光缆股份有限公司年初余额为647 381.30元,本年借方发生额为18 018 693.83元,贷方发生额为16 277 686.22元,年末余额为2 388 388.91元,其他被函证单位均已回函且回函金额和期末账面金额一致,函证地址来源皆为某主流地图软件。执行替代测试默认检查内容都核对一致。

回函地址：北京市西城区复兴门大街12号世贸大厦4层审计八部。

邮编：100068。

电话：139384666××。

联系人：李梦。

任务要求：完成CF光纤光缆股份有限公司的企业询证函及应收账款底稿中的函证结果明细表、函证地址核查表、未回函替代测试表、函证结果调节表(底稿见审计基础资源包技能实践的项目四任务三)。

4. **任务描述**：审计人员查看固定资产底稿的程序表,了解需要执行的审计程序。根据被审计单位提供的相关资料检查折旧政策,进行折旧费用的测算,检查折旧费用的计提是否准确。

任务要求：完成固定资产底稿中折旧测算表(年限平均法)的编制(底稿见审计基础资源包技能实践的项目四任务四)。

5. **任务描述**：根据被审计单位无形资产基础信息完成无形资产的审计。

任务要求：完成联晟通信公司无形资产底稿中的摊销测算表(直线法)编制(底稿见审计基础资源包技能实践的项目四任务五)。

1. 常用的审计程序有哪些?
2. 如何进行函证的设计、实施与评价?
3. 函证过程中有哪些舞弊风险迹象值得关注?
4. 如何理解抽样风险与非抽样风险?
5. 随着信息化技术的发展对审计抽样有什么影响?

项目五　风险评估

思维导图

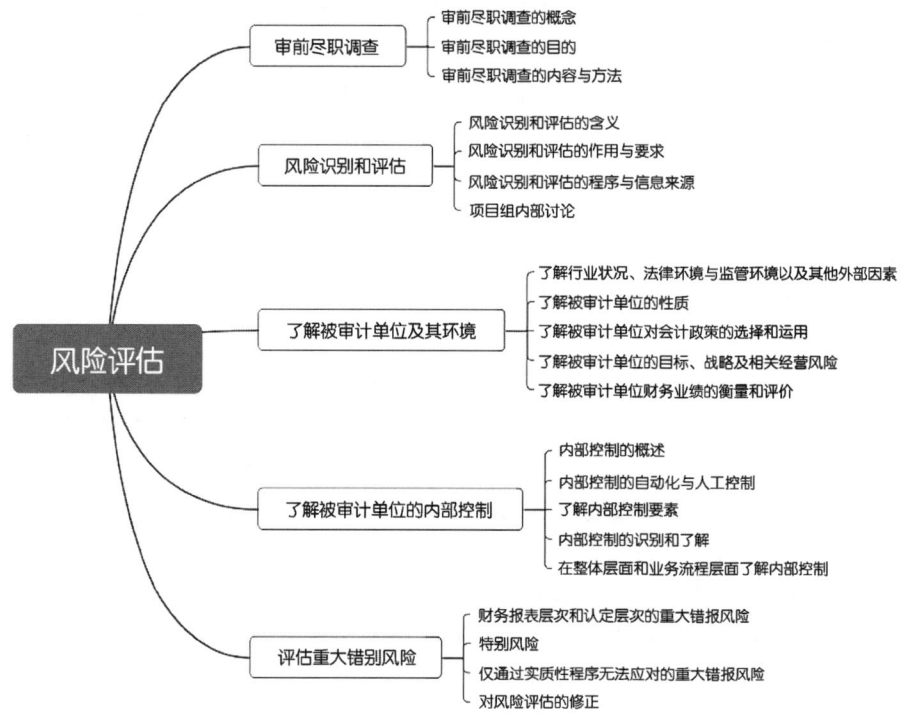

学习目标

【素质目标】
1. 养成能全面观察、系统思考的全局观。
2. 保持高度敏锐、讷言敏行的工作态度。
3. 树立严守底线、临难不惧的风险意识。
4. 具有与时俱进、勇于挑战的创新精神。

【知识目标】
1. 掌握审前尽职调查的内容与方法。
2. 理解风险识别与评估的步骤、要求、目的、内容及作用。

3. 理解项目组内部讨论的目的、内容、参与人员、时间和方式。
4. 掌握了解被审计单位及其环境的内容、了解重点与程度。
5. 掌握了解被审计单位内部控制的要求、内容及其与控制测试的区别。
6. 掌握重大错报风险的内涵及情形。

【技能目标】
1. 能够运用风险识别和评估的程序与方法,作出有效判断。
2. 有效进行项目组内部讨论,完成审前尽职调查工作。
3. 能够独立完成被审计单位相关业务的穿行测试。
4. 能够对被审计单位内部控制和重大错报风险作出准确的判断与评估。

案例导入

如何对信息网络企业进行风险评估

亚新科技股份有限公司委托华远会计师事务所审计其某年的财务报告。亚新科技股份有限公司(以下简称"亚新公司")主要从事有线电视端到端互动业务设备及相关系统的研发、生产、系统集成、销售和服务。亚新公司向有线电视运营商提供有线电视端到端互动业务的整体解决方案,其产品涉及有线电视端到端的模拟、数字单向、数字双向、数字互动等各种产品系列。

按照亚新公司提出的整体解决方案,有线电视运营商可以实现由基本收视业务模式向互动增值业务模式的转变,并且终端电视用户也可以实现由被动收视模式向主动收视模式的转变,有助于将有线电视网络打造成传输质量更好、传输容量更大、普及范围更广、价值含量更高的信息交互传输网络。

思考: 审计项目组在识别和评估亚新公司某年度财务报表可能存在的重大错报风险时,应当分别了解亚新公司所在行业状况、法律环境和监管环境、其他外部因素,以及被审计单位性质的哪些内容?

任务一 审前尽职调查

一、审前尽职调查的概念

尽职调查是正式审前的一个重要环节,审计人员通常根据尽职调查结果,对标的企业进行客观评价,形成尽职调查报告,会计师事务所会再根据尽职调查报告进行决策。

二、审前尽职调查的目的

审前尽职调查已经成为审计准备阶段的重要内容。加强审前尽职调查,一方面有利于发现存在的问题,为制定审计方案和内部控制制度符合性测试打好基础;另一方面能够提高审计工作效率和质量。

(1)通过审前调查,可以总体把握了解被审计单位的大致情况,为制定好审计实施方案,做到心中有数。通过与被审计单位领导和财会人员谈话中可以知道一些苗头性和倾向性问题。

(2) 根据审前调查所确定的内容和重点,发现薄弱环节,有针对性地确定该单位制定内控制度测试表,为符合性测试打好基础。

(3) 通过走访税务、银行、财政等监督部门了解该被审计单位遵守财经、银行法规制度、纳税及抵押状况,收集有关资料,为进行实质性测试确定审计工作的重点、范围、内容等提供第一手资料。

三、审前尽职调查的内容与方法

尽管审前尽职调查的内容与方法在不同的企业中会不同,但审前尽职调查的内容主要包括了解被审计单位的债权债务情况、股权结构、经营状况、风险信息、诉讼情况、交税纳税情况、盈利与营销情况及财务情况等信息,其主要的方法包括询问、观察、检查、分析及网络查询。

(一) 审前尽职调查的九个程序

做好一个审计项目,要依照有关程序规定做好调研,要坚决贯彻群众路线,一切从群众中来,到群众中去。

1. 收集资料

通过多种方式,多方面地收集企业的各种数据资料。

2. 高管面谈

高管面谈是访谈中非常有用和重要的方式,也是尽职调查非常重要的环节,往往能很快得到对目标企业发展前景、团队人员素质的印象。第一印象往往很重要,也比较可靠。

3. 企业考察

一定要实地考察企业的研发、生产、日常管理等情况,对企业的普通员工进行随机或不经意的访谈。

4. 竞争调查

了解市场中各种竞争对手的实力情况及其优势、劣势。对竞争对手的信息掌握得越充分,投资的判断就会越准确,同时也可以从其竞争对手那里得到对待投资企业的情况。

5. 走访供应商

走访企业的上游原材料和辅料的供应商,了解采购情况,数量、价格、供货信用,既可以帮助我们判断被审计单位声誉、真实产量,又可以从侧面了解行业的竞争格局。

6. 走访客户

了解企业产品质量情况和受欢迎的程度,弄清楚企业真实的销售情况,同时也了解其竞争企业的情况。从受访客户的档次水平也可以判断被审计单位的市场地位,以及市场需求和可持续发展程度。

7. 走访协会

了解该企业在行业的地位和声望,以及整个行业的发展态势。

8. 拜访政府

掌握被审计单位缴税纳税等相关情况,知道该企业在政府中的地位,以及政府对该企业的支持程度。

9. 咨询券商

了解企业上市可行性和预期上市时间,判断企业和行业的发展前景。

(二) 审阅债权档案

(1) 审阅贷款资料,包括贷款原因、用途、经营状况、所投项目、形成不良的原因、被催收过程、还款措施和意愿、还款记录、固定资产投资、应收债权、对外投资、账户、关联企业(人)或分支机构等。

(2) 审阅主体资料,包括主体资格、企业性质、经营状态、经营范围、股东构成、股权比例、上级单位、实际控制人历史名称变更、公章样式演变等。

(3) 审阅财务资料,包括:

① 股东的出资方式、金额、时间,出资是否完成。

② 验资账户。

③ 财务数据(存货、固定资产、对外投资、应收账款、长短期负债、应付账款、所有者权益、营业收入等)。

(4) 审阅其他资料,包括:

① 是否有恶意处分、减损、影响财产和抵押物及其价值情况。

② 之前提供的各种资料是否存在重大虚假。

③ 是否有在债务人分立、合并、改制、重组后新旧企业均不予确认原借贷债务的情形。

④ 是否有逃避、拒签债权人的催收资料。

⑤ 是否有通过非正常关联交易抽逃、转移利润资产。

⑥ 股东、法定代表人有不正常变更。

(三) 查阅工商档案

(1) 审阅设立材料,包括:

① 债务人的主体资格、股权构成、法定代表人及高管人员等基础信息。

② 债务人的出资数额、方式以及出资是否到位等信息。

③ 债务人用于注册的场地的权属情况、使用性质。

④ 其他,例如资金来源证明、银行账户、实物出资明细等信息。

⑤ 经营范围是否有场地(物业)出租等。

(2) 审阅年检资料,包括:

① 财务报表。

② 财务人员名称及变化。

③ 分支机构。

④ 关联债务人。

⑤ 应收债权、对外投资项目、银行账户等财产线索。

(3) 审阅歇业资料,包括:

① 歇业或吊销营业执照的时间和原因。

② 是否有承担债权债务的主体。

③ 注销手续是否齐全、合法,是否有承责声明。

④ 是否有无偿接收、调拨债务人财产的情形。

⑤ 债务人解散后是否有恶意行为。
(4) 审阅整个档案并结合其他证据,判断债务人是否存在:
① 人格混同嫌疑。
② 股东或出资人是否存在滥用权利损害债权人利益的嫌疑。

(四) 查找关联企业(人)

风险预警网服务于企业风险发现,基于投资关系、司法涉诉关系、股东关系及行政处罚类等多类信息,剖析目标企业的关联信息,发掘标的企业潜在风险;通过监控标的企业的工商变更、裁判文书、关联企业动态、失信信息等异常情况,提升全面风险管理体系对创新企业、创新业务的覆盖面,完善全业务、全流程口径风险管理,增强信贷类、非信贷类的全资产管理能力,提高风险管理全覆盖水平,加强基于大数据和互联网的风险管理体系建设,以数据分析、智能化判断、精准化管控的新型风险管理方式转变,实时掌握标的企业风险信息。

(五) 走访现场

情形一:债务人不在原址经营。
情形二:债务人仍在原址经营。
如条件允许,可通过灵活方式继续核查债务人以下情况:
(1) 经营情况,包括:
① 债务人是否正常经营;经营什么业务;近年经营情况及盈利情况。
② 债务人的设备或部分物业是否出租给第三人经营;如有,则了解租期、租金标准、何人收取租金及收取方式。
③ 债务人是否有承包给第三人经营;如有,则了解期限、承包金标准、何人收取承包金及收取方式。
④ 债务人是否有重组、改制。
⑤ 债务人对未来发展有何打算。
(2) 员工情况,包括:
① 债务人的员工人数,在岗人数,离、退休人数。
② 员工是否已经安置好;若否,是否有安置方案。
③ 有无拖欠员工的集资款。
④ 有无拖欠员工的社保费用。
⑤ 有无拖欠员工的工资和经济补偿金。
(3) 资产负债情况,包括:
① 大致的负债情况。
② 大致的资产情况。
③ 大致的诉讼(被追债)情况。
(4) 还款意愿,债务人及其上级部门对偿还债务的态度及意愿。

(六) 调查诉讼情况

风险预警网收录海量各级人民法院判决文书、企业/个人案件信息、法院执行信息、税务信息、行政执法信息、催欠信息等并每日更新。信息完整,内容真实,查询简便,实时查询企业的工商变更、经营异常、开庭公告、裁判文书、失信信息、网贷逾期信息,环保执法信息,股权出质、动产抵押、股权冻结等信息,帮助用户及时掌握企业异常情况。

(1) 查明债务人的欠债情况,包括:

① 债权人名称、金额。

② 是否有抵押物、查封物。

③ 诉讼或执行的进展等。

(2) 查明债务人的欠债性质,包括:

① 自身之债。

② 担保之债。

③ 民间借贷。

(七) 弄清三个模式

注册会计师可以在审前尽职调查中弄清楚被审计单位的业务模式、盈利模式、营销模式。业务模式,是指企业提供什么产品或服务(干什么),工作流程如何(怎么干),企业本身的人才、技术、资金及其他资源能否支持;盈利模式,是指企业如何挣钱,通过什么手段或环节挣钱,为什么能赚到钱;营销模式,是指企业如何去销售自己的产品或服务,有哪些渠道、激励机制等。

通过弄清三个模式,清晰地掌握其业务情况,包括公司的经营范围、主营业务、公司采购业务的流程、采购模式、公司仓储物流管理、公司销售情况、销售模式、销售服务,以及公司产品成本核算、营业成本结转方法等。

(八) 查看三类指标

对于财务报表审计业务来说,审前尽职调查要对其主要财务数据及会计政策、主要税种及缴纳情况、主要资产情况三个方面进行调查。

(1) 公司主要财务数据及会计政策调查,主要包含公司资产负债表、利润表、主要财务指标的选择、公司会计政策的选择和运用等。

(2) 公司主要税种及缴纳情况调查,主要包含公司主要税种、纳税范围、适用税率、适用的税收优惠政策等。

(3) 公司主要资产调查,是对公司主要固定资产情况及其他资产情况的调查。

(九) 弄清五个结构

审前尽职调查要弄清公司的以下五个结构,以对被审计单位的所有权、组织结构、治理结构、管理结构、筹资渠道、投资情况、供应商(或客户)及其产品调查的基本信息进行熟悉:

(1) 弄清股权结构。要主次分明、主次合理,创始人的股份不能太少,要有一个核心。

(2) 弄清高管结构。要结构合理,专业背景、工作经历要有各自的优势,有互补性,有团队精神,运作协调高效。

(3) 弄清业务结构。主营业务要突出,产品结构要合理,明星类产品、现金牛产品都要具备,要在技术、产品创新上有适当投入。

(4) 弄清客户结构。要有大客户,但不能过于侧重,结构要合理,客户要有诚信、有实力,拖欠货款问题不严重。

(5) 弄清供应商结构。要有一定数量的优质供应商,在供货可靠性、原材料质量、价格方面都能保证。

（十）考察六个层面

审前对历史合规、财务规范、干净纳税、产权清晰、劳动合规、安全环保等进行尽职调查的目的，是要对被审计单位有一个深度了解。任何一个层面如果存在严重问题，都有可能使企业的改制上市被"搁浅"。如果是一些细小的瑕疵，则可以规范改正。

(1) 历史合规。企业的发展历史比较清楚，在设立验资、股权变更等方面没有重大的瑕疵。

(2) 财务规范。财务制度健全，客观公正，依法做账。

(3) 干净纳税。没有偷税漏税的情况，做到依法纳税。

(4) 产权清晰。各项财产的产权清晰，权属转移手续完备（含专利、商标、房产等），不存在可能导致诉讼、仲裁的纠纷。

(5) 劳动合规。严格执行劳动法规，与员工都签订劳动合同。

(6) 安全环保。安全生产，环保达标，没有被勒令搬迁、处罚等隐患。

（十一）关注七项重点

规范汇编、例会制度、企业文化、战略规划、人力资源、公共关系、激励机制是审前尽职调查中对目标企业重点关注的内容，侧重在企业相对细小的环节。如果当中存在一些问题，可以及时规范改正，也是审计人员判断目标企业经营管理水平的重要依据。

(1) 规范汇编。查看企业的管理规范汇编，可以直观了解企业管理的规范化水平。

(2) 例会制度。询问企业是否定期召开各项例会（总经理周会、董事会定期会议、股东会例会），能够了解企业运营是否规范正常，也能看出股东、企业管理层之间关系是否正常，是否彼此尊重，互相协调。

(3) 企业文化。企业是否通过自身的文化建设，来形成凝聚力和向心力，推动企业长远发展。

(4) 战略规划。了解企业的战略规划情况，可以知道企业的发展有无长远目标，查看其目标是否符合行业经济发展的实际方向。

(5) 人力资源。了解企业对员工招聘、培训、激励计划和使用办法，从而了解企业是否能充分调动全体员工开展业务的积极性和能动性，考察企业的综合竞争力。

(6) 公共关系。了解企业的公共关系策略和状况，可以知道企业是否具备社会公民意识，是否注重企业形象和品牌，是否具有社会责任意识。

(7) 激励机制。一个优秀的现代化企业应该有一个激励员工、提升团队的机制或计划；否则，企业难于持续做强做大。

拓展阅读

审计尽职调查信息来源一览表

注册会计师可以通过互联网准确、全面、快速地掌握被审计单位的信息，帮助审计人员获得准确、高效、详尽的网络尽职调查结果。

(1) 主体资格及基本信息查询网站。

(2) 信用查询网站。

(3) 诉讼仲裁情况。

(4) 税收方面。

(5) 知识产权查询网站。

> (6) 行政处罚情况。
> (7) 投融资证券业务相关。
> (8) 基金相关。
> (9) 行政资质相关。
> (10) 搜索引擎。
> (11) 公司网站。
> (12) 域名、微信公众号、微博。
> (13) 企业环保、消防、劳动等情况。
> (14) 关联方核查之国(境)外公司资料核查。
> (15) 上市公司(中国大陆境外)。
> (16) 知识产权查询(中国大陆境外)。

任务二　风险识别和评估

一、风险识别和评估的含义

(一) 风险识别和评估的概念

风险识别和评估，是指注册会计师通过实施风险评估程序，识别和评估财务报表层次和认定层次的重大错报风险。其中，风险识别是指找出财务报表层次和认定层次的重大错报风险；风险评估是指对重大错报发生的可能性和后果严重程度进行评估。在风险导向审计模式下，注册会计师以重大错报风险的识别、评估和应对为审计工作的主线，最终将审计风险控制在可接受的低水平。风险的识别和评估是审计风险控制流程的起点，也贯穿整个审计过程，如图 5-1 所示。

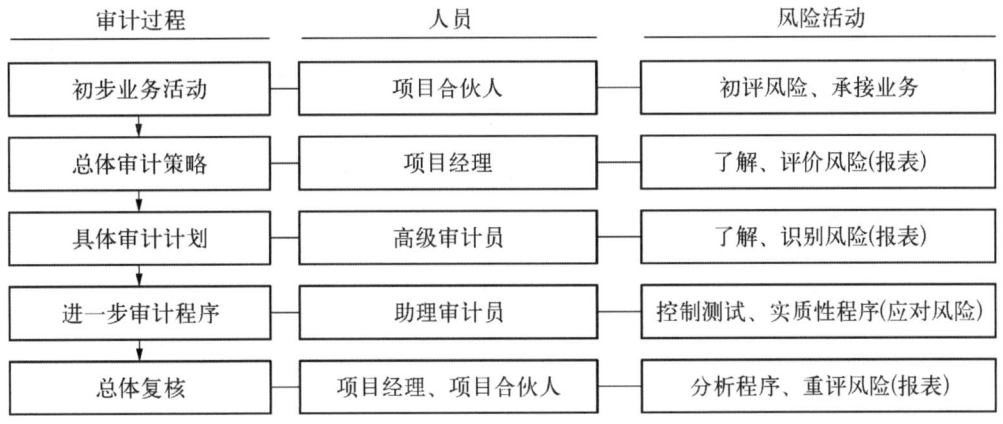

图 5-1　审计过程风险活动

(二) 风险导向审计的基本步骤与内容

首先通过了解被审计单位及其环境（包括内部控制），识别和评估报表层次和认定层次的重大错报风险，然后根据评估的重大错报风险采取进一步审计程序，具体如图5-2所示。

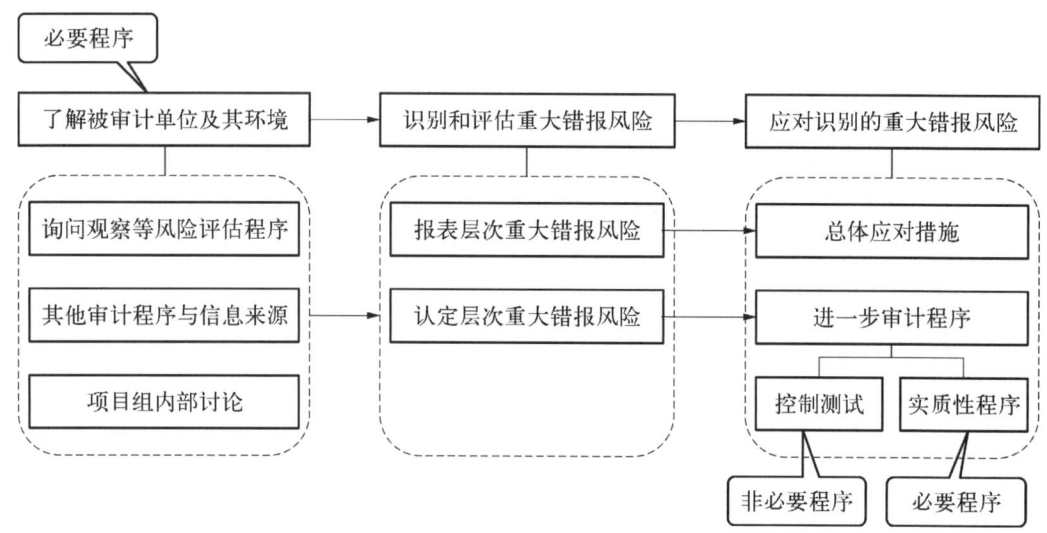

图5-2 风险导向审计的基本步骤

5-1 风险评估程序

1. 风险评估程序

风险评估程序，是指注册会计师为了解被审计单位及其环境，以识别和评估财务报表层次和认定层次的重大错报风险（无论错报由于舞弊或错误导致）而实施的审计程序。

了解被审计单位及其环境（风险评估程序）是必要程序，并贯穿整个审计过程的始终。

2. 进一步审计程序

进一步审计程序主要包括控制测试和实质性程序。

风险评估程序、实质性程序必须执行，应当将识别的风险与认定层次可能发生错报的领域相联系，不得未经风险评估，直接将风险设定为高水平。无论评估的重大错报风险结果如何，注册会计师都应当针对重大的各类交易、账户余额和披露实施实质性程序，不得将实质性程序只集中在例外事项上。

> **关键阐释**
>
> 了解被审计单位及其环境（风险评估程序）贯穿整个审计过程：
>
> （1）在计划审计工作时，注册会计师通过了解被审计单位及其环境，确定财务报表整体的重要性。
>
> （2）随着进一步审计程序的实施，注册会计师针对被审计单位及其环境进一步了解的情况变化，可能需要修改原计划的重要性。

（三）风险识别和评估的内容

风险识别与评估是建立在了解被审计单位及其环境基础上的，其主要通过了解被审计单位所处行业状况、法律环境和监管环境及其外部环境,性质,对会计政策的选择和运用,目标、战略以及相关经营风险,对财务业绩的衡量和评价及其内部控制,识别被审计单位是否存在重大错报风险及其所处层次。风险识别与评估的内容结构如图 5-3 所示,其具体内容将在本项目的后续任务中详细阐述。

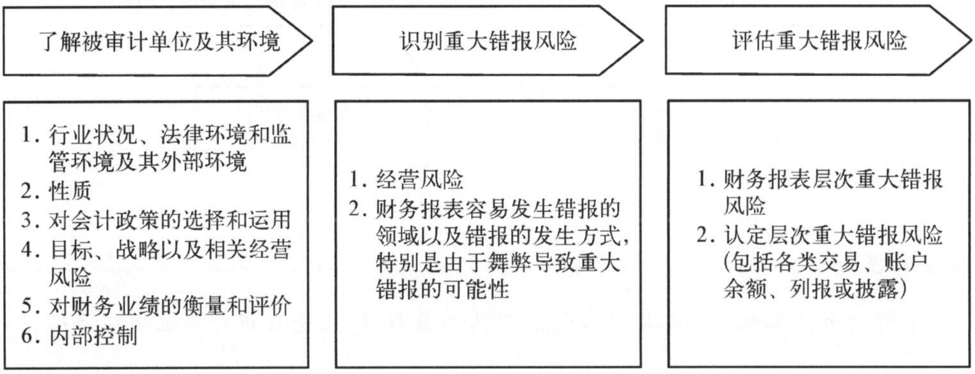

```
┌─────────────────────┐    ┌─────────────────────┐    ┌─────────────────────┐
│ 了解被审计单位及其环境  │ →  │   识别重大错报风险    │ →  │   评估重大错报风险    │
└─────────────────────┘    └─────────────────────┘    └─────────────────────┘
```

了解被审计单位及其环境	识别重大错报风险	评估重大错报风险
1. 行业状况、法律环境和监管环境及其外部环境 2. 性质 3. 对会计政策的选择和运用 4. 目标、战略以及相关经营风险 5. 对财务业绩的衡量和评价 6. 内部控制	1. 经营风险 2. 财务报表容易发生错报的领域以及错报的发生方式,特别是由于舞弊导致重大错报的可能性	1. 财务报表层次重大错报风险 2. 认定层次重大错报风险(包括各类交易、账户余额、列报或披露)

图 5-3 风险识别与评估的内容

二、风险识别和评估的作用与要求

(一) 风险识别和评估的作用

《中国注册会计师审计准则第 1211 号——重大错报风险的识别和评估》作为专门规范风险评估的准则,规定注册会计师应当了解被审计单位及其环境,以充分识别和评估财务报表重大错报风险,设计和实施进一步审计程序。

了解被审计单位及其环境是必要程序,特别是为注册会计师在下列关键环节作出职业判断提供重要基础:

(1) 确定重要性水平,并随着审计工作的进程评估对重要性水平的判断是否仍然适当。

(2) 考虑会计政策的选择和运用是否恰当,以及财务报表的列报是否适当。

(3) 识别与财务报表中金额或披露相关的需要特别考虑的领域,包括关联方交易、管理层运用持续经营假设的合理性,或交易是否具有合理的商业目的等。

(4) 确定在实施分析程序时所使用的预期值。

(5) 设计和实施进一步审计程序,以将审计风险降至可接受的低水平。

(6) 评价所获取审计证据的充分性和适当性。

(二) 风险识别和评估的要求

(1) 了解被审计单位及其环境贯穿整个审计过程的始终。

(2) 注册会计师应当运用职业判断确定需要了解被审计单位及其环境的程度。

(3) 评价注册会计师了解被审计单位及其环境的程度是否恰当,关键是看注册会计师对被审计单位及其环境的了解,是否足以识别和评估财务报表的重大错报风险。

(4) 注册会计师对被审计单位及其环境了解的程度,要低于管理层为经营管理企业而对被审计单位及其环境需要了解的程度。

风险识别和评估的作用如图 5-4 所示。

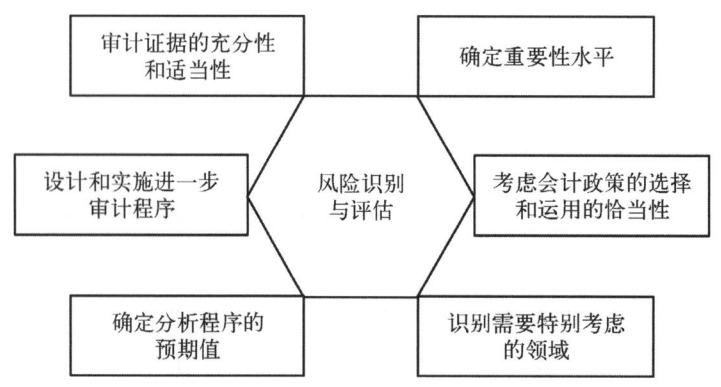

图 5-4 风险识别和评估的作用

> **关键阐释**
>
> 了解被审计单位及其环境是审计流程的必要程序,无论被审计单位规模大小。

三、风险识别和评估的程序与信息来源

(一) 基本程序与信息来源

注册会计师了解被审计单位及其环境,目的是识别和评估财务报表重大错报风险。为了解被审计单位及其环境而实施的程序被称为"风险评估程序"。注册会计师应当依据实施这些程序所获取的信息,评估重大错报风险。

狭义的风险评估程序,是指实施询问(管理层和相关人员)、观察(经营活动)、检查(文件记录)和分析程序(财务数据异常或波动)等,从被审计单位内部获取信息来识别和评估重大错报风险。风险评估程序的内容如图 5-5 所示。

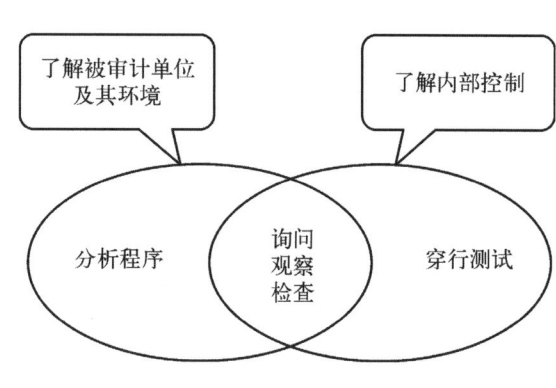

图 5-5 风险评估程序的内容

> **关键阐释**
>
> 注册会计师在审计过程中应当实施询问、观察、检查和分析程序,但是在了解被审计单位及其环境的每一方面时,无须实施上述所有程序。

1. 询问被审计单位管理层和内部其他相关人员

询问管理层和被审计单位内部其他人员,是注册会计师了解被审计单位及其环境的一个重要信息来源。注册会计师应向不同的人员进行询问来获取相关的信息,以获取充分适当的审计证据。

管理层和财务负责人是被审计单位财务报表输出的最直接相关人员,注册会计师可以

考虑向他们询问一些信息，具体问题示例如表 5-1 所示。

表 5-1　　　　　　　　　询问管理层和财务负责人的问题示例

序号	问题类型	问题示例
1	管理层所关注的主要问题	新的竞争对手、主要客户和供应商的流失、新的税收法规的实施，以及经营目标或战略的变化等
2	被审计单位最近的财务状况、经营成果和现金流量	近三年的资产结构变化、产品结构变化、盈利情况、投融资情况等
3	可能影响财务报告的交易和事项，或者目前发生的重大会计处理问题	重大的购并事宜等
4	被审计单位发生的其他重要变化	所有权结构、组织结构的变化，以及内部控制的变化等

注册会计师除了询问管理层和对财务报告负有责任的人员之外，还应当考虑询问内部审计、采购、生产、销售等其他人员，并考虑询问不同级别的员工，以获取对识别重大错报风险有用的信息，或为识别重大错报风险提供不同的视角。询问被审计单位内部其他人员的作用如表 5-2 所示。

表 5-2　　　　　　　　　询问被审计单位内部其他人员的作用

序号	询问对象	作用
1	治理层	可能有助于注册会计师了解编制财务报表的环境
2	内部审计人员	可能有助于注册会计师了解本年度针对被审计单位内部控制设计和运行有效性而实施的内部审计程序，以及管理层是否根据实施这些程序的结果采取了适当的应对措施
3	参与生成、处理或记录复杂或异常交易的员工	可能有助于注册会计师评价被审计单位选择和运用某项会计政策的恰当性
4	内部法律顾问	可能有助于注册会计师了解有关信息，如诉讼、遵守法律法规的情况、影响被审计单位的舞弊或舞弊嫌疑、产品保证、售后责任、与业务合作伙伴的安排（如合营企业）和合同条款的含义等
5	营销或销售人员	可能有助于注册会计师了解被审计单位营销策略的变化、销售趋势或与客户的合同安排

2. 观察和检查

观察和检查程序可以支持对管理层和其他相关人员的询问结果，并可以提供有关被审计单位及其环境的信息。注册会计师应当实施的观察和检查程序示例如表 5-3 所示。

表 5-3　　　　　　　　　　注册会计师应当实施的观察和检查程序示例

序号	程　序	示　例
1	观察被审计单位的经营活动	观察被审计单位人员正在从事的生产活动和内部控制活动,增加注册会计师对被审计单位人员如何进行生产经营活动及实施内部控制的了解
2	检查文件、记录和内部控制手册	检查被审计单位的经营计划、策略、章程,与其他单位签订的合同、协议,各业务流程操作指引和内部控制手册等,了解被审计单位组织结构和内部控制制度的建立健全情况
3	阅读由管理层和治理层编制的报告	阅读被审计单位年度和中期财务报告,股东大会、董事会会议、高级管理层会议的会议记录或纪要,管理层的讨论和分析资料,对重要经营环节和外部因素的评价,被审计单位内部管理报告以及其他特殊目的的报告(如新投资项目的可行性分析报告)等,了解自上一期审计结束至本期审计期间被审计单位发生的重大事项
4	实地察看被审计单位的生产经营场所和厂房设备	通过现场访问和实地察看被审计单位的生产经营场所和厂房设备,可以帮助注册会计师了解被审计单位的性质及其经营活动。 在实地察看被审计单位的厂房和办公场所的过程中,注册会计师有机会与被审计单位管理层和担任不同职责的员工进行交流,可以增强注册会计师对被审计单位的经营活动及其重大影响因素的了解
5	追踪交易在财务报告信息系统中的处理过程(穿行测试)	通过追踪某笔或某几笔交易在业务流程中如何生成、记录、处理和报告,以及相关控制如何执行,注册会计师可以确定被审计单位的交易流程和相关控制是否与之前通过其他程序所获得的了解一致,并确定相关控制是否得到执行

3. 分析程序

分析程序既可用作风险评估程序和实质性程序,又可用于对财务报表的总体复核。将分析程序用于风险评估程序时,如果使用高度汇总的数据,那么实施分析程序的结果可能仅初步显示财务报表存在重大错报,注册会计师应当将分析结果连同识别重大错报风险时获取的其他信息一并考虑。

> **关键阐释**
>
> 风险评估程序在具体运用时要区分不包括了解内部控制的风险评估程序和了解内部控制的风险评估程序。分析程序不用于了解内部控制,穿行测试用于了解内部控制。

(二) 其他审计程序和信息来源

1. 其他审计程序

除了从被审计单位内部获取信息,如果根据职业判断认为从被审计单位外部获取的信息有助于识别重大错报风险,注册会计师应当实施其他审计程序以获取这些信息。值得注意的是,其他审计程序侧重于获取外部信息。

(1) 询问外部人员,包括被审计单位聘请的外部法律顾问、专业评估师、投资顾问和财务顾问等。

（2）阅读外部信息，包括证券分析师、银行、评级机构出具的有关被审计单位及其所处行业的经济或市场环境等状况的报告、贸易与经济方面的报纸期刊、法规或金融出版物，以及政府部门或社会组织发布的行业报告和统计数据等。

2. 其他信息来源

（1）注册会计师应当考虑在评价客户关系和审计业务的接受或保持过程中获取的信息是否与识别重大错报风险相关。通常对新的审计业务，注册会计师应在业务承接阶段对被审计单位及其环境有一个初步的了解，以确定是否承接该业务。而对于连续审计业务，注册会计师也应在每年的续约过程中对上年审计作总体评价，并更新对被审计单位的了解和风险评估结果，以确定是否续约。

（2）注册会计师应当考虑向被审计单位提供其他服务所获得的经验是否有助于识别重大错报风险。

> **拓展阅读**
>
> **如何理解询问、分析、观察、检查和穿行测试对风险评估的作用？**
>
> 一言以蔽之，注册会计师通过实施上述五项审计程序，获取被审计单位及其环境的信息，由此评估存在的重大错报风险。通常，"认定"可以用来描述重大错报风险。这一流程可以总结为"程序→信息→风险→认定"，举例如下：
>
> （1）询问→管理层告知某大客户陷入财务困境→应收账款的可回收性存在风险→与应收账款的"准确性、计价和分摊"认定直接相关。
>
> （2）分析→被审计单位的收入增长率远高于行业平均水平→营业收入存在虚构风险→与营业收入的"发生"认定直接相关。
>
> （3）观察→盘点人员未将已验收但未入库的原材料纳入盘点范围→存货数量可能被低估→与存货的"完整性"认定直接相关。
>
> （4）检查→因污染环境而收到起诉书→预计负债可能计提不足→与预计负债的"完整性"认定直接相关。
>
> （5）穿行测试→研发流程缺乏阶段性评估的环节→研究阶段和开发阶段无法准确区分→与无形资产的"准确性、计价和分摊"认定直接相关。

四、项目组内部讨论

项目组内部的讨论在所有业务阶段都非常必要，可以保证所有事项均得到恰当考虑。通过安排具有较多经验的成员（如项目合伙人）参与项目组内部的讨论，其他成员可以分享其见解和以往获取的被审计单位的经验。根据《中国注册会计师审计准则第1211号——重大错报风险的识别和评估》的规定，项目合伙人和项目组其他关键成员应当讨论被审计单位财务报表易于发生重大错报的可能性，并讨论如何根据被审计单位的具体情况运用适用的财务报告编制基础。对于未参与项目组讨论的项目组成员，项目合伙人应当确定向该成员通报的内容，即项目合伙人应当确定向未参与讨论的项目组成员通报哪些事项。作为项目组内部讨论的一部分，考虑适用的财务报告编制基础中的披露要求，有助于注册会计师在审计工作早期识别可能存在的与披露相关的重大错报风险领域。

1. 讨论的目的

项目组内部的讨论为项目组成员提供了交流信息和分享见解的机会,就财务报表发生重大错报的可能性进行讨论。

(1) 使经验较丰富的项目组成员(包括项目合伙人)有机会分享其根据对被审计单位的了解形成的见解。共享信息有助于增进所有项目组成员对项目的了解。

(2) 使项目组成员能够讨论被审计单位面临的经营风险,固有风险因素如何影响各类交易、账户余额和披露易于发生错报的可能性,以及财务报表易于发生由舞弊或错误导致的重大错报的方式和领域。

(3) 帮助项目组成员更好地了解在各自负责的领域中潜在的财务报表重大错报,并了解各自实施的审计程序的结果可能如何影响审计的其他方面,包括对确定进一步审计程序的性质、时间安排和范围的影响。特别要讨论可以帮助项目组成员基于各自对被审计单位性质和情况的了解,进一步考虑相矛盾的信息。

(4) 为项目组成员交流和分享在审计过程中获取的、可能影响重大错报风险评估结果或应对这些风险的审计程序的新信息提供基础。

2. 讨论的内容

项目组应当讨论被审计单位面临的经营风险、财务报表容易发生错报的领域以及发生错报的方式,特别是由于舞弊导致重大错报的可能性及可能存在的与披露相关的重大错报风险领域。讨论的内容和范围受项目组成员的职位、经验和所需要的信息的影响。讨论的三个主要领域和可能涉及的信息是分享了解的信息、分享审计思路和方法、为项目组指明审计方向。具体可能讨论的内容如表 5-4 所示。

表 5-4　　　　　　　　　　　项目组内部讨论目的和内容

讨论的目的	讨论的内容
分享了解的信息	被审计单位的性质、管理层对内部控制的态度、从以往审计业务中获得的经验、重大经营风险因素。 已了解的影响被审计单位外部和内部舞弊的因素,可能为管理层或其他人员实施下列行为提供动机或压力: (1) 实施舞弊。 (2) 为实施构成犯罪的舞弊提供机会。 (3) 利用企业文化或环境,寻找使舞弊行为合理化的理由。 (4) 侵占资产(考虑管理层对接触现金或其他易被侵占资产的员工实施监督的情况)。 确定财务报表哪些项目易于发生重大错报,表明管理层倾向于高估或低估收入迹象
分享审计思路和方法	管理层可能如何编报和隐藏虚假财务报告? 例如,管理层凌驾于内部控制之上。根据对识别的舞弊风险因素的评估,设想实施的舞弊场景对审计很有帮助。例如,销售经理可能通过高估收入,达到被奖励的目的。这可能通过修改收入确认政策或进行不恰当的收入截止来实现。 出于个人目的侵占或挪用被审计单位的资产行为如何发生? 考虑: (1) 管理层进行高估/低估账目的方法,包括操纵准备和估计以及变更会计政策等。 (2) 用于应对评估风险可能的审计程序/方法

(续表)

讨论的目的	讨论的内容
为项目组指明审计方向	强调在审计过程中保持职业怀疑态度的重要性。不应将管理层当成完全诚实,也不应将其作为罪犯对待。 列示表明可能存在舞弊可能性的迹象,例如: (1)识别警示信号(红旗),并予以追踪。 (2)一个不重要的金额(如增长的费用)可能明显有很大的问题,如管理层诚信。 决定如何增拟实施审计程序的性质、时间安排和范围的不可预见性。 总体考虑:每个项目组成员拟执行的审计工作部分、需要的审计方法、特殊考虑、时间、记录要求。如果出现问题应联系的人员,审计工作底稿是否符合,以及其他预期事项。 强调对表明管理层不诚实的迹象保持警觉的重要性

3．参与讨论的人员

（1）项目组的关键成员应当参与讨论。

（2）在跨地区审计中,每个重要地区项目组的关键成员都应该参加讨论,但不要求所有成员每次都参与项目组的讨论。

（3）如果项目组需要拥有信息技术或其他特殊技能的专家,这些专家也可根据需要参与讨论。

> **关键阐释**
>
> 项目组合伙人和关键成员应当参与讨论,而并非项目组所有成员。

4．讨论的时间和方式

项目组内部讨论的时间和方式如表5-5所示。

表5-5　　　　　　　　　　项目组内部讨论的时间和方式

项 目	内 容
讨论的时间	项目组应当根据审计的具体情况,在整个审计过程中持续交换有关财务报表发生重大错报可能性的信息
讨论的方式	项目组在讨论时应当强调在整个审计过程中保持职业怀疑,警惕可能发生重大错报的迹象,并对这些迹象进行严格追踪。通过讨论,项目组成员可以交流和分享在整个审计过程中获得的信息,包括可能对重大错报风险评估产生影响的信息或针对这些风险实施审计程序的信息

注:(1)按照《中国注册会计师审计准则第1101号——注册会计师的总体目标和审计工作的基本要求》的规定,在计划和实施审计工作时,注册会计师应当保持职业怀疑,认识到可能存在导致财务报表发生重大错报的情形。

（2）项目组还可以根据实际情况讨论其他重要事项。

任务三　了解被审计单位及其环境

5-2 了解被审计单位及其环境

了解被审计单位及其环境是必要程序,而非可选程序,其目的是识别和评估财务报表的重大错报风险,以设计和实施进一步审计程序。注册会计师了解被审计单位及其环境的内容如图5-6所示。

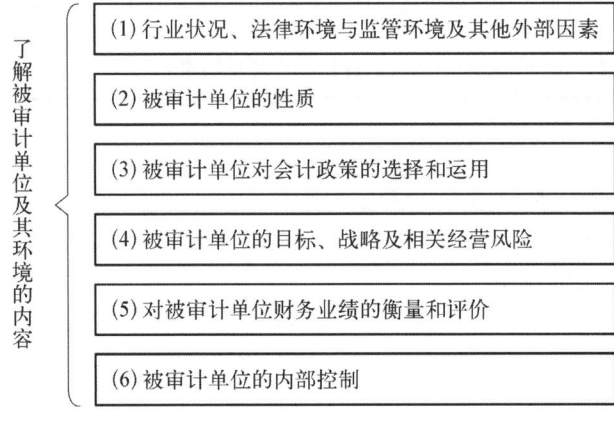

图5-6　了解被审计单位及其环境的内容

上述第(1)项是被审计单位的外部环境,主要属于非财务信息;第(2)(4)(6)项是被审计单位的内部因素;第(5)项则既有外部因素,又有内部因素。值得注意的是,被审计单位及其环境的各个方面可能会互相影响。因此,注册会计师在对被审计单位及其环境的各个方面进行了解和评估时,应当考虑各因素之间的相互关系。

一、了解行业状况、法律环境与监管环境及其他外部因素

行业状况、法律环境与监管环境及其他外部因素更多属于非财务信息。注册会计师了解这些"非财务信息",对比被审计单位的财务数据,寻找矛盾证据,"诊断"财务报表重大错报风险。

(一)了解的具体内容

了解行业状况、法律环境与监管环境及其他外部因素具体内容如表5-6所示。

表5-6　　　　了解行业状况、法律环境与监管环境及其他外部因素的具体内容

了解事项	主　要　方　面
行业状况	(1)所处行业的市场与竞争。 (2)生产经营的季节性和周期性。 (3)与被审计单位产品相关的生产技术。 (4)能源供应与成本。 (5)行业的关键指标和统计数据

(续表)

了解事项	主　要　方　面
法律环境与监管环境	(1) 会计原则和行业特定惯例。 (2) 受管制行业的法规框架,包括披露要求。 (3) 对被审计单位经营活动产生重大影响的法律法规,包括直接的监管活动。 (4) 税收相关法律法规。 (5) 目前对被审计单位开展经营活动产生影响的政府政策,如货币政策、财政政策、财政刺激措施、关税或贸易限制政策等。 (6) 影响行业和被审计单位经营活动的环保要求
其他外部因素	(1) 总体经济情况。 (2) 利率。 (3) 融资的可获得性。 (4) 通货膨胀水平或币值变动等

具体而言,注册会计师可能还需要了解更多的情况。

1. 行业状况

(1) 被审计单位所处行业的总体发展趋势是什么?

(2) 处于哪个发展阶段,如起步、快速成长、成熟或衰退阶段?

(3) 所处市场的需求、市场容量和价格竞争如何?

(4) 该行业是否受经济周期波动的影响,以及采取了什么行动使波动产生的影响最小化?

(5) 该行业受技术发展影响的程度如何?

(6) 是否开发了新的技术?

(7) 能源消耗在成本中的占比多少,能源价格的变化对成本的影响如何?

(8) 谁是被审计单位最重要的竞争者,它们各自所占的市场份额是多少?

(9) 被审计单位与其竞争者相比主要的竞争优势是什么?

(10) 被审计单位业务的增长率和财务业绩与行业的平均水平及主要竞争者相比如何?存在重大差异的原因是什么?

(11) 竞争者是否采取了某些行动,如购并活动、降低销售价格、开发新技术等,从而对被审计单位的经营活动产生影响?

2. 法律环境与监管环境

(1) 国家对某一行业的企业是否有特殊的监管要求(如对银行、保险等行业的特殊监管要求)?

(2) 是否存在新出台的法律法规(如新出台的有关产品责任、劳动安全或环境保护的法律法规等),对被审计单位有何影响?

(3) 国家货币、财政、税收和贸易等方面政策的变化是否会对被审计单位的经营活动产生影响?

(4) 与被审计单位相关的税务法规是否发生变化?

3. 其他外部环境

(1) 当前的宏观经济状况以及未来的发展趋势如何?

(2) 目前国内或本地区的经济状况(如增长率、通货膨胀率、失业率、利率等)怎样影响被审计单位的经营活动?

(3) 被审计单位的经营活动是否受到汇率波动或全球市场力量的影响?

> **关键阐释**
>
> 某些法律法规或监管要求规定了被审计单位某些方面的责任和义务,决定了被审计单位需要遵循的行业惯例和核算要求,可能对被审计单位的经营活动有重大影响,如不遵守将导致停业等严重后果。遵守法律法规或监管要求是企业作为社会主体应该承担的社会责任。

(二) 了解的重点与程度

注册会计师对行业状况、法律环境与监管环境及其他外部因素了解的范围和程度,会因被审计单位所处行业、规模及其他因素(如在市场中的地位)的不同而不同,如表5-7所示。

表5-7　　　　　　　　　对不同行业了解的重点与程度

行　业	了解重点与程度
计算机硬件制造行业	注册会计师可能更关心市场和竞争及技术进步的情况
金融机构	注册会计师可能更关心宏观经济走势,以及货币、财政等方面的宏观经济政策。例如,银行监管机构对商业银行的资本充足率有专门规定,不能满足这一监管要求的商业银行可能有操纵财务报表的动机和压力
化工等产生污染的行业	注册会计师可能更关心相关的环保法规
建筑行业	注册会计师可能更关注长期合同涉及收入和成本的重大估计,其可能导致重大错报风险

注册会计师考虑将了解的重点放在对被审计单位的经营活动可能产生重要影响的关键外部因素,以及与前期相比发生的重大变化上。注册会计师应当考虑被审计单位所在行业的业务性质或监管程度是否可能导致特定的重大错报风险,考虑项目组是否配备了具有相关知识和经验的成员。

> **关键阐释**
>
> 从行业状况、法律环境与监管环境及其他外部因素评估风险的示例如表5-8所示。
>
> 表5-8　　　　　　　　　　　　风险点
>
> | 相关因素 | 情　形 | 风险点(列举) |
> | --- | --- | --- |
> | 市场需求和生产能力 | 供过于求、行业不景气 | 虚构收入 |
> | 所处行业的竞争情况 | 强势竞争对手、新型产品冲击 | 存货跌价 |

(续表)

相关因素	情形	风险点（列举）
相关的生产技术	行业技术革新、专利过期	无形资产减值
能源供应与成本	原材料成本上涨、毛利率下降	虚构收入、虚减成本
行业的关键指标和统计数据	收入增长率远高于行业水平	虚构收入
直接的监管活动	责令拆除的违章建筑	固定资产减值

二、了解被审计单位的性质

（一）所有权结构、治理结构和组织结构

注册会计师对被审计单位所有权结构、治理结构和组织结构的了解内容与示例如表5-9所示。

表5-9　　　　　　　所有权结构、治理结构和组织结构的了解内容与示例

项目	了解目的	了解内容	示例
所有权结构	识别所有权结构，以及所有者与其他人员或实体之间的关系，包括关联方，并了解被审计单位的决策过程	(1) 了解被审计单位识别关联方的程序，获取被审计单位提供的所有关联方信息。(2) 考虑关联方关系是否已经得到识别，关联方交易是否得到恰当记录和充分披露	(1) 被审计单位是属于国有企业、外商投资企业、民营企业，还是属于其他类型的企业。(2) 直接控股母公司、间接控股母公司、最终控股母公司和其他股东的构成。(3) 所有者与其他人员或实体（如控股母公司控制的其他企业）之间的关系
治理结构	良好的治理结构可以对被审计单位的经营和财务运作实施有效的监督，从而降低财务报表发生重大错报的风险	(1) 董事会的构成情况、董事会内部是否有独立董事。(2) 治理结构中是否设有审计委员会或监事会及其运作情况。(3) 所有者、治理层、管理层之间的分离及职责情况	(1) 董事会的构成情况、董事会内部是否有独立董事。(2) 董事会中的非执行人员（如有）是否与负责执行的管理层相分离。(3) 治理层人员是否在被审计单位法律上的组织结构下的组成部分中任职，如担任董事。(4) 治理结构中是否设有审计委员会或监事会及其运作情况。(5) 治理层是否能够在独立于管理层的情况下对被审计单位事务（包括财务报告的监督）作出客观判断

(续表)

项目	了解目的	了解内容	示例
组织结构	复杂的或信息技术环境的组织结构可能导致某些特定的重大错报风险	(1) 对商誉、合营企业、投资或特殊目的实体的会计处理是否恰当。 (2) 财务报表是否已对上述问题作了充分披露。 (3) 信息技术环境是否统一和安全	(1) 对于在多个地区拥有子公司、合营企业、联营企业或其他成员机构，或者存在多个业务分部和地区分部的被审计单位，不仅编制合并财务报表的难度增加，还存在其他可能导致重大错报风险的复杂事项，包括：对于子公司、合营企业、联营企业和其他股权投资类别的判断及其会计处理等。 (2) 在不同的业务中拥有多个旧版信息技术系统，难以集成整合，导致数据未标准统一，决策风险增大。 (3) 在信息技术环境的各个方面使用外部或内部服务提供商，数据安全难度加大

（二）经营活动、投资活动、筹资活动

注册会计师对被审计单位经营活动、投资活动、筹资活动的了解内容与示例如表 5-10 所示。

表 5-10　　　　　　　　　经营活动、投资活动、筹资活动的了解内容与示例

项目	了解目的	了解内容	示例
经营活动	识别预期在财务报表中反映的主要交易类别、重要账户余额和列报	(1) 主营业务的性质。 (2) 与生产产品或提供劳务相关的市场信息。 (3) 业务的开展情况。 (4) 联盟、合营与外包情况。 (5) 从事电子商务的情况地。 (6) 区分布与行业细分。 (7) 生产设施、仓库和办公室的地理位置，存货存放地点和数量。 (8) 关键客户。 (9) 货物和服务的重要供应商。 (10) 劳务用工安排。 (11) 研究与开发活动及其支出。 (12) 关联方交易	(1) 主营业务是制造业还是商品批发与零售；是银行、保险还是其他金融服务；是公用事业、交通运输还是提供技术产品和服务等。 (2) 主要客户和合同、付款条件、利润率、市场份额、竞争者、出口、定价政策、产品声誉、质量保证、营销策略和目标等。 (3) 业务分部的设立情况、产品和服务的交付、衰退或扩展的经营活动的详情等。 (4) 是否通过互联网销售产品和提供服务及从事营销活动。 (5) 是否涉及跨地区经营和多种经营，各个地区和各行业分布的相对规模，以及相互之间是否存在依赖关系。 (6) 销售对象是少量的大客户还是众多的小客户；是否有被审计单位高度依赖的特定客户（如超过销售总额10%的客户）；是否有造成高回收性风险的若干客户或客户类别（如正处在一个衰退市场中的客户）；是否与某些客户订立了不寻常的销售条款或条件。 (7) 是否签订长期供应合同、原材料供应的可靠性和稳定性、付款条件，以及原材料是否受重大价格变动的影响

(续表)

项目	了解目的	了解内容	示 例
经营活动			(8) 分地区用工情况、劳动力供应情况、工薪水平、退休金和其他福利、股权激励或其他奖金安排以及与劳动用工事项相关的政府法规。 (9) 有些客户或供应商是否为关联方；对关联方和非关联方是否采用不同的销售和采购条款。此外，还存在哪些关联方交易，对这些交易采用怎样的定价政策
投资活动	关注被审计单位在经营策略和方向上的重大变化	(1) 近期拟实施或已实施的并购活动与资产处置情况。 (2) 证券投资、委托贷款的发生与处置。 (3) 资本性投资活动。 (4) 未纳入合并范围的投资	(1) 被审计单位并购了一个新的业务部门，注册会计师需要了解管理层如何管理这一新业务，而新业务又如何与现有业务相结合，发挥协同优势，如何解决原有经营业务与新业务在信息系统、企业文化等各方面的不一致。 (2) 包括固定资产和无形资产投资，近期或计划发生的变动，以及重大的资本承诺等。 (3) 联营、合营或其他投资，包括近期计划的投资项目
筹资活动	评估被审计单位在融资方面的压力，并进一步考虑被审计单位在可预见未来的持续经营能力	(1) 债务结构和相关条款，包括资产负债表外融资和租赁安排。 (2) 主要子公司和联营企业的重要融资安排。 (3) 实际受益方及关联方。 (4) 衍生金融工具的使用	(1) 获得的信贷额度是否可以满足营运需要。 (2) 得到的融资条件及利率是否与竞争对手相似，如不相似，原因何在。 (3) 是否存在违反借款合同中限制性条款的情况。 (4) 是否承受重大的汇率与利率风险。 (5) 主要子公司和联营企业(无论是否处于合并范围内)的重要融资安排。 (6) 实际受益方是国内的还是国外的，其商业声誉和经验可能对被审计单位产生的影响。 (7) 衍生金融工具是用于交易目的还是套期目的，以及运用的种类、范围和交易对手等

(三) 财务报告

注册会计师对被审计单位财务报告了解的具体要点如表5-11所示。

表 5-11 对财务报告了解的具体要点

项 目	具 体 要 点
了解目的	了解影响财务报告的重要政策、交易或事项
了解内容	(1) 会计政策和行业特定惯例，包括特定行业各类重要的交易、账户余额及财务报表。 (2) 相关披露(如银行业的贷款和投资、医药行业的研究与开发活动)。 (3) 收入确认惯例。 (4) 公允价值会计核算。 (5) 外币资产、负债与交易。 (6) 异常或复杂交易的会计处理(包括在有争议的或新兴领域的交易)的会计处理(如对股份支付的会计处理)

三、了解被审计单位对会计政策的选择和运用

(一) 对重大和异常交易的会计处理方法

(1) 本期发生的企业合并的会计处理方法。

(2) 某些被审计单位可能存在与其所处行业相关的重大交易,例如,银行向客户发放贷款、证券公司对外投资、医药企业的研究与开发活动等。

注册会计师应当考虑对重大的和不经常发生的交易的会计处理方法是否适当。

(二) 在缺乏权威性标准或共识、有争议的或新兴领域采用重要会计政策产生的影响

在缺乏权威性标准或共识的领域,注册会计师应当关注被审计单位选用了哪些会计政策、为什么选用这些会计政策以及选用这些会计政策产生的影响。

(三) 会计政策的变更

如果被审计单位变更了重要的会计政策,注册会计师应当考虑变更的原因及其适当性,即考虑:

(1) 会计政策变更是否是法律、行政法规或者适用的会计准则和相关会计制度要求的变更。

(2) 会计政策变更是否能够提供更可靠、更相关的会计信息。

(3) 注册会计师还应当关注会计政策的变更是否得到恰当处理和充分披露。

(四) 新颁布的财务报告准则、法律法规,以及被审计单位何时采用、如何采用这些规定

当新的企业会计准则颁布施行时,注册会计师应考虑被审计单位是否应采用新颁布的会计准则。如果采用,是否已按照新会计准则的要求做好衔接调整工作,并收集执行新会计准则需要的信息资料。

除上述与会计政策的选择和运用相关的事项外,注册会计师还应对被审计单位下列与会计政策运用相关的情况予以关注。

(1) 是否采用激进的会计政策、方法、估计和判断。

(2) 财会人员是否拥有足够的运用会计准则的知识、经验和能力。

(3) 是否拥有足够的资源支持会计政策的运用,如人力资源及培训、信息技术的采用、数据和信息的采集等。

四、了解被审计单位的目标、战略及相关经营风险

(一) 目标、战略及经营风险

1. 概念

(1) 目标是企业经营活动的指针。

(2) 战略是管理层为实现经营目标采用的方法。

(3) 经营风险是指可能对被审计单位实现目标和实施战略的能力产生不利影响的重要状况、事项、情况、作为(或不作为)所导致的风险,或者由制定不恰当的目标和战略而导致的风险。

2. 关系

企业目标、战略及经营风险与重大错报风险之间存在因果关系如图 5-7 所示。

图 5-7 目标、战略及经营风险与重大错报风险的关系

(二) 经营风险及其因素

被审计单位由目标、战略因素导致的经营风险可能有很多,具体如表 5-12 所示。

表 5-12　　　　　　　　目标、战略与潜在的经营风险

目标、战略	潜在的经营风险
行业发展	被审计单位不具备能应对行业变化的人力资源和业务专长
开发新产品或提供新服务	被审计单位产品责任增加
业务扩张	被审计单位对市场需求的估计不准确
新的会计要求	被审计单位不当执行相关会计要求,或会计处理成本增加
监管要求	被审计单位法律责任增加
本期及未来的融资条件	被审计单位由于无法满足融资条件而失去融资机会
信息技术的运用	被审计单位信息系统与业务流程难以融合
实施战略的影响,特别是由此产生的需要运用新的会计要求的影响	被审计单位执行新要求不当或不完整

(三) 经营风险对重大错报风险的影响

(1) 注册会计师了解经营风险有助于识别财务报表重大错报风险,但并非所有经营风险都与财务报表相关,注册会计师没有责任识别或评估对财务报表没有重大影响的经营风险。

(2) 多数经营风险最终都会产生财务后果,从而影响财务报表。

(3) 经营风险可能对某类交易、账户余额和披露的认定层次重大错报风险或财务报表层次重大错报风险产生直接影响。

五、了解被审计单位财务业绩的衡量和评价

在了解被审计单位财务业绩衡量和评价情况时,注册会计师应当关注一些信息及结果。

(一) 应当关注的信息

(1) 关键业绩指标(财务的或非财务的)、关键比率、趋势和经营统计数据。

(2) 同期财务业绩比较分析。

(3) 预算、预测、差异分析,分部信息与分部、部门或其他不同层次的业绩报告。

(4) 员工业绩考核与激励性报酬政策。

(5) 被审计单位与竞争对手的业绩比较。

（二）关注内部财务业绩衡量的结果

(1) 关注被审计单位内部财务业绩衡量所显示的未预期到的结果或趋势。
(2) 关注管理层的调查结果和纠正措施。
(3) 关注相关信息是否显示财务报表可能存在重大错报。

任务四　了解被审计单位的内部控制

一、内部控制的概述

（一）内部控制的概念

内部控制是被审计单位为了合理保证财务报告的可靠性、经营的效率和效果以及对法律法规的遵守，由治理层、管理层和其他人员设计和执行的政策和程序。

内部控制模型如图 5-8 所示，理解要点如表 5-13 所示。

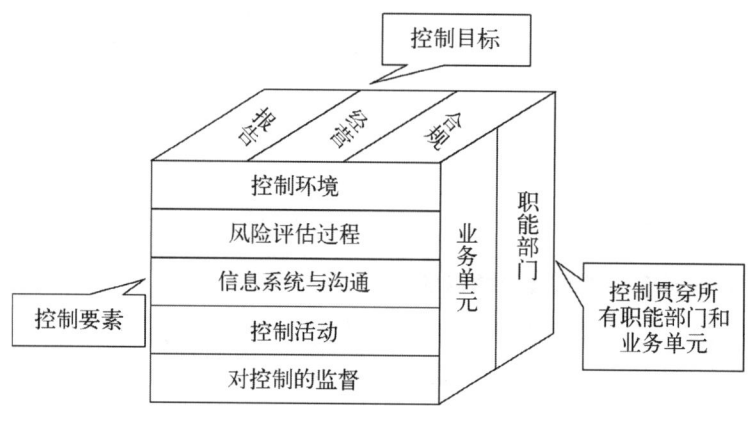

图 5-8　内部控制模型

表 5-13　　　　　　　　　　　内部控制理解要点

要点		具体内容
目标	合理保证	报告目标：财务报告的可靠性，与管理层履行财务报告编制责任密切相关。 经营目标：经济有效地使用企业资源，以最优方式实现企业的目标。 合规目标：遵守适用的法律法规，即在法律法规的框架下从事经营活动
责任主体		设计和实施内部控制的责任主体是治理层、管理层和其他人员，组织中的每一个人都对内部控制负有责任
实现目标的手段		设计和执行控制政策和程序

(二) 内部控制的构成要素

内部控制包括控制环境、风险评估过程、信息系统与沟通、控制活动、对控制的监督五个要素,它们之间是相互支持、紧密联系的逻辑统一体,如图 5-9 所示。其中,控制环境是内部控制的基础,对其他要素产生影响,其好坏决定着内部控制其他要素能否有效运行。监督是针对内部控制其他要素的,是自上而下的单向检查,是对内部控制的质量进行评价的过程。而信息系统与沟通在这五个要素中处于一个承上启下、沟通内外的关键地位,① 控制环境与其他组成因素之间的内在关联,需要通过信息与沟通这一桥梁才能发挥作用;② 风险评估、控制活动和内部监督的实施需要以信息与沟通结果为依据,它们的结果也需要通过信息与沟通渠道来反映;③ 缺少了信息传递与内外沟通,内部控制其他因素就可能无法保持紧密的联系,整合框架也就不再是一个有机的整体。

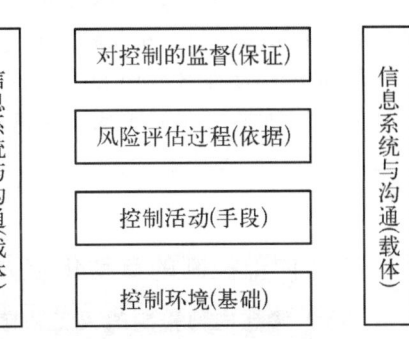

图 5-9 内部控制的要素结构

(三) 内部控制的局限性

内部控制无论如何有效,都只能为被审计单位实现财务报告目标提供合理保证。内部控制实现目标的可能性受其固有限制的影响。内部控制可能的固有限制主要包括的几个方面,如表 5-14 所示。

表 5-14 内部控制的固有限制

类 型	要 点	阐 述
主要限制	判断错误或失误	在决策时人为判断可能出现错误、人为失误导致内部控制失效
	串通、凌驾	可能由于人员串通或管理层不当凌驾于内部控制之上而被规避
其他考虑	人员素质	行使控制职能的人员素质不适应岗位要求,也会影响内部控制功能的正常发挥
	成本效益	当实施某项控制成本大于控制效果而发生损失时,就没有必要设置控制环节或控制措施
	经常性业务	内部控制一般都是针对经常而重复发生的业务设置的,如果出现不经常发生或未预计到的业务,原有控制就可能不适用

小型被审计单位拥有的员工通常较少,限制了其职责分离的程度。但是,在业主管理的小型被审计单位中,业主兼经理可以实施比大型被审计单位更有效的监督。这种监督可以弥补职责分离有限的局限性。另外,由于内部控制系统较为简单,业主兼经理更有可能凌驾于控制之上。注册会计师在识别由舞弊导致的重大错报风险时需要考虑这一问题。

关键阐释

在了解和评价内部控制时,采用的具体分析框架及控制要素的分类可能并不唯一,重要的是控制能否实现控制目标。注册会计师可以使用不同的框架和术语描述内部控制的不同方面,但必须涵盖上述内部控制五个要素所涉及的各个方面。

被审计单位设计、执行和维护内部控制的方式会因被审计单位的规模和复杂程度的不同而不同。小型被审计单位可能采用非正式和简单的流程与程序实现内部控制的目标,参与日常经营管理的业主可能承担多项职能,内部控制要素没有得到清晰区分,注册会计师应当综合考虑小型被审计单位的内部控制要素能否实现其目标。

二、内部控制的自动化与人工控制

(一)考虑内部控制的人工和自动化特征及其影响

1. 内部控制的人工和自动化的应用

即使信息技术在被审计单位运营过程中得到广泛使用,人工因素仍会存在。不同的被审计单位采用的控制系统中人工控制和自动化控制的比例是不同的,有些被审计单位可能以人工控制为主,有些被审计单位可能以自动化控制为主。内部控制可能既包括人工成分,又包括自动化成分,在风险评估以及设计和实施进一步审计程序时,注册会计师应当考虑内部控制的人工和自动化特征及其影响。

2. 内部控制的人工和自动化特征及其影响

内部控制采用人工系统还是自动化系统,将影响交易生成、记录、处理和报告的方式。在以人工为主的系统中,内部控制一般包括批准和复核业务活动,编制调节表并对调节项目进行跟踪。当采用信息技术系统生成、记录、处理和报告交易时,交易的记录形式(如订购单、发票、装运单及相关的会计记录)可能是电子文档而不是纸质文件。信息技术系统中的控制可能既有自动控制,又有人工控制。人工控制可能独立于信息技术系统,利用信息技术系统生成的信息,也可能用于监督信息技术系统和自动控制的有效运行或者处理例外事项。如果采用信息技术系统处理交易其他数据,系统和程序可能包括与财务报表重大账户认定相关的控制,或可能对依赖于信息技术的人工控制的有效运行非常关键。被审计单位的性质和经营的复杂程度会对采用人工控制和自动化控制的成分组合产生影响。

(二)自动化控制

内部自动化控制的适用范围、优势及可能存在的特定风险如表 5-15 所示。

表 5-15　　　　自动化控制的适用范围、优势及可能存在的特定风险

要点	阐述
适用范围	(1)存在大量或重复发生的交易。 (2)事先可预计或预测的错误能够通过自动化控制参数得以防止或发现并纠正。 (3)用特定方法实施控制的控制活动可得到适当设计和自动化处理

(续表)

要 点	阐 述
优势	(1) 处理大量的交易或数据,进行复杂运算。 (2) 提高信息的及时性、可获得性及准确性。 (3) 促进对信息的深入分析。 (4) 提高监督能力。 (5) 降低控制被规避的风险。 (6) 通过对应用程序系统、数据库系统和操作系统执行安全控制,提高不兼容职务分离的有效性
特定风险	(1) 所依赖的系统或程序不能正确处理数据,或处理了不正确的数据,或两种情况并存。 (2) 未经授权访问数据,可能导致数据的毁损或对数据不恰当的修改,包括记录未经授权或不存在的交易,或不正确地记录了交易,多个用户同时访问同一数据库可能会造成特定风险。 (3) 信息技术人员可能获得超越其职责范围的数据访问权限,因此破坏了系统应有的职责分工。 (4) 未经授权改变主文档的数据。 (5) 未经授权改变系统或程序。 (6) 未能对系统或程序作出必要的修改。 (7) 不恰当的人为干预。 (8) 可能丢失数据或不能访问所需要的数据

(三) 人工控制

内部人工控制的适用范围、优势及可能存在的特定风险如表 5-16 所示。

表 5-16　　人工控制的适用范围、优势及可能存在的特定风险

要 点	阐 述
适用范围	(1) 存在大额、异常或偶发的交易。 (2) 存在难以界定、预计或预测的错误情况。 (3) 为应对情况的变化,需要对现有的自动化控制进行人工干预。 (4) 监督自动化控制的有效性
特定风险	(1) 人工控制可能更容易被规避、忽视或凌驾。 (2) 人工控制可能不具有一贯性。 (3) 人工控制可能更容易产生简单错误或失误

> **关键阐释**
>
> 内部控制风险的程度和性质取决于被审计单位信息系统的性质和特征。考虑到信息系统的特征,被审计单位可以通过建立有效的控制,应对由于采用信息技术或人工成分而产生的风险。

三、了解内部控制要素

(一) 控制环境

1. 概念

控制环境是企业实施内部控制的基础,一般包括治理结构、机构设置及权责分配、内部审计、人力资源政策、企业文化、治理职能和管理职能,以及治理层和管理层对内部控制及其重要性的态度、认识和措施等。

2. 要求

注册会计师应当了解控制环境。注册会计师应当了解管理层在治理层的监督下,是否营造并保持了诚实守信和合乎道德的文化,以及是否建立了防止或发现并纠正舞弊和错误的恰当控制。实际上,在审计业务承接阶段,注册会计师就需要对控制环境作出初步了解和评价。

3. 内容

注册会计师应当就以下方面取得对控制环境的初步了解和评价:

(1) 诚信和道德价值观念的沟通与落实。
(2) 对胜任能力的重视。
(3) 治理层的参与程度。
(4) 管理层的理念和经营风格。
(5) 组织结构及职权与责任的分配。
(6) 人力资源政策与实务。

4. 对评估重大错报风险的影响

(1) 设定了内部控制的基调,是内部控制其他构成要素的基础,控制环境对重大错报风险的评估具有广泛影响,如果认为控制环境薄弱,可能导致财务报表层次的重大错报风险,很难认定某一流程的控制是有效的。

(2) 良好的控制环境不能绝对防止舞弊,但有助于降低发生舞弊的风险。

(3) 有效的控制环境能为注册会计师相信在以前年度和期中所测试的控制将继续有效运行提供一定基础。相反,控制环境中存在的弱点可能削弱控制的有效性。

(4) 控制环境本身并不能防止或发现并纠正认定层次的重大错报。在评估重大错报风险时,注册会计师应当将控制环境连同其他内部控制要素产生的影响一并考虑。

> **关键阐释**
>
> 为什么说"在业务承接阶段就需要对控制环境作出初步了解和评价"?
>
> 在审计业务承接阶段,注册会计师开展初步业务活动,将获得与被审计单位管理层和治理层诚信状况相关的信息。很显然,这一信息与被审计单位的控制环境密切相关。

5. 风险评估程序

了解内部控制环境应当实施的风险评估程序,如表 5-17 所示。

表 5-17　　　　　　　　　　了解内部控制环境的风险评估程序

程　序	内　　　容
了解涉及下列方面的控制、流程和组织结构	(1) 管理层如何履行其管理职责,例如,被审计单位的组织文化,管理层是否重视诚信、道德和价值观。 (2) 在治理层与管理层分离的体制下,治理层的独立性以及治理层监督内部控制体系的情况。 (3) 被审计单位内部权限和职责的分配情况。 (4) 被审计单位如何吸引、培养和留住具有胜任能力的人员。 (5) 被审计单位如何使其人员致力于实现内部控制体系的目标
评价下列方面的情况	(1) 在治理层的监督下,管理层是否营造并保持了诚实守信和合乎道德的文化。 (2) 根据被审计单位的性质和复杂程度,内部环境是否为内部控制体系的其他要素奠定了适当的基础。 (3) 识别出的内部环境方面的控制缺陷,是否会削弱被审计单位内部控制体系的其他要素。 (4) 在信息技术环境下,注册会计师还应当重视对与被审计单位使用信息技术相关的内部环境的评价

(二) 被审计单位的风险评估过程

1. 概念

风险评估过程包括识别与财务报告相关的经营风险,以及针对这些风险所采取的措施。

2. 了解与评价

注册会计师应当了解被审计单位是否已建立风险评估过程:

(1) 注册会计师应当确定管理层如何识别与财务报告相关的经营风险,如何估计该风险的重要性,如何评估风险发生的可能性,以及如何采取措施管理这些风险。

(2) 询问管理层识别出的经营风险,并考虑这些风险是否可能导致重大错报。

(3) 如果被审计单位的风险评估过程符合其具体情况,了解被审计单位的风险评估过程和结果有助于注册会计师识别财务报表的重大错报风险。

(4) 注册会计师可以通过了解被审计单位及其环境的其他方面信息,评价被审计单位风险评估过程的有效性。

(5) 如果注册会计师发现了与财务报表有关的风险因素,可通过向管理层询问和检查有关文件确定被审计单位的风险评估过程是否也发现了该风险。

(6) 如果识别出管理层未能识别出的重大错报风险(即注册会计师预期被审计单位风险评估过程应当识别出而未识别出的风险),注册会计师应当了解风险评估过程未能识别出的原因,并评价风险评估过程是否适合具体情况,或者确定与风险评估过程相关的内部控制是否存在值得关注的内部控制缺陷。

如果风险评估过程存在缺陷,注册会计师就难以将重大错报风险评估为低水平。

(三) 信息系统与沟通

1. 与财务报告相关的信息系统

(1) 概念。与财务报告相关的信息系统,包括用以生成、记录、处理和报告交易、事项和情况,对相关资产、负债和所有者权益履行经营管理责任的程序和记录,其应当与业务流程相适应。

(2) 作用。与财务报告相关的信息系统与财务报表重大错报风险有直接关系,其所生成信息的质量,对管理层能否作出恰当的经营管理决策,以及编制可靠的财务报告具有重大影响,与财务报表重大错报风险直接相关。

(3) 职能。

① 识别与记录所有的有效交易。

② 及时、详细地描述交易,以便在财务报告中对交易作出恰当分类。

③ 恰当计量交易,以便在财务报告中对交易的金额作出准确记录。

④ 恰当确定交易生成的会计期间。

⑤ 在财务报表中恰当列报交易。

(4) 对与财务报告相关的信息系统的了解。

① 了解与财务报告相关的信息系统应包括了解信息系统中与财务报表所披露信息相关的方面,无论这些信息是从总账和明细账中获取,还是从总账和明细账之外的其他途径获取。

② 自动化程序并没有消除个人凌驾于控制之上的风险。

信息系统虽然可能降低了发生无意错误的风险,但虚假财务报告通常与管理层凌驾于控制之上有关,信息系统难以消除管理层凌驾于控制之上的风险(特别风险)。

2. 与财务报告相关的沟通

(1) 与财务报告相关的沟通包括使员工了解各自在与财务报告有关的内部控制方面的角色和职责、员工之间的工作联系,以及向适当级别的管理层报告例外事项的方式。

(2) 注册会计师应当了解被审计单位内部如何对财务报告的岗位职责,以及与财务报告相关的重大事项进行沟通。

(3) 注册会计师应当了解管理层与治理层之间的沟通,以及被审计单位与外部的沟通。

3. 风险评估程序

(1) 了解被审计单位的信息处理活动(包括数据和信息),在这些活动中使用的资源,针对相关交易类别、账户余额和披露的信息处理活动的政策。

(2) 了解被审计单位如何沟通与财务报表编制相关的重大事项,以及信息系统和内部控制体系其他要素中的相关报告责任。

(3) 评价被审计单位的信息系统与沟通是否能够为被审计单位按照适用的财务报告编制基础编制财务报表提供适当的支持。

(四) 控制活动

1. 相关的控制活动

控制活动是指有助于确保管理层的指令得以执行的政策和程序。其包括与授权、业绩评价、信息处理、实物控制和职责分离等相关的活动。

(1) 授权。注册会计师应了解与授权有关的控制活动,包括一般授权和特别授权。

(2) 业绩评价。注册会计师应了解与业绩评价有关的控制活动,主要包括被审计单位分析评价实际业绩与预算的差异,以及对发现的异常差异或关系采取必要的调查与纠正措施。

(3) 信息处理。注册会计师应了解与信息处理有关的控制活动,包括信息技术的一般控制和应用控制。

① 一般控制。信息技术一般控制是与多个应用系统相关的政策和程序,有助于保证信息系统持续恰当地运行(包括信息的完整性和数据的安全性),支持应用控制作用的有效发挥,通常包括数据中心和网络运行控制,系统软件的购置、修改及维护控制,接触或访问权限控制,应用系统的购置、开发及维护控制。

② 应用控制。信息技术应用控制,是指主要在业务流程层面运行的人工或自动化程序,与用于生成、记录、处理、报告交易或其他财务数据的程序相关,一般包括检查数据计算的准确性,审核账户和试算平衡表,设置对输入数据和数字序号的自动检查,以及对例外报告进行人工干预。

(4) 实物控制。实物控制主要包括了解对资产和记录采取适当的安全保护措施,对访问计算机程序和数据文件设置授权,及定期盘点并将盘点记录与会计记录进行核对。

(5) 职责分离。职责分离主要包括了解被审计单位如何将交易授权、交易记录及资产保管等职责分配给不同员工,以防范同一员工在履行多项职责时可能发生的舞弊或错误。当信息技术运用于信息系统时,职责分离可通过设置安全控制来实现。

2. 对控制活动的了解

(1) 在了解控制活动时,注册会计师应重点考虑一项控制活动单独或连同其他控制活动,是否能够及如何防止或发现并纠正各类交易、账户余额、列报存在的重大错报。

(2) 注册会计师对被审计单位整体层面的控制活动进行的了解和评估,主要是针对被审计单位的一般控制活动,尤其是对信息技术的一般控制。

(3) 注册会计师应重点关注重大错报更高领域的控制活动,如果多项控制活动能够实现同一目标,注册会计师则不必了解与该目标相关的每项控制活动。

> **关键阐释**
>
> 控制环境中"职权与责任的分配"的控制活动中的"授权和职责分离"一样吗?
>
> 两种表述均正确,但强调的层次和角度不同。控制环境是宏观概念,其中"职权与责任的分配"强调的是从组织结构的角度,通过集权和分权决策,建立报告体系,做好不同部门间的职责分配。控制活动是微观概念,其中"授权和职责分离"强调的是针对某一项具体的政策或程序(如赊销审批),通过合理授权和职责分配,达到预期的控制效果。

3. 风险评估程序

(1) 识别用于应对认定层次重大错报风险的控制。

(2) 基于上述第(1)项识别的控制,识别哪些信息技术应用程序及信息技术环境的其他方面,可能面临运用信息技术导致的风险。

(3) 针对上述第(2)项中识别的信息技术应用程序及信息技术环境的其他方面,进一步识别:

① 运用信息技术导致的相关风险。

② 被审计单位用于应对这些风险的信息技术一般控制。

(4) 针对上述第(1)项以及第(3)项第②点识别出的每项控制:

① 评价控制的设计是否有效,即这些控制能否应对认定层次重大错报风险或为其他控制的运行提供支持。

② 询问被审计单位内部人员,并运用其他风险评估程序,以确定控制是否得到执行。

(五) 对控制的监督

1. 对控制的监督的分类

对控制的监督包含持续的监督活动、单独的评价活动或两者相结合。

(1) 持续的监督活动通常贯穿于日常重复的活动中,包括常规管理和监督工作。

(2) 单独的评价活动可由内部审计人员或具有类似职能的人员对内部控制的设计和执行进行专门的评价,以找出内部控制的优点和不足,并提出改进建议。

2. 了解对内部控制的监督

(1) 注册会计师应当了解被审计单位用于监督与财务报告相关的内部控制的主要活动,包括了解针对与审计相关的控制活动的监督,以及被审计单位如何对控制缺陷采取补救措施。

(2) 如果被审计单位设有内部审计,注册会计师应当了解下列事项,以确定内部审计是否可能与审计相关:

① 内部审计的职能范围以及内部审计在被审计单位组织结构中的地位。

② 内部审计已实施或拟实施的活动。

(3) 监督活动中使用的很多信息可能由被审计单位的信息系统产生。注册会计师应当了解以下事项,并将其作为了解被审计单位监督活动(内部控制要素)的一部分:

① 与被审计单位监督活动相关的信息来源。

② 管理层认为信息对于信息的使用目的而言,是足够可靠的依据。

如拟利用被审计单位监督活动使用的信息(包括内部审计报告),注册会计师应考虑该信息是否具有可靠的基础,是否足以实现审计目标。

四、内部控制的识别和了解

(一) 内部控制了解的范围

注册会计师审计的目标是对财务报表是否不存在重大错报发表审计意见,尽管要求注册会计师在财务报表审计中考虑与审计相关的内部控制,但目的并非对被审计单位内部控制的有效性发表意见。因此,注册会计师需要了解和评价的内部控制只是与财务报表审计相关的内部控制,并非被审计单位所有的内部控制。财务报表控制、非财务报表控制、与审计相关控制的关系如图 5-10 所示。

(1) 与审计相关的控制,包括被审计单位为实现财务报告可靠性、目标设计和实施的控制。

(2) 虽然大部分与审计相关的控制可能与财务报表

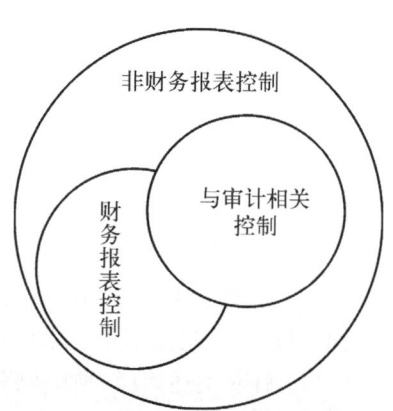

图 5-10 财务报表控制、非财务报表控制、与审计相关控制的关系

相关,但并非所有与财务报表相关的控制都与审计相关。

(3) 如果用以保证经营效率、效果的控制以及对法律法规遵守的控制与实施审计程序时评价或使用的数据相关,注册会计师应当考虑这些控制可能与审计相关。

(二) 内部控制了解的深度

对内部控制了解的深度,是指在了解被审计单位及其环境时对内部控制了解的程度。了解内部控制的内容及流程如图 5-11 所示。

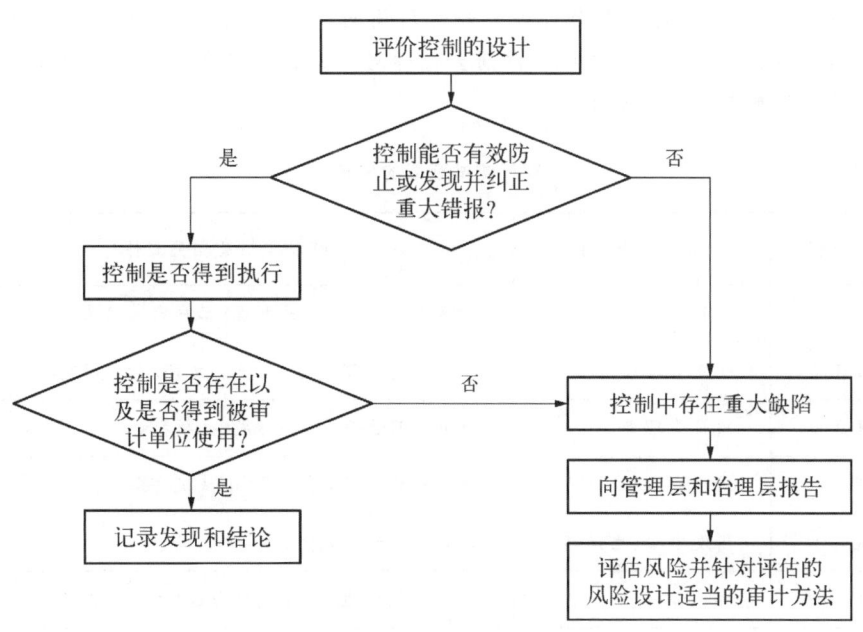

图 5-11 了解内部控制的内容及流程

1. 内部控制了解的内容

了解内部控制的内容,包括评价控制的设计,并确定其是否得到执行,但不包括对控制是否得到一贯执行的测试。

(1) 评价控制的设计。评价控制的设计是指该控制单独或连同其他控制是否能够有效防止或发现并纠正重大错报。

(2) 确定控制是否得到执行。控制得到执行,是指某项控制存在且被审计单位正在使用。

2. 了解内部控制的程序

(1) 询问被审计单位的人员,但询问程序本身并不足以评价控制的设计和确定其是否得到执行,应当将询问与其他风险评估程序相结合。

(2) 观察特定控制的运用。

(3) 检查文件和报告。

(4) 追踪交易在财务报告信息系统中的处理过程(即穿行测试)。执行穿行测试可获得以下方面的证据:

① 确认对业务流程的了解。

② 确认对重要交易的了解是完整的,即所有与认定相关的可能错报环节都已识别。
③ 确认所获取的有关流程中的预防性控制和检查性控制信息的准确性。
④ 评估控制设计的有效性。
⑤ 确认控制是否得到执行。
⑥ 确认之前所作的书面记录的准确性。

> **关键阐释**
>
> 穿行测试,本质上是注册会计师综合运用询问、观察和检查等程序,对业务流程和相关内部控制进行了解的过程。注册会计师对一家化工品生产企业执行穿行测试所获取的信息如表5-18所示。
>
> **表5-18　　　　　　　　　　穿行测试获取的信息**
>
> | 业务流程 | 负责部门 | 内部控制及相关文件 |
> | --- | --- | --- |
> | 客户访谈 | 营销部 | 对客户进行访谈,并形成《客户需求记录》 |
> | 项目评估 | 研发管理部 | 进行可行性研究分析,并形成《可行性研究报告》 |
> | 项目立项 | 项目管理部 | 召开项目立项会,并形成《立项报告》 |
> | 小试 | 研发中心 | 进行初步试验,并形成《小试报告》 |
> | 中试 | 研发中心、生产部 | 进行厂区试验,并形成《中试报告》 |
> | 生产 | 生产部 | 进行规模化生产,并定期形成《生产报告》 |
> | 交单 | 生产部、营销部 | 客户进行验收,并取得客户签字的《验收单》 |
>
> 正如上表,很好地展示了"一份《客户需求记录》的生命之旅",即由最初地记录客户需求逐步被评估、立项、投产直至交付。不难发现,注册会计师通过执行穿行测试,追踪某笔或某几笔交易在业务流程中的生成、记录、处理和报告过程,可以获取对业务流程和相关控制的了解。

3. 了解内部控制不同于控制测试

(1) 了解内部控制包含评价内部控制的设计并确定控制是否得到执行从而确定是否进行控制测试。

(2) 控制测试是确认控制运行有效性的审计程序,以确定实质性程序的性质、时间、范围。

(3) 除非存在某些可以使控制得到一贯运行的自动化控制,否则注册会计师对控制的了解并不足以测试控制运行的有效性。例如,获取某一人工控制在某一时点得到执行的审计证据,并不能证明该控制在所审计期间内的其他时点也有效运行。由于信息技术处理流程的内在一贯性,实施审计程序确定某项自动控制是否得到执行,也可能实现对控制运行有效性测试的目标。

(4) 如果不打算信赖控制,注册会计师仍需要执行适当的审计程序(如穿行测试),以确认以前对业务流程及可能发生错报环节了解的准确性和完整性。

五、在整体层面和业务流程层面了解内部控制

(一) 内部控制分类

注册会计师可以从整体层面和业务流程层面了解内部控制。

(1) 在整体层面,主要包括管理层凌驾于内部控制之上的控制、期末财务报告流程、针对关键经营风险的政策等,其普遍存在于所有业务活动中。

(2) 在业务流程层面,主要是对工薪、销售、采购等交易的控制。

整体层面的内部控制是否有效,将影响重要业务流程层面控制的有效性。在内部控制要素中,有的更多与整体层面控制相关,如控制环境、风险评估过程;有的更多与特定业务流程层面相关,如控制活动,如图 5-12 所示。

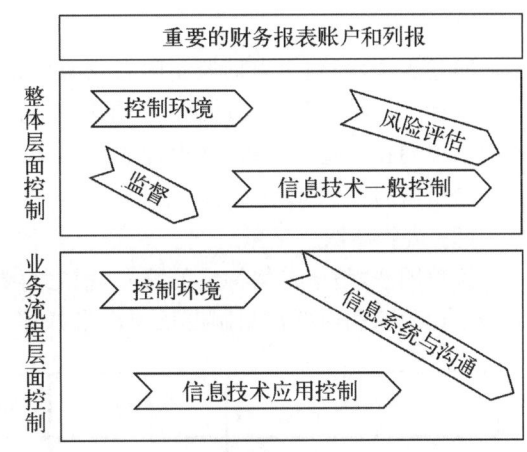

图 5-12 整体层面控制和业务流程层面控制

(二) 在整体层面了解内部控制

1. 了解的人员

由项目组中对被审计单位情况比较了解且较有经验的成员负责,同时需要项目组其他成员的参与和配合。

2. 了解的内容

在了解内部控制的各构成要素时,注册会计师应当对被审计单位整体层面的内部控制的设计进行评价,并确定其是否得到执行。

3. 评价

(1) 被审计单位整体层面的内部控制是否有效将直接影响重要业务流程层面控制的有效性,进而影响注册会计师拟实施的进一步审计程序的性质、时间和范围。

(2) 财务报表层次的重大错报风险很可能源于薄弱的控制环境。

(三) 在业务流程层面了解内部控制

1. 了解的时间

在初步计划审计工作(具体审计计划)时,注册会计师应当采用相应的程序来确定存在重大错报风险的重大账户及其相关认定。

2. 了解的步骤

在业务流程层面了解内部控制主要包括以下五个步骤:

(1) 确定重要业务流程和交易类别。重要交易类别,是指可能对被审计单位财务报表产生重大影响的各类交易,重要交易类别应与相关账户及其认定相联系。

(2) 了解重要交易流程并进行记录。

① 询问被审计单位的适当人员。
② 观察所运用的处理方法和程序。
③ 检查被审计单位的手册和其他书面指引。
④ 追踪交易在信息系统中的流程(穿行测试)。

注册会计师在了解重要交易流程时,可以采用文字说明法、问卷表法、流程图示法等字表图法对业务流程进行记录。

(1) 问卷表法。

问卷表法,是利用内部控制问卷表对内部控制进行记录和描绘的方法。这种方法通常是由审计人员将那些与保证会计记录的正确性和可靠性以及与保证资产的完整性有密切关系的事项列作调查的对象,并设计成标准化的问卷,交由企业有关人员或由审计人员根据调查的结果填写。

(2) 流程图法。

流程图法,是指采用特定的符号,辅之简要的文字或数字,以业务流程线联结,将某项业务的处理程序和内部控制制度反映出来,如图 5-13 所示。

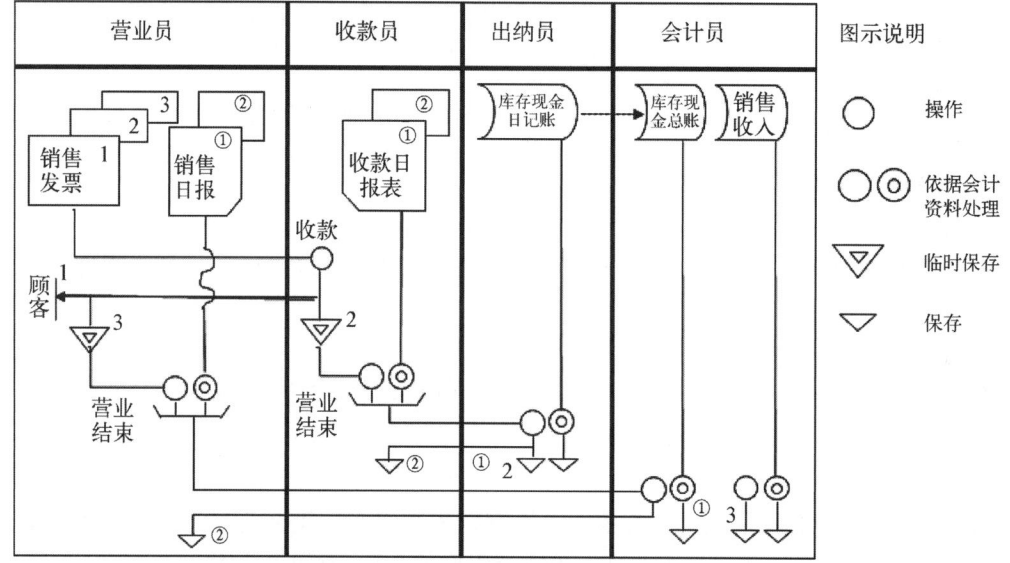

图 5-13 流程图法示例

【例题 5-1】 东方百货是一家县级百货零售企业,注册会计师接受国有资产管理局的委托,审计其 2024 年度财务报表。在审计期间,注册会计师了解了百货公司销售业务处理程序与记录的流程。

➤ 文字说明法:

将被审计单位内部控制的实际情况完全以文字说明的形式记录下来,这种方法被称为文字叙述(说明)法。内部控制的各个控制环节和控制方式均可以用文字说明法详细地加以描述。

该商店采用由收款处集中收款的方式收取现金。营业员在销售商品时开出一式三联的发票,签名后随同顾客支付的款项一起交收款处收款。收款员审核了单价、数量和金额后予以收款,签名并盖上"货款收讫"的印章,将第一联、第三联随同找零交给营业员,第二联由收款员暂时保存。营业员将发票第一联和找零随商品交给顾客,第三联暂时保存。

当天营业结束以后,营业员根据发票存根编制一式两联销售日报表,随同发票存根交送给会计部门,会计员审核后在销售日报表上签字。将销售日报表第二联退交营业员保存备查,第一联作为记销售收入和现金账的依据,由会计员保存。

收款员根据发票第二联编制一式两联收款日报表,随同现金送交出纳部门,出纳员审核签字后第二联退交收款员保存备查,第一联作为记现金日记账的依据并由出纳员保存。

销售日报表和现金收入表、库存现金日记账和现金总账定期核对。

> 问卷表法:

示例如表 5-19 所示。

表 5-19 　　　　　　　　　　内部控制问题调查表

客户部门:东方百货公司　　编制人:张三　　日期:2025 年 4 月 5 日　　索引号:SA02
调查内容:零售业务　　　　复核人:李四　　日期:2025 年 4 月 5 日　　页　次:08

调查问题	回答结果			备注
	是	否	不适用	
1. 营业员在销售时,是否开出一式三联的发票?				
2. 收款员是否需要核对单价、数量和金额?				
3. 营业员是否编制销售日报表?				
4. 收款员是否编制收款日报表?				
5. 出纳人员是否核对收到的现金与收款日报表?				
6. 会计人员是否核对销售日报表与收款日报表?				

(3)确定可能发生错报的环节。

注册会计师需要确认和了解被审计单位应在哪些环节设置控制,以防止或发现并纠正各重要业务流程可能发生的错报。注册会计师所关注的控制,是那些能通过防止错报的发生,或通过发现和纠正已有错报,从而确保每个流程中业务活动具体流程(从交易的发生到记录于账目)能够顺利运转的人工或自动化控制程序。

(4)识别和了解应对错报的相关控制。

针对识别出的错报环节(固有风险),注册会计师应当确定被审计单位是否建立了有效的控制,以防止或发现并纠正这些错报;是否遗漏了必要的控制;是否识别了可以最有效测试的控制。

① 预防性控制(事前控制)。

预防性控制是建立在错报发生之前的控制,以防止错报的发生,就如同加强锻炼或提高免疫预防疾病一样,是一种事前控制。预防性控制通常用于正常业务流程的每一项交易。常用的预防性控制示例如表 5-20 所示。

表 5-20　　　　　　　　　　　常用的预防性控制示例

对控制的描述	控制用来防止的错报
信息系统自动生成收货报告,并同步更新采购记录	防止出现购货漏记账的情况
在更新采购记录之前必须先有系统生成的收货报告	防止记录了未收到购货的情况
必须根据价格清单上的价格开具销货发票	防止销货计价错误
所有的请购单必须经主管负责人审批后交采购部门	防止未经授权问题
系统将科目代码与会计科目表比对和逻辑测试后才生成记账凭证	防止出现分类错误

② 检查性控制(事后控制)。

对于尽管有预防性控制,但还是会发生的错报,建立检查性控制很有必要。检查性控制,是在错报可能发生后及时发现并纠正的一种控制,就如同生病后看医生检查治疗,是一种事后控制。检查性控制通常并不适用于业务流程中的所有交易。常用的检查性控制示例如表 5-21 所示。

表 5-21　　　　　　　　　　　常用的检查性控制示例

对控制的描述	控制用来防止的错报
定期编制银行存款余额调节表,跟踪调查挂账的项目	在对其他项目进行审核的同时,查找存入银行但没有记入日记账的现金收入,未记录的银行现金支付或虚构入账的不真实的银行现金收入或支付,未及时入账或未正确汇总分类的银行现金收入或支付
将预算与实际费用间的差异列入计算机编制的报告中并由部门经理复核。记录所有超过预算 2% 的差异情况和解决措施	在对其他项目进行审核的同时,查找本月发生的重大分类错报或没有记录及没有发生的大笔收入、支出,以及相关联的资产和负债项目
系统每天比较运出货物的数量和开票数量。如果发现差异,就产生报告。由开票主管复核和追查	查找没有开票和记录的出库货物,以及与真实发货无关的发票
每季度符合应收账款贷方余额并找出原因	查找未予入账的发票和销售与现金收入中的分类错误

如果确信存在以下情况,则可以将检查性控制作为一个主要的手段,来合理保证某特定认定发生重大错报的可能性较小:① 控制所检查的数据是完整、可靠的;② 控制对于发现重大错报足够敏感;③ 发现的所有重大错报都将被纠正。

> **关键阐释**
>
> 注册会计师不需要了解某一控制目标的所有控制活动。
>
> 如果多项控制活动能够实现同一目标,注册会计师不必了解与该目标相关的每项控制活动。

(5) 执行穿行测试。

① 穿行测试的程序。注册会计师在了解并记录了重要的业务流程和重要交易类别之后,应当选择一两笔交易,从业务的开始到结束追踪整个业务流程,也是主要采用询问、观察、检查等方法再对业务流程进行系统的了解,然后与之前对内部控制的了解所做的记录进行比较。

② 穿行测试的目的。注册会计师通过穿行测试可获取以下证据:

a. 确认对业务流程的了解。评价之前对业务流程的了解和所作书面记录的准确性。

b. 确认对重要交易的了解是完整的。确定在业务流程中所有与财务报表认定相关的可能发生错报的环节均已识别(完整性)。

c. 确认所获取的预防性控制和检查性控制信息的准确性。识别被审计单位是否针对这些错报环节建立了相应的预防性控制或检查性控制。

d. 评价内部控制。评价控制设计的有效性,确认控制是否得到执行。

e. 确认之前所作的书面记录的准确性。

③ 穿行测试的要求。即使不打算信赖控制,注册会计师也需要执行适当的程序(穿行测试)以确认之前对业务流程及可能的错报环节的了解是准确和完整的。

如果通过利用上期工作底稿来了解内部控制,注册会计师通常需要针对每一年发生的变化的控制来修改上期工作底稿中记录的业务流程(除非交易流程发生重大改变),以确保对被审计单位业务流程和内部控制的了解是最新的。

④ 穿行测试的记录。注册会计师将穿行测试的情况记录于工作底稿时,记录的内容包括:穿行测试中查阅的文件;穿行测试的程序;注册会计师的发现和结论。

(6) 初步评价内部控制和评估重大错报风险。

① 对控制的初步评价。在注册会计师了解业务流程和识别内部控制后,需要评价控制设计的合理性,并确定其是否得到执行。

由于对控制的了解和评价是在穿行测试完成后,但又在测试控制运行有效性之前进行的,因此上述评价结论只是初步结论,仍可能随控制测试后实施实质性程序的结果而发生变化。注册会计师对控制的初步评价结论如表 5-22 所示。

表 5-22 对控制的初步评价结论

初步评论结论	设计是否合理	是否得到执行
所涉及的控制单独或连同其他控制能够防止或发现并纠正重大错报,并得到执行(也称控制预期有效)	√	√
控制的设计是合理的,但没有得到执行	√	×
控制设计无效或缺乏必要控制	×	不适用

② 评价决策。如果认为被审计单位控制设计合理并得到执行,能够有效防止或发现并纠正重大错报,那么,注册会计师通常可以信赖这些控制,进行控制测试,从而减少拟实施的实质性程序。如果认为控制是无效的,包括控制本身设计不合理,不能实现控制目标;或者

尽管控制设计合理,但没有得到执行;注册会计师就不需要测试控制运行的有效性,而直接实施实质性程序。

初步评价对审计决策的影响如表5-23所示。

表5-23　　　　　　　　　　初步评价对审计决策的影响

初 步 评 价	影 响 决 策
设计合理并得到执行	进行控制测试,减少实质性程序
设计合理并未得到执行	不进行控制测试,直接实施实质性程序
设计不合理	不进行控制测试,直接实施实质性程序

任务五　评估重大错报风险

一、财务报表层次和认定层次的重大错报风险

(一)评估重大错报风险的考虑因素

(1)风险的性质。
(2)错报的规模。
(3)发生的可能性。

(二)评估重大错报风险的审计程序

评估重大错报风险的审计程序如表5-24所示。

表5-24　　　　　　　　　　评估重大错报风险的审计程序

流　程	目　的	评估重大错报风险的审计程序
了解	熟悉被审计单位	了解被审计单位及其环境,包括与风险相关的控制
识别	识别报表层次错报	评价错报风险,确定其是否与财务报表整体相关,评价其广泛性(影响多项认定)
	识别认定层次错报	将识别出的风险与交易或账户的认定相联系
评估	评估可能性和重大性	考虑发生错报连同其他错报发生的可能性,以及潜在错报对财务报表的影响程度

(三)识别两个层次的重大错报风险

注册会计师应当识别和评估财务报表层次,以及各类交易、账户余额和披露的认定层次

的重大错报风险。财务报表层次的重大错报风险增大了认定层次发生重大错报的可能性,与注册会计师考虑由舞弊引起的风险尤其相关。某些重大错报风险可能与特定的某类交易、账户余额和披露的认定相关,某些重大错报风险可能与财务报表整体广泛相关,进而影响多项认定。此类风险通常与控制环境有关。各类交易、账户余额和披露认定层次的重大错报风险的评估结果直接有助于注册会计师确定认定层次上实施的进一步审计程序的性质、时间安排和范围。具体信息如表5-25所示。

表5-25 两个层次的重大错报风险

层次	特点	情形	控制环境(活动)对其的影响
财务报表层次	与财务报表整体广泛相关,影响多项认定	(1) 对持续经营能力产生重大疑虑(例如,在经济不稳定的国家和地区开展业务、资产的流动性出现问题、融资能力受到限制等)。 (2) 舞弊风险(例如,管理层缺乏诚信或承受异常的压力)。 (3) 薄弱的控制环境(例如,治理层和管理层对内部控制的重要性缺乏认识、没有建立必要的制度和程序等)。 (4) 信息技术一般控制存在缺陷	(1) 财务报表层次的重大错报风险(与财务报表整体相关)很可能源自薄弱的控制环境。 (2) 财务报表层次的重大错报风险可能对财务报表产生广泛影响,进而影响多项认定,注册会计师应当采取总体应对措施
认定层次	与特定的交易、账户余额和披露相关	通常对应具体的财务报表项目等	(1) 认定层次重大错报风险与特定的某类交易、账户余额和披露的认定相关,在评估认定层次的重大错报风险时,注册会计师应当将所了解的控制与特定认定相联系。 (2) 注册会计师应当考虑对识别的各类交易、账户余额和披露认定层次的重大错报风险予以汇总和评估,以确定进一步审计程序的性质、时间和范围

二、特别风险

(一) 含义

特别风险,是指注册会计师识别和评估的,根据职业判断认为需要特别考虑的重大错报风险。

特别风险通常与重大的非常规交易和判断事项有关:

(1) 非常规交易是指由于金额或性质异常而不经常发生的交易。

(2) 判断事项通常包括作出的会计估计。

特别风险可能的来源具体如表5-26所示。

表 5 - 26　　　　　　　　　　　　　　特别风险可能的来源

来　源	特　征
非常规交易	(1) 管理层更多地干预会计处理。 (2) 数据收集和处理进行更多的人工干预。 (3) 复杂的计算或会计处理方法。 (4) 非常规交易的性质可能导致难以实施有效控制
判断事项	(1) 对涉及会计估计、收入确认等方面的会计原则存在不同的理解。 (2) 所要求的判断可能是主观和复杂的,或需要对未来事项作出假设

(二) 确定特别风险时应考虑的事项

在确定特别风险的性质时,注册会计师应当考虑的事项如表 5 - 27 所示。

表 5 - 27　　　　　　　　　　　　确定特别风险时应考虑的事项

类　型	内　容
应当考虑的事项	(1) 风险是否属于舞弊风险。 (2) 风险是否与近期经济环境、会计处理方法和其他方面的重大变化有关。 (3) 风险是否涉及重大的关联方交易。 (4) 风险是否涉及异常或超出正常经营过程的重大交易。 (5) 交易的复杂程度。 (6) 财务信息计量的主观程度,特别是计量结果是否具有高度不确定性
不应考虑的事项	在判断哪些风险是特别风险时,注册会计师不应考虑识别出的控制对相关风险的抵消效果

(三) 考虑与特别风险相关的控制

(1) 针对特别风险,注册会计师应当了解被审计单位是否针对该特别风险设计了相应的控制,并确定其是否已经得到执行。

针对特别风险,如果管理层未能设计相关的控制以予以应对,注册会计师应当认为内部控制存在值得(治理层)关注的内部控制缺陷,并考虑该缺陷对风险评估的影响。注册会计师应当就此类事项与治理层沟通。

> **关键阐释**
>
> 在判断哪些风险是特别风险时,注册会计师不应考虑内部控制对该风险的抵消效果;但一旦确定为特别风险,注册会计师应当考虑了解针对该特别风险相关的控制并评价其运行效果。

(2) 如果计划测试旨在减轻特别风险的控制运行的有效性,注册会计师不应依赖以前审计获取的关于内部控制运行有效性的审计证据。

(3) 如果针对特别风险实施的程序仅为实质性程序，注册会计师应当专门针对识别的特别风险实施细节测试，或将实质性分析程序与细节测试相结合。

三、仅通过实质性程序无法应对的重大错报风险

如果认为仅通过实质性程序获取的审计证据无法应对认定层次的重大错报风险（将认定层次的重大错报风险降至可接受的低水平），注册会计师应当评价被审计单位针对这些风险设计的控制，并确定其执行情况。如果认为仅通过实质性程序无法获取充分、适当的审计证据时，注册会计师应当重新了解被审计单位的内部控制。在被审计单位对交易采用自动化信息系统处理的情况下，审计证据的充分性和适当性通常取决于自动化信息系统相关控制的有效性，注册会计师应当考虑仅通过实施实质性程序不能获取充分、适当审计证据的可能性。具体内容如表 5-28 所示。

表 5-28　　　　　　　　仅通过实质性程序无法应对的重大错报风险

项　目	具体内容和要求
产生情形	在被审计单位对日常交易采用高度自动化处理的情况下，审计证据可能仅以电子形式存在，其充分性和适当性通常取决于自动化信息系统相关控制的有效性，注册会计师应当考虑仅通过实施实质性程序不能获取充分、适当审计证据的可能性
应对措施	注册会计师应当考虑依赖的相关控制的有效性，并对其进行了解、评估和测试

注：
(1) 如果业务流程层面针对某些重要交易流程所设计的控制是无效的，或者注册会计师并不打算依赖控制，这时注册会计师没有必要进一步了解在业务流程层面的控制。
(2) 如果认为仅通过实质性程序无法将认定层次的检查风险降至可接受的低水平，或针对特别风险，注册会计师应当了解和评估相关的控制活动。

四、对风险评估的修正

评估重大错报风险是一个连续和动态地收集、更新与分析信息的过程，贯穿于整个审计过程的始终。对认定层次重大错报风险的评估，可能随着审计过程中对审计证据的不断获取而作出相应的变化。如果通过实施进一步审计程序获取的审计证据与初始评估获取的审计证据相矛盾，注册会计师应当修正风险评估结果，并相应修改原计划实施的进一步审计程序。

拓展阅读

如何理解"仅通过实质性程序无法应对的重大错报风险"

实务中，这类重大错报风险主要与高度自动化控制相关。例如，游戏行业和电商行业的线上平台每天可能产生上亿条交易记录。无论从可行性的角度，还是从成本效益权衡的角度，注册会计师仅实施实质性程序都无法获取相关交易充分、适当的审计证据。此时，注册会计师应当考虑对相关的信息系统实施控制测试。

德技并修

风险意识护航,信息技术引领

审计风险评估是审计过程中至关重要的一环,它直接关系到审计工作的效率与质量,以及审计结论的准确性和可靠性。

1. 高度风险意识,时刻保持警惕

审计风险评估首先要求审计人员具备高度的风险意识。审计人员需要时刻保持警惕,对可能存在的风险保持敏感,以便及时发现并应对,一方面提升审计工作的质量,另一方面有效避免审计失败带来的损失。

2. 全面风险识别,系统风险评估

审计风险评估应涵盖被审计单位的各个方面,包括财务状况、内部控制、经营环境等。同时,评估过程应系统化,遵循科学的方法和程序,确保评估结果的准确性和可靠性。全面的专业知识和丰富的实践经验,是精准识别和评估的法宝。

3. 过程动态调整,策略持续优化

审计风险评估是一个动态的过程,随着被审计单位内外部环境的变化而不断调整和优化。审计人员应密切关注被审计单位的变化,及时更新风险评估结果,并调整审计策略和程序,以确保审计工作的有效性和针对性。

4. 新型技术赋能,风险评估精准

随着信息技术的发展,审计风险评估的方法和工具不断更新和完善,审计人员应积极学习和应用新技术、新工具,如数据分析软件、风险评估模型等,以提高风险评估的准确性和效率。

思考与启示:审计风险评估是审计工作中不可或缺的一部分,它要求审计人员具备高度的风险意识、全面的专业知识和丰富的实践经验。面对时代的进步、技术的更新、环境更复杂的局面,要有危机意识,要有风险感知能力,要与时俱进、不惧挑战、勇于创新、敢于突破,积极应用新技术、新工具也是提高风险评估效率和准确性的重要途径。

项目小结

(1) 尽职调查是正式审计前中的一个重要环节,以便会计师事务所作出准确决策。审前尽职调查通常执行查阅、面谈、考察、走访等九大程序,了解不限于被审计单位的债权债务情况、股权结构、经营状况、风险信息、诉讼情况、交税纳税情况、盈利与营销情况及财务情况等信息。

(2) 风险识别与评估程序,是指注册会计师通过实施风险评估程序,识别和评估财务报表层次和认定层次的重大错报风险,据此设计与实施进一步审计程序。风险识别与评估的基本程序包括询问、观察、检查和分析程序,以获取所需信息。在风险识别与评估过程中,项目组内部讨论亦是必然过程,一是分享了解程度,二是分享审计思路和方法,三是为项目组指明审计方向。

(3) 了解被审计单位及其环境是必要程序,了解内容主要包括行业状况、法律环境与监管环境以及其他外部因素,被审计单位的性质,被审计单位对会计政策的选择与运用,被审计单位的目标、战略及相关经营风险,对被审计单位财务业绩的衡量和评价,以及被审计单位的内部控制。其中,了解内部控制不同于控制测试,其是从整体层面和业务流程层面了解与评价被审计单位的内部控制,包括控制环境、风险评估过程、信息系统与沟通、控制活动、对控制的监督五要素及其控制形式的设计,并确定其是否得到执行。

(4) 在了解被审计单位及环境后,根据获得审计证据对财务报表层次和认定层次的重大错报风险进行评估。对于特别风险、仅通过实质性程序无法应对的重大错报风险需特别关注与考虑。

即测即评

一、单项选择题

1. 下列有关了解被审计单位及环境的说法中,正确的是(　　)。

　　A. 注册会计师无须在审计完成阶段了解被审计单位及环境

　　B. 对小型被审计单位,注册会计师可以不了解被审计单位及环境

　　C. 注册会计师对被审计单位及环境了解的程度,取决于会计师事务所的质量管理政策

　　D. 注册会计师对被审计单位及环境了解的程度,低于管理层为经营管理企业而对被审计单位及环境需要了解的程度

2. 下列有关注册会计师了解被审计单位性质的说法中,错误的是(　　)。

　　A. 了解被审计单位筹资活动,有助于注册会计师评估被审计单位在融资方面的压力,并进一步考虑被审计单位在可预见未来的持续经营能力

　　B. 了解被审计单位所有权结构,有助于注册会计师识别关联方关系并了解被审计单位的决策过程

　　C. 了解被审计单位治理结构,有助于注册会计师关注被审计单位在经营策略和方向上的重大变化

　　D. 了解被审计单位经营活动,有助于注册会计师识别预期在财务报表中反映的主要交易类别、重要账户余额和列报

3. 下列有关经营风险对重大错报风险的影响的说法中,错误的是(　　)。

　　A. 多数经营风险最终都会产生财务后果,从而可能导致重大错报风险

　　B. 注册会计师在评估重大错报风险时,没有责任识别或评估对财务报表没有重大影响的经营风险

　　C. 经营风险通常不会对财务报表层次重大错报风险产生直接影响

　　D. 经营风险可能对认定层次重大错报风险产生直接影响

4. 下列控制活动中,属于检查性控制的是(　　)。

　　A. 仓库管理员根据经批准的发货单办理出库

　　B. 信息技术部根据人事部门提供的员工岗位职责表在系统中设定用户权限

　　C. 采购部对新增供应商进行背景调查后签约

　　D. 财务人员每月月末与客户对账,并调查差异

5. 下列各项中,不属于控制环境要素的是(　　)。

A. 对诚信和道德价值观念的沟通与落实

B. 内部审计的职能范围

C. 治理层的参与

D. 人力资源政策与实务

6. 下列有关与审计相关的内部控制的说法中,正确的是(　　)。

A. 与审计相关的内部控制并非均与财务报告相关

B. 与财务报告相关的内部控制均与审计相关

C. 与经营目标相关的内部控制与审计无关

D. 与合规目标相关的内部控制与审计无关

7. 下列各项错报中,通常对认定层次产生影响的是(　　)。

A. 被审计单位没有披露关键管理人员薪酬

B. 信息系统缺陷导致的应收账款、存货等多个财务报表项目的错报

C. 被审计单位没有将年内收购的一家重要子公司纳入合并范围

D. 被审计单位的销售业务处理基本上是手工控制

8. 下列有关特别风险的说法中,正确的是(　　)。

A. 注册会计师在判断重大错报风险是否为特别风险时,应当考虑识别出的控制对相关风险的抵消效果

B. 注册会计师应当将管理层凌驾于控制之上的风险评估为特别风险

C. 注册会计师应当对特别风险实施细节测试

D. 注册会计师应当了解并测试与特别风险相关的控制

9. 下列有关识别、评估和应对重大错报风险的说法中,错误的是(　　)。

A. 注册会计师应当将识别的重大错报风险与特定的某类交易、账户余额和披露的认定相联系

B. 在识别和评估重大错报风险时,注册会计师应当考虑发生错报的可能性及潜在错报的重大程度

C. 对于某些重大错报风险,注册会计师可能认为仅通过实质性程序无法获取充分、适当的审计证据

D. 在实施进一步审计程序的过程中,注册会计师可能需要修正对认定层次重大错报风险的评估结果

10. 下列各项程序中,通常不用作风险评估程序的是(　　)。

A. 检查　　　　　　　　　　B. 分析程序

C. 重新执行　　　　　　　　D. 观察

11. 下列有关注册会计师了解被审计单位对会计政策的选择和运用的说法中,错误的是(　　)。

A. 如果被审计单位变更了重要的会计政策,注册会计师应当考虑会计政策的变更是否能够提供更可靠、更相关的会计信息。

B. 当新的会计准则颁布施行时,注册会计师应当考虑被审计单位是否应采用新的会计准则。

C. 在缺乏权威性标准或共识的领域,注册会计师应当协助被审计单位选用适当的会计

政策

　　D. 注册会计师应当关注被审计单位是否采用激进的会计政策

12. 下列有关经营风险对重大错报风险的影响的说法中,错误的是(　　)。

　　A. 多数经营风险最终都会产生财务后果,从而可能导致重大错报风险

　　B. 注册会计师在评估重大错报风险时,没有责任识别或评估对财务报表没有重大影响的经营风险

　　C. 经营风险通常不会对财务报表层次重大错报风险产生直接影响

　　D. 经营风险可能对认定层次重大错报风险产生直接影响

13. 下列有关财务报表层次重大错报风险的说法中,错误的是(　　)。

　　A. 财务报表层次重大错报风险可能影响多项认定

　　B. 财务报表层次重大错报风险通常与控制环境有关

　　C. 财务报表层次重大错报风险增大了认定层次发生重大错报风险的可能性

　　D. 财务报表层次重大错报风险的评估结果直接有助于注册会计师确定认定层次上实施的进一步审计程序的性质、时间安排和范围

14. 下列有关控制对评估重大错报风险的影响的说法中,错误的是(　　)。

　　A. 控制是否得到执行不会影响注册会计师对重大错报风险的评估结果

　　B. 控制运行有效性的测试结果会影响注册会计师对重大错报风险的评估结果

　　C. 控制在所审计期间内是否发生变化会影响注册会计师对重大错报风险的评估结果

　　D. 上年度审计中是否发现控制缺陷会影响注册会计师对重大错报风险的评估结果

15. 下列各项中,属于预防性控制的是(　　)。

　　A. 财务主管定期盘点现金和有价证券

　　B. 管理层分析评价实际业绩与预算的差异,并针对超过规定金额的差异调查原因

　　C. 董事会复核并批准由管理层编制的财务报表

　　D. 由不同的员工负责职工薪酬档案的维护和职工薪酬的计算

二、多项选择题

1. 在了解被审计单位及其环境时,注册会计师可能实施的风险评估程序有(　　)。

　　A. 询问管理层和被审计单位内部其他人员

　　B. 实地查看被审计单位生产经营场所和厂房设备

　　C. 检查文件、记录和内部控制手册

　　D. 重新执行内部控制

2. 下列各项中,属于项目组内部讨论的目的的有(　　)。

　　A. 分享审计思路和方法

　　B. 强调遵守职业道德的必要性

　　C. 分享对被审计单位及其环境了解所形成的见解

　　D. 为项目组指明审计方向

3. 下列情形中,注册会计师认为通常适合采用信息技术控制的有(　　)。

　　A. 存在大量、重复发生的交易　　　　B. 存在大额、异常的交易

　　C. 存在难以定义、防范的错误　　　　D. 存在事先确定并一贯运用的业务规则

4. 下列有关注册会计师了解内部控制的说法中,正确的有(　　)。
A. 注册会计师在了解被审计单位内部控制时,应当确定其是否得到一贯执行
B. 注册会计师不需要了解被审计单位所有的内部控制
C. 注册会计师对内部控制的了解通常不足以测试控制运行的有效性
D. 注册会计师询问被审计单位人员不足以评价内部控制设计的有效性
5. 下列各项中,通常可能导致财务报表层次重大错报风险的有(　　)。
A. 被审计单位新聘任的财务总监缺乏必要的胜任能力
B. 被审计单位的长期资产减值准备存在高度的估计不确定性
C. 被审计单位管理层缺乏诚信
D. 被审计单位的某项销售交易涉及复杂的安排

三、判断题

1. 注册会计师可以不了解被审计单位及其环境。（　）
2. 注册会计师对被审计单位及其环境的了解程度和管理层需要了解的程度一样。（　）
3. 项目组所有的人员都要参与项目组内部讨论。（　）
4. 注册会计师考虑将了解的重点放在对被审计单位的经营活动可能产生重要影响的关键外部因素以及与前期相比发生的重大变化上。（　）
5. 多数经营风险最终都会产生财务后果,从而影响财务报表,但并非所有的经营风险都会导致重大错报风险。（　）
6. 良好的控制环境能够防止舞弊,且有助于降低发生舞弊的风险。（　）
7. 注册会计师需要了解被审计单位的所有控制活动。（　）
8. 了解被审计单位内部控制与控制测试不同,了解被审计单位内部控制不需要测试其运行有效性。（　）
9. 注册会计师询问被审计单位人员足以评价内部控制设计的有效性。（　）
10. 对特别风险,注册会计师应当评价相关控制的设计情况,并确定其是否已经得到执行。（　）

技能实践

1. **任务描述**：ABC 会计师事务所受重庆晟渝通信科技股份有限公司委托,审计 20×4 年度财务报表。重庆晟渝通信科技股份有限公司(以下简称"晟渝通信")创建于 20×1 年,于重庆市工商管理机构注册登记,总部地址为重庆市,注册资本为 138 000 000 元,是由重庆联合科技有限公司投资兴建的民营高科技企业。审计人员张明和项目经理陈鑫结合晟渝通信公开资料,利用大数据审计分析等智能工具,分别针对其财务状况、行业基本数据、企业购销模式和企业税费进行审前尽职调查。

任务要求：请代项目组审计人员完成重庆晟渝通信审前尽职调查工作底稿编制,如表 5-29 所示。(底稿见审计基础资源包技能实践的项目五任务一。)

表 5-29　　　重庆晟渝通信科技股份有限公司审前尽职调查工作底稿

被审计单位：	索引号：	页次：
项目：审前尽职调查工作	编制人：	日期：
财务报表截止日/期间：	复核人：	日期：

　　一、公司概述（描述被审计单位的经营状况、所有权、治理结构、管理结构、筹资渠道和投资。可在本底稿记录也可交叉索引至其他底稿。）

1. 基本情况

2. 组织结构

3. 对外投资（如投资的取得和处置、特定目的主体等）

信息来源：（记录以上关于了解被审计单位性质所取得的信息来源，包括接受访谈的人员的名字。）

　　二、公司主要财务数据及会计政策

1. 资产负债表

2. 利润表

3. 主要财务指标

（描述管理层对主要会计政策的选择和运用，包括：对重大非经常交易的会计处理方法；在有争议或新兴领域采用的重大会计政策产生的影响；会计政策的变更及其原因；面临的新的财务报告准则和法律法规，以及企业将何时采用、如何采用。）

4. 会计政策的选择和运用

信息来源：（记录以上关于被审计单位对会计政策的选择和运用所取得的信息来源，包括接受访谈的人员的名字。）

(续表)

三、公司业务情况

1. 主要业务(经营范围、主要业务)

2. 公司采购(主要包括采购模式、控制流程等)

3. 公司仓储(仓储制度、仓储流程、库存情况等)

信息来源:(记录以上关于以上信息来源,包括接受访谈的人员的名字。)

4. 公司销售(销售模式、销售服务、销售情况等)

信息来源:(记录以上信息来源,包括接受访谈的人员的名字。)

5. 产品成本核算及营业成本结转(原材料发出、产品成本核算、产成品入库、营业成本结转等)

信息来源:(记录以上信息来源,包括接受访谈的人员的名字。)

四、公司主要税种及缴纳情况(企业税种、纳税范围、匹配税率及企业税收优惠政策等)

1. 主要税种及税率

2. 税收优惠政策

信息来源:(记录以上信息来源,包括接受访谈的人员的名字。)

五、公司主要资产情况(企业所制定的目标与战略是与其所处行业、法律环境和监管环境及其他内部和外部因素相关的。目标是企业的总体规划,战略是管理层为实现目标而采用的方法。)

1. 主要固定资产情况

(续表)

2. 其他资产情况

信息来源：（记录以上信息来源，包括接受访谈的人员的名字。）

六、供应商（或客户）及其产品

1. 供应商（基本信息、产品）

2. 客户（基本信息、产品）

信息来源：（记录以上信息来源，包括接受访谈的人员的名字。）

七、所属行业监管环境及行业基本数据

1. 行业监管环境

2. 行业基本数据

信息来源：（记录以上信息来源，包括接受访谈的人员的名字。）

2. 任务描述：诚信会计师事务所接受委托对湖北联晟通信科技股份有限公司（以下简称"联晟通信"）20××年度财务报表进行审计。20×5年1月3日审计项目组进入现场后，审计人员张明和项目经理陈鑫对联晟通信的总经理、销售部、仓储管理部相关负责人进行了访谈，对公司的销售与收款流程的内控情况进行了解。经过访谈了解到公司制定了《合同评审管理办法》《售后服务管理规定》。

任务要求：根据取得的内控管理制度及业务数据的相关资料，完成执行销售与收款穿行测试（制造业）底稿的编制（底稿见审计基础资源包技能实践的项目五任务二），如表5-30所示。

提示：① 穿行测试随机抽取两个样本进行了解评价即可；② 联晟通信20×5年年初无销售退回，无须执行底稿中的"穿行测试（与销售退回有关）"程序。

表 5-30

湖北联晟通信科技股份有限公司穿行测试（与销售有关）的审计工作底稿

被审计单位：		索引号：	BC-6-2	页次：
项　　目：		编制人：		日期：
财务报表截止日/期间：		复核人：		日期：

测试目标：通过穿行测试，了解和评价销售与收款流程与销售有关的内部控制设计是否合理并得到执行，并评估与财务报表相关的重大错报风险。

样本序号	业务类别	销售订单						销售合同				出库单				运货单				发票				会计凭证				收款凭证					主要控制点执行情况的检查														
		日期	编号	顾客名称	品名规格	数量	单价	索引号	日期	编号	金额	数量	索引号	日期	编号	数量	索引号	日期	编号	数量	索引号	日期	编号	金额	索引号	日期	科目编号	金额	索引号	收款方式	银行单证流水号	金额	索引号	1	2	3	4	5	6	7	8	9	10	11	12	13	14
1																																																
2																																																

检查点说明：

检查点 1：不相容职务已分开设置并得到执行。

检查点 2：有销售订货单及销售合同，且经管理层核准。

检查点 3：赊销业务有信用管理部门对客户信用状况的审核手续。

检查点 4：有已审批的销货审批单和销售通知单且与客户订单内容一致。

检查点 5：有仓储部门连续编号的货物出库单，销售通知单与仓储保管账核对一致。

检查点 6：已开具的发票和客户订货单、销售通知单所记录内容核对一致。

（续表）

检查点7：	已开具的销售发票中所列商品的单价与商品价目表核对，注意销售折扣及折让是否合理。
检查点8：	发票连续编号。
检查点9：	运输部门的装运单与发票及销售通知单所记录内容核对一致。
检查点10：	销售收入已及时正确入账。
检查点11：	对客户应收账款已建立催收和定期分析。
检查点12：	款项已收回与销货金额核对一致。
检查点13：	总账和销售明细账的记录核对一致。
检查点……：	其他（结合实际情况描述）。

穿行测试说明：

测试结论：
1. 我们追踪了与销售有关的业务在财务报告信息系统中的处理过程，证实了我们对前一阶段重要业务流程和可能发生错报的环节的了解是准确和完整的。
2. 我们所了解到的相关控制（得到/未）执行。

编制说明：
（1）样本业务类别是指公司销售方式的类别，包括直销、代销、批发、零售、提供劳务等，应选取主要的销售方式各选取一个样本进行穿行测试。
（2）业务内容包括对业务的表述，如会计凭证的摘要。
（3）需要将纸面的底稿与本工作表建立交叉索引。
（4）"检查点说明"和所测试的原始凭证应当根据企业实际情况进行调整。

3. 任务描述： ABC会计师事务所的A注册会计师负责审计甲公司20×4年度财务报表。审计工作底稿中与了解甲公司及其环境相关的部分内容摘录如下：

（1）甲公司多项控制活动能够实现营业收入发生的目标，A注册会计师要求项目组成员了解与该目标相关的每项控制活动。

（2）在了解甲公司的内部控制时，A注册会计师要求项目组成员了解与财务报告相关的内部控制而非甲公司所有的内部控制。

（3）A注册会计师和项目组成员就甲公司财务报表存在重大错报的可能性等事项进行了讨论。因项目组某关键成员无法参加会议，由项目组其他成员选取相关事项向其通报。

（4）针对特别风险的项目，A注册会计师未了解相关内部控制，直接实施了实质性程序。

（5）在评估重大错报风险时，A注册会计师要求项目组成员将所了解的控制与特定认定相联系。

任务要求：

上述第（1）至（5）项，逐项指出A注册会计师的做法是否恰当。如不恰当，简要说明理由。

4. 任务描述： 上市公司甲公司是ABC会计师事务所的常年审计客户，主要从事医疗器械的生产和销售。A注册计师负责审计甲公司20×4年度财务报表，确定财务报表整体的重要性为1 000万元。

资料一：

A注册会计师在审计工作底稿中记录了所了解的甲公司情况及其环境，部分内容摘录如下：

（1）为占领市场，公司20×4年对a设备采取新的销售模式：将每台设备售价减半为50万元，设备销售合同约定客户必须向甲公司购买a设备使用的试剂，试剂采购合同根据需求另行签订。甲公司预期试剂销售的利润可以弥补设备降价的损失。20×4年a设备销量增长20%。

（2）20×4年6月，甲公司受乙公司委托为其生产1 000台专用设备b，每台售价为6万元。乙公司指定了b设备主要部件的供应商，并与该供应商确定了主要部件的规格和价格。

（3）甲公司采用经销模式销售20×4年10月推出的新产品c设备，每台售价为50万元。合同约定：经销商在实现终端销售后向甲公司支付设备款，在采购设备半年内未实现终端销售的可以退货。截至20×4年年末，甲公司累计销售c设备100台，与经销商对账显示这些设备均未实现终端销售。

（4）20×4年5月，甲公司与丁大学合作研发一项新技术，预付研发经费3 000万元。20×4年年末，该研发项目进入开发阶段。

（5）20×4年7月，甲公司收到当地政府支付的停工损失补助2 000万元。

资料二：

A注册会计师在审计工作底稿中记录了甲公司的财务数据，部分内容摘录如表5-31所示。

表 5-31　　　　　　　　　　　　　　甲公司的财务数据　　　　　　　　　　　　单位：万元

项　目	20×4年 未审数	20×3年 已审数
营业收入——a设备	30 000	50 000
营业成本——a设备	36 500	30 000
营业收入——b设备	6 000	0
营业成本——b设备	5 500	0
营业收入——c设备	5 000	0
营业成本——c设备	2 800	0
其他收益——停工损失补助	2 000	0
预付款项——丁大学	3 000	0
存货——a设备	10 000	800
存货——a设备存货跌价准备	100	100
合同资产——c设备经销商	5 000	0

任务要求：针对资料第(1)至(5)项，结合资料二，假定不考虑其他条件，逐项指出资料一所列事项是否可能表明存在重大错报风险。如果认为可能表明存在重大错报风险，简要说明理由，并说明该风险主要与哪些财务报表项目的哪些认定相关(不考虑税务影响)。

表 5-32　　　　　　　　　　　　　　　风险评估表

事项序号	是否可能表明存在重大错报风险(是/否)	理　由	财务报表项目名称及认定
(1)			
(2)			
(3)			
(4)			
(5)			

头脑风暴

1. 了解被审计单位内部控制的内容是什么？其与控制测试有什么区别？
2. 风险评估程序有哪些？它们各自的应用范围在何处？
3. 如何理解"危险"和"风险"？
4. 简述内部控制要素及内部控制的局限性。
5. 如何理解项目组内部讨论？

项目六　风险应对

思维导图

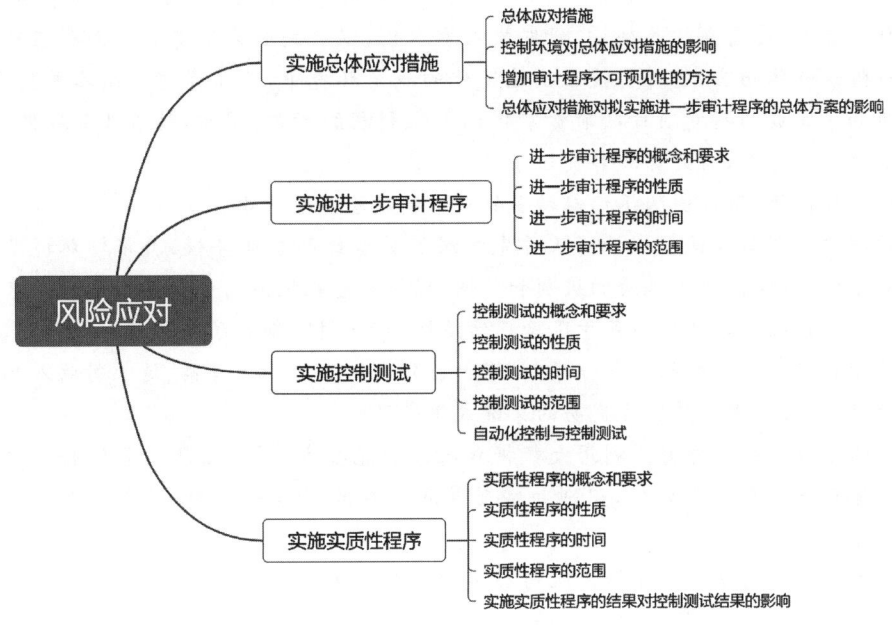

学习目标

【素质目标】
1. 养成沉着冷静、思虑周全的工作作风。
2. 牢固严守底线、临难不惧的风险意识。
3. 具备职业化审慎态度和理性专业判断。
4. 保持审计师应该有的独立性和权威性。

【知识目标】
1. 了解针对报表层次重大错报风险的总体应对措施和控制环境对其的影响。
2. 了解总体应对措施对拟实施进一步审计程序的总体方案的影响。
3. 熟悉进一步审计程序的概念、要求和设计时考虑的因素。
4. 掌握控制测试和实质性程序的概念、要求、性质、时间和范围及其需考虑的因素。

【技能目标】
1. 能准确运用增加审计程序不可预见性的方法。
2. 能正确选择进一步审计程序方案。
3. 能够厘清了解内部控制、控制测试、实质性程序三者的关系。
4. 能够实施控制测试和实质性程序。

案例导入

面对重大错报风险，精准应对才是硬道理

智辉科技是一家专注于人工智能研发与应用的高新技术企业，近年来业务快速扩张，但同时也面临着诸多风险。2025年1月，审计团队在对智辉科技进行年度财务报表审计时，初步风险评估显示，公司在收入确认、研发投入资本化，以及关联方交易等方面存在较高的重大错报风险。具体而言，智辉科技在快速变化的市场环境中，为了保持业绩增长的态势，可能存在将尚未完成的研发项目提前资本化以美化利润的行为；同时，随着业务版图的扩大，关联方交易日益复杂，为财务舞弊提供了温床。

面对上述风险，审计团队迅速启动了针对性的风险应对策略：

一是深化了解与评估。审计团队首先加深了对智辉科技业务模式、市场环境及内部控制体系的了解，重新评估了风险的级别和范围，确保对潜在风险有全面而准确的认识。

二是制定详细审计计划。基于风险评估结果，审计团队制定了详尽的审计计划，针对高风险领域设计了更为严格的审计程序，如增加对研发项目的实地考察、延长对收入确认时点的追溯审计，以及加强对关联方交易的穿透式核查等。

三是增强数据分析能力。利用大数据和人工智能技术，审计团队对智辉科技的财务数据进行了深度挖掘和智能分析，识别异常交易和潜在的不合规行为，提高了审计效率和准确性。

四是加强沟通与协作。审计团队与公司管理层及内部审计部门保持密切沟通，共同探讨风险应对措施，确保审计工作顺利进行。同时，与外部审计专家及监管机构保持协作，及时获取行业最新动态和监管要求，为审计决策提供支持。

五是持续监督与反馈。在整个审计过程中，审计团队对风险应对措施的实施效果进行持续监督，并根据实际情况及时调整审计策略和程序。审计结束后，向公司管理层提交详细的审计报告和改进建议，帮助其完善内部控制体系，降低未来审计风险。

思考：在审计过程中，"风险应对"不仅是对潜在风险的简单识别和反应，更是一个需要审计团队综合运用专业知识、技能和经验的复杂过程。如果你是注册会计师，面对智辉科技的重大错报风险，你将如何进行风险应对？你是否有更精准的应对策略？

注册会计师应针对评估的财务报表层次和认定层次的重大错报风险，采取总体应对措施和进一步审计程序，其中总体审计方案包括实质性方案和综合性方案，如图6-1所示。

（1）总体应对措施应对的是评估的财务报表层次重大错报风险。

（2）总体审计方案应对的是评估的认定层次重大错报风险，属于进一步审计程序的程序组合。

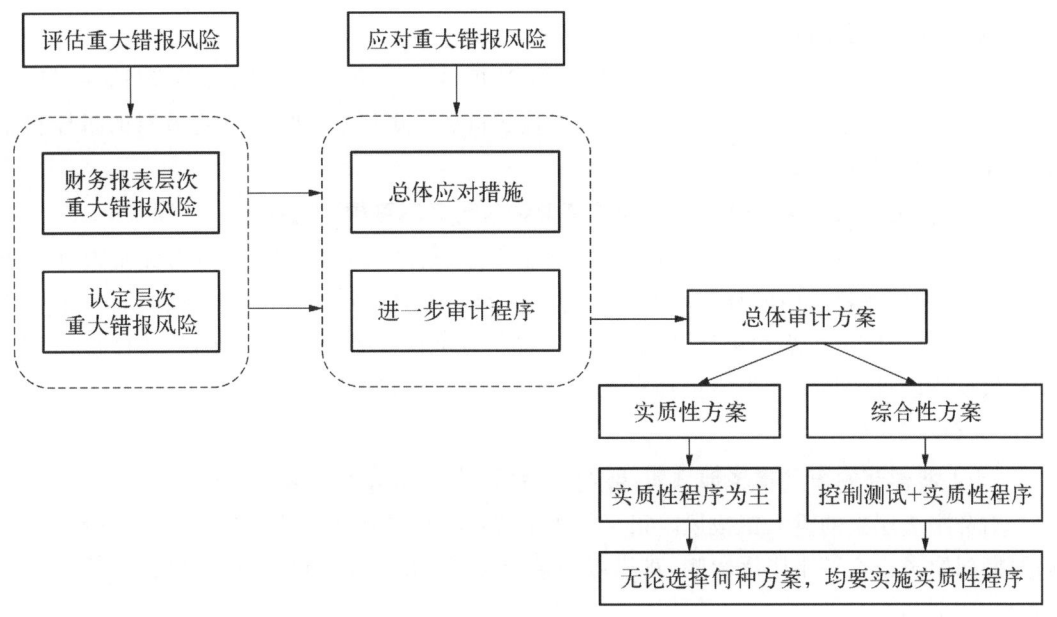

图 6-1 应对评估的重大错报风险

(3) 若评估的财务报表层次重大错报风险属于高水平,则拟实施进一步审计程序的总体方案往往更倾向于实质性方案。

任务一 实施总体应对措施

一、总体应对措施

在财务报表重大错报风险的评估过程中,注册会计师应当确定,识别的重大错报风险是与特定的某类交易、账户余额和披露的认定相关,还是与财务报表整体广泛相关,进而影响多项认定。如果是后者,则属于财务报表层次重大错报风险。

注册会计师应当针对评估的财务报表层次重大错报风险,设计和实施总体应对措施。具体措施如下。

(一) 向项目组强调保持职业怀疑的必要性

职业怀疑,是指注册会计师以质疑的思维方式评价所获取审计证据的有效性,并对相互矛盾的审计证据,以及引起对文件记录或管理层和治理层提供的信息的可靠性产生怀疑的审计证据保持警觉。

(二) 指派更有经验或具有特殊技能的审计人员或利用专家的工作

由于各行业在经营业务、经营风险、财务报告、法规要求等方面具有特殊性,审计人员的专业分工细化成为一种趋势。审计项目组成员中应有一定比例的人员曾经参与过被审计单位以前年度的审计,或具有被审计单位所处特定行业的相关审计经验。必要时,注册会计师要考虑利用信息技术、税务、评估、精算等方面的专家的工作。

6-1 财务报表层次重大错报风险的总体应对措施

(三) 提供更多的督导

对于财务报表层次重大错报风险较高的审计项目,审计项目组的高级别成员,如项目合伙人、项目经理等经验较丰富的人员,要对其他成员提供更详细、更经常、更及时的指导和监督并加强项目质量复核。

(四) 在选择拟实施的进一步审计程序时融入更多不可预见的因素

被审计单位人员,尤其是管理层,如果熟悉注册会计师的审计套路,就可能采取种种规避手段,掩盖财务报告中的舞弊行为。因此,在设计拟实施审计程序的性质、时间安排和范围时,为了避免既定思维对审计方案的限制,避免对审计效果的人为干涉,从而使得针对重大错报风险的进一步审计程序更加有效,注册会计师要考虑使某些程序不被审计单位管理层预见或事先了解。

(五) 对拟实施审计程序的性质、时间安排或范围作出总体修改

财务报表层次的重大错报风险很可能源于薄弱的控制环境。薄弱的控制环境带来的风险可能对财务报表产生广泛影响,难以限于某类交易、账户余额和披露;注册会计师应当采取总体应对措施。

二、控制环境对总体应对措施的影响

注册会计师对控制环境的了解影响其对财务报表层次重大错报风险的评估,从而影响所采取的总体应对措施。有效的控制环境可以使注册会计师增强对内部控制和被审计单位内部产生证据的信赖程度。

如果控制环境存在缺陷,注册会计师在对拟实施审计程序的性质、时间安排和范围作出总体修改时应当考虑:

(1) 性质。通过实施实质性程序获取更广泛的审计证据。良好的控制环境是其他控制要素发挥作用的基础。控制环境存在缺陷通常会削弱其他控制要素的作用,导致注册会计师可能无法信赖内部控制,而主要依赖实施实质性程序获取审计证据。

(2) 时间。在期末而非期中实施更多的审计程序。控制环境的缺陷通常会削弱期中获得的审计证据的可信赖程度。

(3) 范围。增加拟纳入审计范围的经营地点的数量。

三、增加审计程序不可预见性的方法

(一) 思路

增加审计程序不可预见性的思路如图 6-2 所示。

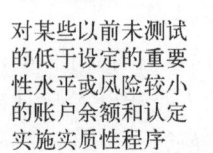

图 6-2 增加审计程序不可预见性的思路

(二) 实施要点

(1) 注册会计师需要事先与被审计单位高层管理人员沟通,要求实施具有不可预见性的审计程序,但不能告知其具体内容。注册会计师可以在签订审计业务约定书时明确提出这个要求。

(2) 可根据对舞弊风险的评估等确定具有不可预见性的审计程序。

(3) 实施不可预见性的审计程序时要避免使项目组成员处于困难境地。

(三) 示例

注册会计师可以通过一些方法提高审计程序的不可预见性,具体示例如表6-1所示。

表6-1 增加审计程序不可预见性的方法示例

事例	一些可能适用的具有不可预见性的审计程序
存货	(1) 向以前审计过程中接触不多的被审计单位员工询问,如采购、销售、生产人员等。 (2) 在不事先通知被审计单位的情况下,选择一些以前未曾到过的盘点地点进行存货监盘
销售和应收账款	(1) 向以前审计过程中接触不多或未曾接触过的被审计单位员工询问,如负责处理大客户账户的销售部人员。 (2) 改变实施实质性分析程序的对象,如对收入按细类进行分析。 (3) 针对销售和销售退回延长截止测试期间。 (4) 实施以前未曾考虑过的审计程序
采购和应付账款	(1) 如果以前未曾对应付账款余额普遍进行函证,可考虑直接向供应商函证确认余额。如果经常采用函证方式,可考虑改变函证的范围或者时间。 (2) 对以前由于低于设定的重要性水平而未曾测试过的采购项目,进行细节测试。 (3) 使用计算机辅助审计技术审阅采购和付款账户,以发现一些特殊项目,如是否有不同的供应商使用相同的银行账户
现金和银行存款	(1) 多选几个月的银行存款余额调节表进行测试。 (2) 对有大量银行账户的,考虑改变抽样方法
固定资产	对以前由于低于设定的重要性水平而未曾测试过的固定资产进行测试,如考虑实地盘查一些价值较低的固定资产,如汽车和其他设备等
集团审计项目	修改组成部分审计工作的范围或者区域(例如,增加某些不重要的组成部分的审计工作量,或实地去组成部分开展审计工作)

四、总体应对措施对拟实施进一步审计程序的总体方案的影响

注册会计师针对各类交易、账户余额和披露实施进一步审计程序时采用的总体方案包括实质性方案(以实质性程序为主)和综合性方案(控制测试+实质性程序)。当评估的财务报表层次重大错报风险属于高风险水平时,拟实施进一步审计程序的总体方案往往更倾向于实质性方案。

【例题6-1】 简述总体应对措施和总体审计方案的联系和区别。

分析:

(1) 两者的概念是不同的。总体应对措施是针对财务报表层次重大错报风险的应对措

施;总体审计方案的全称为"进一步审计程序的总体审计方案",很显然,总体审计方案是针对认定层次重大错报风险的应对措施而形成的方案,包括综合性方案和实质性方案。

(2)前者会影响后者。当评估的财务报表层次重大错报风险属于高风险水平时,总体应对措施要求对拟实施审计程序的性质作出总体修改,包括通过实施实质性程序获取更广泛的审计证据,即进一步审计程序的总体方案往往更倾向于实质性方案。

任务二 实施进一步审计程序

6-2 对认定层次重大错报风险的进一步审计程序

一、进一步审计程序的概念和要求

(一)概念

相对于风险评估程序而言,进一步审计程序是指注册会计师针对认定层次重大错报风险而实施的审计程序,包括控制测试和实质性程序,其中实质性程序包括实质性分析程序和细节测试。

注册会计师无论选用实质性方案还是综合性方案,都应当对所有重大的各类交易、账户余额和披露设计与实施实质性程序。

(二)要求

注册会计师应当针对评估的认定层次重大错报风险设计和实施进一步审计程序,使进一步审计程序和风险评估结果之间具备明确的对应关系。

(1)在应对评估的风险时,合理确定审计程序的性质是最重要的。

(2)评估的重大错报风险越高,实施进一步审计程序的范围通常越大。

(3)评估的重大错报风险越高,进一步审计程序(实质性程序)的实施时间通常安排在期末或接近期末。

(三)设计进一步审计程序时考虑的因素

(1)风险的重要性。风险的重要性是指风险造成的后果的严重程度。风险的后果越严重,就越需要注册会计师关注和重视,越需要精心设计有针对性的进一步审计程序。

(2)重大错报发生的可能性。重大错报发生的可能性越大,同样越需要注册会计师精心设计进一步审计程序。

(3)涉及的各类交易、账户余额和披露的特征。不同的交易、账户余额和披露,产生的认定层次的重大错报风险也会存在差异,适用的审计程序也有差别,需要注册会计师区别对待,并设计有针对性的进一步审计程序予以应对。

(4)被审计单位采用的特定控制的性质。不同性质的控制(尤其是人工控制或自动化控制)对注册会计师设计进一步审计程序具有重要影响。

(5)注册会计师是否拟获取审计证据,以确定内部控制在防止或发现并纠正重大错报方面的有效性。如果注册会计师在风险评估时预期内部控制运行有效,那么随后拟实施的进一步审计程序就必须包括控制测试,且实质性程序自然会受到之前控制测试结果的影响。

> **关键阐释**
>
> 辨析进一步审计程序中的控制测试和实质性程序
>
> | 维 度 | 控制测试 | 实质性程序 | |
> | --- | --- | --- | --- |
> | | | 实质性分析程序 | 细节测试 |
> | 目的 | 评价内部控制的有效性（过程） | 发现认定层次的重大错报（结果） | 发现认定层次的重大错报（结果） |
> | 对发现重大错报的作用 | 间接作用 | 直接作用 | 直接作用 |
> | 特点 | 内部控制有效，可以缩小实质性程序的范围 | 适用于在"大量可预期"的数据中发现重大错报,逻辑性强,但精确度低 | 相比于实质性分析程序,精确度较高 |

（四）进一步审计程序方案的决策

1. 基本决策步骤

在选择和设计进一步审计程序时,首先考虑是否需要从控制测试中获取审计证据,然后考虑是否需要从实质性分析程序中获取审计证据,最后考虑是否需要获取进一步审计证据。具体决策步骤如图6-3所示。

2. 进一步审计程序方案的选择

进一步审计程序方案包括实质性方案和综合性方案。其中,实质性方案是指进一步审计程序主要依赖实质性程序,综合性方案包括控制测试和实质性程序。

（1）注册会计师出于成本效益的考虑可以使用综合性方案设计进一步审计程序,即将测试控制运行的有效性和实质性程序结合使用。

（2）若风险评估程序没能识别出与认定相关的任何控制,或注册会计师认为执行控制测试很可能不符合成本效益原则,注册会计师可能认为仅实施实质性程序是适当的。

（3）小型被审计单位可能没有能够被注册会计师识别的控制活动,注册会计师实施的进一步审计程序可能主要是实质性程序。

（4）若仅通过实质性程序无法应对重大错报风险,注册会计师必须通过实施控制测试,才可能有效应对评估出的某一认定的重大错报风险。

（5）无论选择何种方案,注册会计师均应对所有重大的各类交易、账户余额和披露设计和实施实质性程序。

根据对认定层次重大错报风险的评估结果的方案选择如图6-4所示。

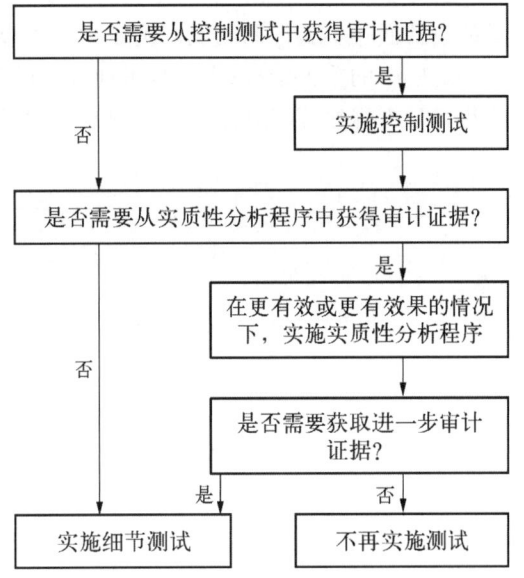

图6-3 进一步审计程序方案的基本决策步骤

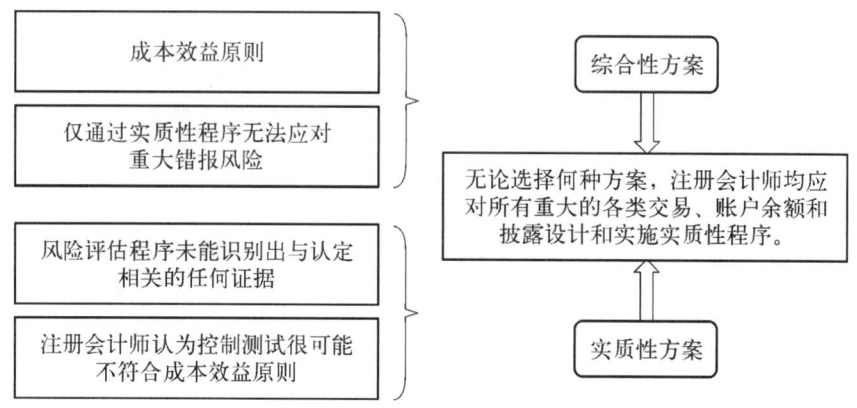

图 6-4 进一步审计程序方案的选择

二、进一步审计程序的性质

(一) 概念

进一步审计程序的性质,是指进一步审计程序的目的和类型。其中,进一步审计程序的目的包括通过实施控制测试以确定内部控制运行的有效性,以及通过实施实质性程序以发现认定层次的重大错报;进一步审计程序的类型包括检查、观察、询问、函证、重新计算、重新执行和分析程序等。具体类型如图 6-5 所示。

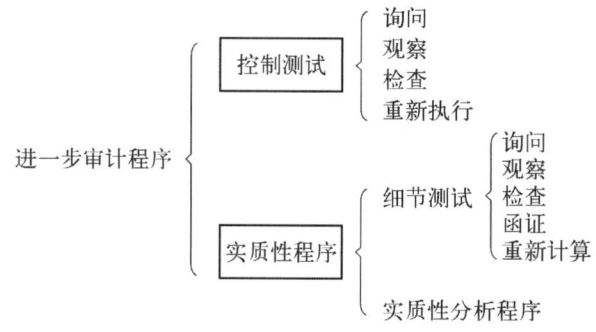

图 6-5 进一步审计程序的类型

关键阐释

(1) 询问、观察、检查可用于控制测试和细节测试。
(2) 重新执行仅适用于控制测试。
(3) 重新计算仅适用于细节测试。

在应对评估的风险时,合理确定审计程序的性质是最重要的。不同的审计程序应对特定认定错报风险的效力不同。例如:

(1) 针对与收入完整性认定相关的重大错报风险,控制测试通常更能有效应对。
(2) 针对与收入发生认定相关的重大错报风险,实质性程序通常更能有效应对。

(3) 实施应收账款函证程序能为应收账款在某一时点存在的认定提供审计证据,但通常不能为应收账款的准确性、计价和分摊认定提供充分的审计证据。

(4) 对应收账款的准确性、计价和分摊认定,注册会计师通常需要实施其他更为有效的审计程序。例如,审查应收账款账龄和期后收款情况,了解欠款客户的信用情况等。

> **拓展阅读**
>
> **为什么说"合理确定审计程序的性质是最重要的"**
>
> 在应对评估的风险时,最重要的是合理确定审计程序的性质,而非时间安排和范围。这是由于性质决定了审计程序所能实现的目标、所能应对的风险;只有性质正确,确定时间安排和范围才有意义。这就像只有医生对症下药(审计程序的性质与所应对的风险相关),病人多吃几副药(扩大审计程序的范围)才有效果。

(二) 确定进一步审计程序的性质的考虑因素

1. 首先需要考虑认定层次重大错报风险的评估结果

在确定进一步审计程序的性质时,注册会计师首先需要考虑认定层次重大错报风险的评估结果。评估的认定层次重大错报风险越高,对通过实质性程序获取的审计证据的相关性和可靠性的要求越高,从而可能影响进一步审计程序的类型及其综合运用。例如,当注册会计师判断某类交易协议的完整性存在更高的重大错报风险时,除检查文件之外,注册会计师还可能决定向第三方询问或函证协议条款的完整性。

2. 其次应考虑评估的认定层次重大错报风险产生的原因

在确定拟实施的审计程序时,注册会计师接下来应当考虑评估的认定层次重大错报风险产生的原因,包括考虑各类交易、账户余额和披露的具体特征及内部控制。例如:

(1) 注册会计师可能判断某特定类别的交易即使在不存在相关控制的情况下发生重大错报的风险仍较低,此时注册会计师可能认为仅实施实质性程序就可以获取充分、适当的审计证据。

(2) 对于经由被审计单位信息系统日常处理和控制的某类交易,如果注册会计师预期此类交易在内部控制运行有效的情况下发生重大错报的风险较低,且拟在控制运行有效的基础上设计实质性程序,注册会计师就会决定先实施控制测试。

需要说明的是,如果在实施进一步审计程序时拟利用被审计单位信息系统生成的信息,注册会计师应当就信息的准确性和完整性获取审计证据。例如:

(1) 注册会计师在实施实质性分析程序时,使用了被审计单位生成的非财务信息或预算数据。

(2) 注册会计师在对被审计单位的存货期末余额实施实质性程序时,拟利用被审计单位信息系统生成的各个存货存放地点及其余额清单。注册会计师应当获取关于这些信息的准确性和完整性的审计证据。

三、进一步审计程序的时间

(一) 概念

注册会计师在何时实施进一步审计程序,或者获取的审计证据适用的期间或时点(获取什么期间或时点的审计证据)。

注册会计师可以在期中或期末实施控制测试或实质性程序。注册会计师在期中实施审计程序可能发挥积极作用,但也存在很大的局限。某些审计程序只能在期末或期末以后实施,包括将财务报表中的信息与其所依据的会计记录进行核对或调节,检查财务报表编制过程中所作的会计调整等。

(二) 确定进一步审计程序的时间的考虑因素

如何选择实施审计程序的时间的问题。一项基本的考虑因素应当是注册会计师评估的重大错报风险;当重大错报风险较高时,注册会计师应当考虑在期末或接近期末实施实质性程序,或采用不通知的方式,或在管理层不能预见的时间实施审计程序。

影响注册会计师考虑在何时实施审计程序的其他相关因素包括:
(1) 控制环境。
(2) 何时能得到相关信息。
(3) 错报风险的性质。
(4) 审计证据适用的期间或时点。
(5) 编制财务报表的时间,尤其是编制某些披露的时间。

四、进一步审计程序的范围

(一) 概念

进一步审计程序的范围,是指实施进一步审计程序所涉及的数量多少,如抽取的样本量、选取的监盘地点数量、对某项控制活动的观察次数等。

(二) 确定进一步审计程序的范围的考虑因素

确定进一步审计程序的范围应该考虑的因素包括确定的重要性水平、评估的重大错报风险和计划获取的保证程度,如表 6-2 所示。

表 6-2　　　　　　　　确定进一步审计程序的范围的考虑因素

因　　素	进一步审计程序的范围的变动关系
确定的重要性水平	反向
评估的重大错报风险	同向
计划获取的保证程度	同向

注:运用审计抽样方法确定进一步审计程序的范围时,注册会计师还应当考虑可容忍错报或可容忍偏差率。

(1) 确定的重要性水平。注册会计师确定的重要性水平越低,实施进一步审计程序的范围越广。

(2) 评估的重大错报风险。注册会计师评估的重大错报风险越高,实施进一步审计程序的范围越广。

(3)计划获取的保证程度。注册会计师计划获取的保证程度越高,对测试结果可靠性要求越高,实施进一步审计程序的范围越广(与可接受的审计风险互补)。

> **关键阐释**
>
> 随着风险增加,注册会计师应当考虑扩大审计程序的范围。但是,只有当审计程序本身与特定风险相关时,扩大审计程序的范围才是有效的。

任务三 实施控制测试

一、控制测试的概念与要求

(一)控制测试的概念

控制测试,是指用于评价内部控制在防止或发现并纠正认定层次重大错报方面的运行有效性的审计程序。

测试控制运行有效性时,注册会计师获取的有关控制运行有效性的审计证据应当包括:

(1)控制在所审计期间的相关时点是如何运行的,控制是否得到一贯执行。
(2)控制由谁执行。
(3)控制以何种方式执行。

> **关键阐释**
>
> 了解内部控制与控制测试的区别
>
> | 维度 | 了解内部控制 | 控制测试 |
> | --- | --- | --- |
> | 目的 | 评价控制的设计、确定控制是否得到执行 | 评价控制运行是否有效 |
> | 内涵 | 强调某项控制存在、被审计单位正在使用 | 强调控制能够在各个不同时点按照既定设计得以一贯执行 |
> | 审计程序 | 询问、观察、检查、穿行测试 | 询问、观察、检查、重新执行 |
> | 样本量 | 只需抽取少量的交易进行检查或观察某几个时点 | 需要抽取足够数量的交易进行检查或对多个不同时点进行观察 |

注册会计师可以考虑在评价控制设计和获取其得到执行的审计证据的同时测试控制运行有效性,以提高审计效率;同时注册会计师应当考虑这些审计证据是否足以实现控制测试的目的。

(二)需要进行控制测试的情形

作为进一步审计程序的类型之一,控制测试并非在任何情况下都需要实施。当存在下

列情形之一时,注册会计师应当实施控制测试:

(1) 在评估认定层次重大错报风险时,预期控制的运行是有效的,注册会计师应当实施控制测试,就控制在相关期间或时点的运行有效性获取充分、适当的审计证据。

(2) 仅通过实施实质性程序无法获取认定层次的充分、适当的审计证据时,注册会计师应当实施相关的控制测试,以获取控制运行有效性的审计证据。

需要进行控制测试的具体情形如表6-3所示。

表6-3　　　　　　　　　　　需要进行控制测试的情形

情　形		分　析
"预期有效"	在评估认定层次重大错报风险时,预期控制的运行是有效的	预期有效是指某项控制的设计是存在的、合理的,同时得到了执行
"仅实质性程序不足"	仅通过实施实质性程序无法获取认定层次的充分、适当的审计证据	在高度自动化处理的情况下,审计证据可能仅以电子形式存在,其质量通常取决于自动化信息系统相关控制的有效性

二、控制测试的性质

(一) 控制测试性质的概念

1. 含义

控制测试的性质,指控制测试所使用的审计程序的类型及其组合。

2. 审计程序的类型

(1) 询问。询问本身并不足以测试控制运行的有效性,需要将询问与其他审计程序结合使用。

(2) 观察。观察适用于测试不留下书面记录的控制(如职责分离、自动化控制)的运行情况的有效方法;观察提供的证据仅限于观察发生的时点,注册会计师需要考虑不在场时可能未被执行的情况。

(3) 检查。检查适用于留有书面证据的控制;检查对象包括复核时留下的记号、签字、标志,以及是否按规定完整实施了该控制。

(4) 重新执行。如果需要进行大量的重新执行,注册会计师就要考虑通过实施控制测试以缩小实质性程序的范围是否有效率。

(二) 确定控制测试性质的考虑因素

计划从控制测试获取的保证水平,是注册会计师决定控制测试性质的主要因素。当拟实施的进一步审计程序以控制测试为主时,应当获取有关控制运行有效性更高的保证水平。

(三) 确定控制测试性质时的要求

(1) 考虑特定控制的性质。

(2) 考虑测试与认定直接相关和间接相关的控制;不仅应考虑与认定直接相关的控制,还应考虑与认定间接相关的控制。

(3) 考虑自动化应用控制。对于一项自动化的应用控制，注册会计师可以利用该项控制得以执行的审计证据和信息技术一般控制（特别是对系统变动的控制）运行有效性的审计证据，将其作为支持该项控制在相关期间运行有效性的重要审计证据。

（四）实施控制测试时对双重目的的实现

控制测试的目的是评价控制是否有效运行，细节测试的目的是发现认定层次的重大错报。注册会计师可以考虑针对同一交易同时实施控制测试和细节测试，以评价控制是否有效运行和发现认定层次的重大错报，实现双重目的。

三、控制测试的时间

（一）控制测试时间的概念

控制测试的时间包含两层含义：一是何时实施控制测试；二是测试所针对的控制适用的时点或期间。

（二）考虑期中实施的控制测试

1. 基本要求

在期中实施控制测试具有更积极的作用，因此注册会计师一般在期中进行控制测试。如果已获取有关控制在期中运行有效性的审计证据，并拟利用该证据，注册会计师应当实施下列审计程序：获取这些控制在剩余期间发生重大变化的审计证据；确定针对剩余期间还需获取的补充审计证据。

2. 考虑控制在剩余期间发生的重大变化

（1）如果这些控制在剩余期间发生了变化（如信息系统、业务流程或人事管理等方面发生变动），注册会计师需要了解并测试控制的变化对期中审计证据的影响，即重新了解并测试剩余期间的控制。

（2）如果这些控制在剩余期间没有发生变化，注册会计师可能决定信赖期中获取的审计证据，即将期中的审计证据合理延伸至期末（获取补充证据）。

3. 考虑剩余期间的补充证据

针对期中证据以外的、剩余期间的补充证据，注册会计师应当考虑的因素如表 6-4 所示。

表 6-4　　　　　　　　考虑剩余期间的补充证据的数量

考 虑 因 素	补充证据数量
评估的认定层次重大错报风险	同向变动
在期中测试的特定控制，以及在期中测试后发生的重大变动	—
期中获取的控制运行有效性证据的充分程度	反向变动
剩余期间的长度	同向变动
在信赖控制的基础上拟缩小实质性程序的范围（即对相关控制的信赖程度）	同向变动

(续表)

考 虑 因 素	补充证据数量
控制环境强弱	反向变动
对控制的监督的强弱	反向变动

> **拓展阅读**
>
> 如何理解"在信赖控制的基础上拟缩小实质性程序的范围"与
剩余期间的补充证据呈同向变动
>
> 　　注册会计师对相关控制的信赖程度越高,在实施实质性程序时越可以缩小范围。本质上,在信赖控制的基础上拟缩小实质性程序的范围代表的是注册会计师对相关控制的信赖程度。根据审计基本原理,信赖程度反映注册会计师计划获取的保证程度,而计划获取的保证程度越高,可接受的检查风险就越低,所需实施的审计程序和获取的审计证据就越多,即为同向变动关系。这一结论通常被简明扼要地总结为"越信赖,越测试"。

(三) 考虑以前审计获取的审计证据

1. 基本思路

考虑拟信赖以前审计中测试的控制在本期是否发生变化。如果拟信赖以前审计获取的有关控制运行有效性的审计证据,注册会计师应当实施询问并结合观察或者检查程序,获取这些控制是否已经发生变化的审计证据。具体决策如图 6-6 所示。

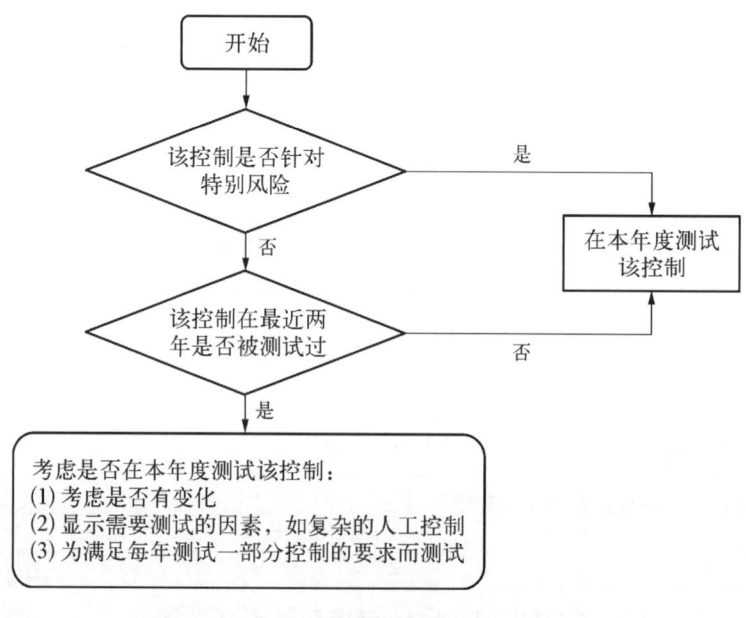

图 6-6　本审计期间测试某项控制的决策

(1) 拟信赖旨在减轻特别风险的控制,不应依赖以前获取的证据,应当在本期测试。

(2) 非特别风险的控制,最近两年测试结果显示控制运行有效,可以考虑依赖以前期间获取的证据。

(3) 控制发生了实质性变化,不应依赖以前获取的证据,应当在本期测试。

2. 具体要求

(1) 不得依赖以前审计所获取证据的情形(与特别风险相关的控制)。

对于旨在减轻特别风险的控制,如果注册会计师拟信赖减轻特别风险的控制,无论本期是否发生变化,都不应依赖以前审计获取的证据,应在本期测试这些控制的运行有效性。

> **关键阐释**
> (1) "不应依赖以前获取的证据"意味着需要依赖本期控制测试获取的审计证据。
> (2) 不应利用和较少利用是两个概念,如果控制环境薄弱但是对控制的监督有效,注册会计师可能会利用以前审计获取的审计证据。

(2) 不属于与特别风险相关的控制。

① 若拟信赖的控制自上次测试后已发生实质性变化,注册会计师应在本期审计中测试这些控制的运行有效性。

② 若拟信赖的控制自上次测试后未发生变化,且不属于旨在减轻特别风险的控制,应运用职业判断确定是否在本期审计中测试其运行有效性,以及本次测试与上次测试的间隔期间,但每三年至少对控制测试一次。

③ 若拟信赖以前审计获取的某些控制(不属于旨在减轻特别风险的控制)运行有效性的审计证据,应在每次审计时选取足够数量的控制,测试其运行有效性;不应将所有拟信赖控制的测试集中于某一次审计,而在之后的两次审计中不进行任何测试。

3. 对测试间隔期间的考虑因素

如果控制在本期未发生变化,注册会计师在确定是否利用以前获取的有关控制运行有效性的审计证据,以及再次测试控制的时间间隔(但最长每三年至少要对控制测试一次)时,注册会计师应当考虑的因素或情况包括:

(1) 内部控制其他要素的有效性,包括控制环境、对控制的监督及被审计单位的风险评估过程。

当被审计单位控制环境薄弱或对控制的监督薄弱时,注册会计师应当缩短再次测试控制的时间间隔或完全不信赖以前审计获取的审计证据。

(2) 控制特征(人工控制或自动化控制)产生的风险。当相关控制中人工控制的成分较大时,考虑到人工控制一般稳定性较差,注册会计师可能决定在本期审计中继续测试该控制的运行有效性。

(3) 信息技术一般控制的有效性。

(4) 影响内部控制的重大人事变动。

(5) 环境变化而特定控制缺乏相应变化导致的风险。

(6) 重大错报风险和对控制的拟信赖程度。

> **关键阐释**
>
> 测试控制活动有效性时,如果内部控制(五要素)的其他要素,如控制环境、对控制的监督、风险评估过程是有效的,注册会计师可以考虑信赖以前的审计证据。

四、控制测试的范围

(一) 控制测试范围的概念

控制测试的范围主要是指某项控制活动的测试次数。

注册会计师应设计控制测试,来获取控制在整个拟信赖期间有效运行的充分、适当的审计证据。

(二) 影响控制测试范围的因素

在确定控制测试范围时,除考虑对控制的信赖程度之外,还应考虑的因素如表 6-5 所示。

表 6-5 影响控制测试范围的因素

考 虑 因 素	与控制测试的范围的变动关系
对控制的信赖程度	同向
控制执行频率	同向
拟信赖控制运行有效性的时间长度	同向
控制的预期偏差率	同向/无效
拟获取的有关认定层次控制运行有效性的证据的相关性和可靠性	反向
测试与认定相关的其他控制获取的证据的范围	反向

注:如果控制的预期偏差率过高,注册会计师应当考虑实施的控制测试可能是无效的。

(1) 控制执行频率越高,控制测试的范围越大。

(2) 拟信赖的期间越长,控制测试的范围越大。

(3) 预期偏差率越高,控制测试的范围越大。

(4) 拟获取证据的相关性和可靠性较高,测试该控制的范围可以适当缩小。

(5) 当针对其他控制获取审计证据的充分性和适当性较高时,测试该控制的范围可以适当缩小。

> **拓展阅读**
>
> **如何理解"拟获取的有关认定层次控制运行有效性的证据的相关性和可靠性"与控制测试的范围反向变动**
>
> 相关性和可靠性合称为适当性,是对审计证据质量的衡量。控制测试的范围是对审计证据数量的衡量。该表述旨在讨论拟获取相关审计证据的质量与数量的关系。

> 根据审计基本原理,拟获取相关审计证据的质量越高,数量可能越少,因此两者为反向变动关系。

五、自动化控制与控制测试

(一) 自动化控制风险的评估

内部控制采用自动化系统,并未改变控制的目标,但影响了交易生成、记录、处理和报告的方式,同时对内部控制产生特定风险。控制风险的程度和性质取决于信息系统的性质和特征,注册会计师需要了解与审计相关的信息技术的一般控制和应用控制。注册会计师通常优先评价一般控制,若一般控制有效,注册会计师可以更多地信赖应用控制。

(二) 对自动化控制测试范围的特别考虑

由于信息技术处理过程的内在一贯性,除非系统发生变动,一项自动化控制应当一贯运行;对于一项自动化控制,一旦确定某控制正在执行,注册会计师通常无须扩大控制测试的范围,但需考虑执行下列测试来确定该控制持续有效运行:

(1) 测试与该控制有关的一般控制的运行有效性。
(2) 确定系统是否发生变动;若发生变动,是否存在适当的系统变动控制。
(3) 确定对交易的处理是否采用授权批准的软件版本。

任务四　实施实质性程序

一、实质性程序的概念和要求

(一) 概念

1. 含义

实质性程序,是指用于发现认定层次重大错报的审计程序,包括对各类交易、账户余额和披露的细节测试及实质性分析程序。

2. 要求

由于内部控制的固有局限性,无论评估的重大错报风险结果如何,注册会计师都应当针对所有重大类别的交易、账户余额和披露实施实质性程序。

(二) 与财务报表编制完成阶段相关的审计程序

实质性程序还应当包括下列与财务报表编制完成阶段相关的审计程序:

(1) 将财务报表中的信息与其所依据的会计记录进行核对或调节。
(2) 检查财务报表编制过程中作出的重大会计分录和其他调整。

(三) 针对特别风险实施的实质性程序

(1) 如果认为评估的认定层次重大错报风险是特别风险,注册会计师应当专门针对该风险实施实质性程序。

(2) 如果针对特别风险仅实施实质性程序,注册会计师应当使用细节测试,或将细节测试和实质性分析程序结合使用,以获取充分、适当的审计证据。换言之,不能仅实施实质性分析程序。

具体而言,可能实施的实质性程序组合及其可行性如表 6-6 所示。

表 6-6　　　　　　　　针对特别风险实施的实质性程序组合及其可行性

组　合	控制测试	实质性程序		总体审计方案类型	是否可行
		细节测试	实质性分析		
1	√	√	√	综合性方案	可行
2	√	√	×	综合性方案	可行
3	√	×	√	综合性方案	不可行
4	×	√	√	实质性方案	可行
5	×	√	×	实质性方案	可行
6	×	×	√	实质性方案	不可行
7	√	×	×	无此方案	不可行

根据上表进行总结,有两种情况是不可行的:
(1) 只做控制测试,而不做实质性程序。
(2) 做实质性程序时,不包括细节测试。

二、实质性程序的性质

(一) 概念

实质性程序的性质,是指实质性程序的类型及其组合。

(二) 实质性程序的类型

注册会计师应当针对评估的重大错报风险设计和实施实质性程序,以发现认定层次的重大错报。实质性程序包括对各类交易、账户余额和披露的细节测试及实质性分析程序两类程序。

细节测试是对各类交易、账户余额和披露的具体细节进行的测试,目的在于直接识别财务报表认定是否存在错报。实质性分析程序从技术特征上讲仍然是分析程序,主要通过研究数据间关系评价信息,只是将该技术方法用作实质性程序,即用以识别各类交易、账户余额和披露及相关认定是否存在错报。

1. 细节测试和实质性分析程序的适用性

(1) 细节测试用于直接识别各类交易、账户余额和披露认定的错报,特别是对存在或发生、计价认定的测试。

(2) 注册会计师对于在一段时期内存在可预期关系的大量交易,可以考虑实施实质性分析程序。

2. 细节测试的方向

注册会计师需要根据评估的不同认定层次的重大错报风险设计有针对性的细节测试。

(1) 针对存在或发生认定的细节测试,从财务报表记录追踪至原始业务凭证(逆查)。

(2) 针对完整性认定的细节测试,从原始业务凭证追踪至财务报表记录,确定该业务是否包含在财务报表金额中(顺查)。

具体测试的方向、应对风险及相关认定如表 6-7 所示。

表 6-7　　　　　　　　　细节测试的方向、应对风险及相关认定

测试方向	示　　例	应对风险	相关认定
顺查	凭证(实物)→账簿(报表)	低估	完整性
逆查	账簿(报表)→凭证(实物)	高估	存在或发生

3. 设计实质性分析程序时考虑的因素

(1) 对特定认定使用实质性分析程序的适当性。

(2) 对已记录的金额或比率作出预期时,所依据的内部或外部数据的可靠性。

(3) 作出预期的准确程度是否足以在计划的保证水平上识别重大错报(稳定的预期关系)。

(4) 已记录金额与预期值之间可接受的差异额。

当实施实质性分析程序时,如果使用被审计单位编制的信息,注册会计师应当考虑测试与信息编制相关的控制,以及这些信息是否在本期或前期经过审计。

(三) 针对特别风险实施的实质性程序

注册会计师应当专门针对特别风险实施实质性程序。如果针对特别风险仅实施实质性程序,注册会计师应当实施细节测试,或将实质性分析程序与细节测试相结合。

针对特别风险的程序,细节测试并不是必须实施的,也可以将控制测试和实质性分析程序相结合。具体程序组合方案如表 6-8 所示。

表 6-8　　　　　　　　　　针对特别风险的程序组合

综合性方案(拟信赖内部控制)	实质性方案(仅实施实质性程序)
控制测试+细节测试	细节测试
控制测试+实质性分析程序	细节测试+实质性分析程序
控制测试+细节测试+实质性分析程序	—

三、实质性程序的时间

(一) 考虑是否在期中实施实质性程序

在期中实施实质性程序,一方面,消耗了审计资源;另一方面,期中实施实质性程序获取的审计证据又不能直接作为期末财务报表认定的审计证据,注册会计师仍然需要消耗进一步的审计资源,使期中审计证据能够合理延伸至期末。于是这两部分审计资源的总和是否能够显著小于完全在期末实施实质性程序所需消耗的审计资源,是注册会计师需要权衡的。

下列因素可能对是否在期中实施实质性程序产生影响:

(1) 控制环境和其他相关的控制。控制环境和其他相关的控制越薄弱,注册会计师越不适宜在期中实施实质性程序(尽量在期末或接近期末实施)。

(2) 实施审计程序所需信息在期中之后的可获得性。若实施实质性程序所需信息在期中之后的获取不存在明显困难,该因素不应成为注册会计师在期中实施实质性程序的重要影响因素。

(3) 实质性程序的目的。若针对某项认定实施实质性程序的目标就包括获取该认定的期中审计证据(从而与期末比较),注册会计师应当在期中实施实质性程序。

(4) 评估的重大错报风险。注册会计师评估的某项认定的重大错报风险越高,对于该认定所需获取的审计证据的相关性和可靠性要求也就越高,注册会计师应考虑将实质性程序集中于期末(或接近期末)实施。

(5) 特定类别交易或账户余额及相关认定的性质。某些交易或账户余额及相关认定的特殊性质(如收入截止认定和未决诉讼)决定了注册会计师必须在期末(或接近期末)实施实质性程序。

(6) 针对剩余期间,能否通过实施实质性程序或将实质性程序与控制测试相结合,降低期末存在错报而未被发现的风险。

> **关键阐释**
>
> 某些交易或账户余额以及相关认定的特殊性质(如收入截止认定、未决诉讼)决定了注册会计师必须在期末(或接近期末)实施实质性程序。

(二) 如何考虑期中审计证据

1. 将期中得出的结论合理延伸至期末

将期中实施的实质性程序得出的结论合理延伸至期末时,注册会计师有两种选择:

(1) 针对剩余期间实施进一步的实质性程序。

(2) 将实质性程序和控制测试结合使用。

2. 剩余期间的审计程序

(1) 如果拟将期中测试得出的结论延伸至期末,注册会计师应当考虑针对剩余期间仅实施实质性程序是否足够。

(2) 如果认为实施实质性程序本身不充分,注册会计师还应测试剩余期间相关控制运行的有效性或针对期末实施实质性程序。

3. 针对舞弊风险的审计程序

如果已识别出由于舞弊导致的重大错报风险,为将期中得出的结论延伸至期末而实施的审计程序通常是无效的,注册会计师应当考虑在期末或者接近期末实施实质性程序。

(三) 如何考虑以前审计证据

(1) 对本期只有很弱的证据效力或没有证据效力,不足以应对本期的重大错报风险。

(2) 只有以前获取的审计证据及相关事项未发生重大变动时(例如,以前审计通过实质性程序测试过的某项诉讼在本期没有任何实质性进展),以前的证据才可用作本期的有效证据。

(3) 即便如此,如拟利用以前获取的审计证据,应当在本期实施审计程序,以确定证据是否具有持续相关性。

【例题 6-2】 如何理解"以前审计中通过实质性程序获取的审计证据对本期只有很弱的证据效力或没有证据效力"?

分析:

例如,A 注册会计师负责审计甲公司 20×4 年财务报表。甲公司有一笔账龄 3 年以上、金额重大的其他应付款,由于本期未发生变动,A 注册会计师决定利用以前审计中获取的审计证据,不再对其实施进一步审计程序。本例中,A 注册会计师的做法不妥,这是因为注册会计师应当对重大账户余额实施实质性程序。需要理解的是,在以前审计中实施实质性程序获取的审计证据,通常对本期只有很弱的证据效力或没有证据效力,不足以应对本期的重大错报风险。进一步剖析上述案例,其他应付款在本期未发生变动,并不能证明这一重大的账户余额不存在重大错报,假设通过实施实质性程序,掌握的确凿证据表明对手方已在本年清算,放弃了对甲公司的追索,该负债义务已不再存在,A 注册会计师应建议甲公司冲销该项其他应付款的期末余额。

四、实质性程序的范围

(一) 在确定实质性程序范围时应考虑的因素

(1) 评估的认定层次重大错报风险。注册会计师评估的认定层次的重大错报风险越高,需实施实质性程序的范围越广。

(2) 实施控制测试的结果。若对控制测试结果满意,注册会计师应当考虑缩小实质性程序的范围。

(二) 在确定细节测试范围时应考虑的因素

(1) 从样本量的角度考虑测试范围。

(2) 考虑选样方法的有效性。例如,从总体中选取大额或异常项目,而不是进行代表性抽样或分层抽样。

(三) 实质性分析程序对可接受差异额的考虑

(1) 可接受的差异额。在设计实质性分析程序时,注册会计师应当确定已记录金额与预期值之间可接受的差异额,可容忍或可接受的差异额越大,作为实质性分析程序一部分的进一步调查的范围越小。

(2) 认定的重要性和计划的保证水平。在确定可接受的差异额时,注册会计师应当主要考虑各类交易、账户余额和披露及相关认定的重要性和计划的保证水平。

五、实施实质性程序的结果对控制测试结果的影响

（1）如果通过实施实质性程序发现某项认定存在错报，表明与该认定相关的控制未能防止或发现并纠正错报，注册会计师应当考虑降低对相关控制的信赖程度、修正重大错报风险评估水平，修改实质性程序的性质、扩大实质性程序的范围等。

（2）若通过实施实质性程序未发现某项认定存在错报，这并不能表明与该认定相关的控制运行是有效的。

（3）若实施实质性程序发现被审计单位没有识别出的"重大"错报，通常表明内部控制存在"值得关注的缺陷"，注册会计师应当就这些缺陷与"管理层和治理层"进行沟通。

德技并修

临风险而惧，谋策略而成
——一场关键审计案例的启示

《论语》中有句话，叫作"临事而惧（审慎），好谋而成"，意思是做事要思想重视，态度审慎，谋划周全才能成功。某国际知名科技公司随着业务规模的迅速扩张，其财务报告的复杂性和透明度受到质疑，市场对其财务健康状况的疑虑逐渐加深，股价波动剧烈。鉴于此，公司决定聘请独立审计团队进行深度财务审计，以恢复市场信心。审计团队进驻后一直秉承沉着冷静、思虑周全的工作作风，保持职业化审慎态度，作出理性专业判断。

1. 风险浮现，临危不惧

审计初期，审计团队便发现了多项异常迹象：高额未确认收入、复杂的并购交易以及不透明的投资活动。这些潜在风险如暗流涌动，威胁着公司的稳定与发展。面对压力，审计团队保持冷静，认识到唯有直面风险，方能揭开真相。

2. 策略筹划，深思熟虑

审计团队迅速制定了针对性的审计策略。首先，明确了审计重点，集中在收入确认、并购交易的公允性及投资活动的真实性上。其次，引入了数据分析工具和专家顾问，以提高审计效率和准确性。同时，制定了详细的访谈计划和现场核查方案，确保审计工作全面覆盖，不留死角。

3. 实施行动，精准高效

在实施阶段，审计团队展现了高度的专业素养和执行力。通过数据分析，快速锁定了关键疑点；通过深入访谈，揭示了背后的业务逻辑和动机；通过现场核查，获取了第一手证据材料。整个审计过程紧凑有序，每一环节都力求精准高效。

4. 成果展现，风险化解

经过艰苦努力，审计团队最终揭露了公司在收入确认和并购交易中的不当行为，以及部分投资活动的虚报情况。这些发现得到了公司管理层的确认，并立即启动了整改程序。审计报告的发布，为投资者提供清晰的财务图景，有效稳定市场情绪，公司股

价逐步回升。

思考与启示：审计能保持其权威性，离不开审计团队的专业能力和坚定信念。作为新时代审计人，在面临风险时，应保持冷静和勇气，通过科学合理的策略筹划和精准高效的实施行动来化解风险。同时，审计队伍应不断加强自身建设，提升专业能力和风险管理水平，以应对日益复杂多变的商业环境，与企业携手共进，共同维护市场经济的健康发展。

项目小结

（1）针对报表层次重大错报风险的总体应对措施主要包括向项目组强调保持职业怀疑的必要性、指派更有经验或具有特殊技能的审计人员或利用专家的工作，提供更多的督导，在选择拟实施的进一步审计程序时融入更多的不可预见的因素，对拟实施审计程序的性质、时间安排或范围作出总体修改，同时也需要考虑控制环境对总体应对措施的影响。

（2）进一步审计程序是指注册会计师针对认定层次重大错报风险而实施的审计程序，包括控制测试和实质性程序，其中实质性程序包括实质性分析程序和细节测试。在设计进一步审计程序时不仅要考虑风险的重要性、重大错报发生的可能性，还要考虑涉及事项的特征、性质、内部控制等，其决策首先考虑是否需要从控制测试中获取审计证据，然后考虑是否需要从实质性分析程序中获取审计证据，最后考虑是否需要获取进一步审计证据。

（3）控制测试与了解内部控制是不同的，其是指用于评价内部控制在防止或发现并纠正认定层次重大错报方面运行有效性的审计程序。作为进一步审计程序的类型之一，控制测试并不是在任何情况下都需要实施，而是需要根据实际情况进行充分思考与决策，同时考虑其性质、时间与范围。

（4）实质性程序是指用于发现认定层次重大错报的审计程序，包括对各类交易、账户余额和披露的细节测试及实质性分析程序，其可以与控制测试组合并行。同时根据实际情况，决策实质性程序的组合，充分思考实质性程序的性质、时间与范围。

即测即评

一、单项选择题

1. 下列各项措施中，不能应对财务报表层次重大错报风险的是（　　）。
   A. 在期末而非期中实施更多的审计程序
   B. 扩大控制测试的范围
   C. 增加拟纳入审计范围的经营地点数量
   D. 提升审计程序的不可预见性

2. 下列各项中，能够提升审计程序不可预见性的是（　　）。
   A. 对零余额账户和在本期内注销的账户实施函证
   B. 对非重要组成部分在集团层面实施分析程序

C. 针对销售和销售退回延长截止测试期间

D. 在现存供应商名单中选取样本实施应付账款函证

3. 下列有关审计程序不可预见性的说法中,错误的是( )。

A. 增加审计程序的不可预见性是为了避免管理层对审计效果的人为干预

B. 注册会计师无须量化审计程序的不可预见性程度

C. 增加审计程序的不可预见性会导致注册会计师实施更多的审计程序

D. 注册会计师设计拟实施审计程序的性质、时间安排和范围时,都可以增加不可预见性

4. 下列有关注册会计师在对进一步审计程序设计时采取的总体审计方案的说法中,正确的是( )。

A. 针对不同认定可以采用不同的审计方案

B. 应当根据成本效益的原则选择总体审计方案

C. 针对特别风险应当采用实质性方案

D. 采用的审计方案应当与前期审计一致,除非评估的重大错报风险发生重大变化

5. 下列有关注册会计师实施进一步审计程序的时间的说法中,错误的是( )。

A. 如果被审计单位的控制环境良好,注册会计师可以更多地在期中实施进一步审计程序

B. 注册会计师在确定何时实施进一步审计程序时需要考虑能够获取相关信息的时间

C. 对于被审计单位发生的重大交易,注册会计师应当在期末或期末以后实施实质性程序

D. 如果评估的重大错报风险为低水平,注册会计师可以选择资产负债表日前适当日期为截止日来实施函证

6. 下列有关实质性程序的说法中,正确的是( )。

A. 注册会计师针对认定层次的特别风险实施的实质性程序应当包括实质性分析程序

B. 注册会计师应当针对所有类别的交易、账户余额和披露实施实质性程序

C. 注册会计师实施的实质性程序应当包括将财务报表与其所依据的会计记录进行核对或调节

D. 如果期中实施了实质性程序,注册会计师应当对剩余期间实施控制测试和实质性程序

7. 下列有关控制测试目的的说法中,正确的是( )。

A. 旨在评价内部控制在防止或发现并纠正认定层次重大错报方面的运行有效性

B. 旨在发现认定层次发生错报的金额

C. 旨在验证实质性程序结果的可靠性

D. 旨在确定控制是否得到执行

8. 如果注册会计师获取了有关控制在期中运行有效性的审计证据,下列说法正确的是( )。

A. 如果在期末实施实质性程序未发现某项认定存在错报,说明与该项认定相关的控制是有效的

B. 如果某一控制在剩余期间内发生变动,在评价整个期间的控制运行有效性时,无须考虑期中测试的结果

C. 对某些自动化运行的控制,通过测试信息系统一般控制的有效性可以获取控制在剩余期间运行有效的审计证据

D. 如果某一控制在剩余期间内未发生变动,无须针对剩余期间控制运行有效性获取补充审计证据

9. 下列有关实质性程序时间安排的说法中,正确的是( )。

A. 应对舞弊风险的实质性程序应当在资产负债表日后实施

B. 针对账户余额的实质性程序应当在接近资产负债表日实施

C. 实质性程序应当在控制测试完成后实施

D. 实质性程序的时间安排受被审计单位控制环境的影响

10. 下列审计程序中,不适用于细节测试的是( )。

A. 检查　　　　　　　　　　B. 函证

C. 重新执行　　　　　　　　D. 询问

11. 下列各项审计程序中,注册会计师在实施控制测试和实质性程序时均可以采用的是( )。

A. 分析程序　　　　　　　　B. 函证

C. 重新执行　　　　　　　　D. 检查

12. 下列各项中,注册会计师在确定进一步审计程序的范围时应当考虑的因素不包括( )。

A. 评估的重大错报风险　　　　B. 审计证据适用的期间或时点

C. 计划获取的保证程度　　　　D. 确定的重要性水平

13. 下列各项中,注册会计师在确定进一步审计程序的性质时,通常不需考虑的是( )。

A. 确定的重要性水平

B. 认定层次重大错报风险的评估结果

C. 评估的认定层次重大错报风险产生的原因

D. 在实施进一步审计程序时,注册会计师是否拟利用被审计单位信息系统生成的信息

14. 下列有关控制测试和实质性程序的说法中,错误的是( )。

A. 注册会计师应当针对特别风险同时实施控制测试和实质性程序

B. 无论是否实施控制测试,注册会计师均应对所有重大类别的交易、账户余额和披露实施实质性程序

C. 注册会计师可以针对同一交易同时实施控制测试和实质性程序,以实现双重目的

D. 如果认为仅通过实施实质性程序无法获取认定层次的充分、适当的审计证据,注册会计师应当实施控制测试

15. 如果注册会计师已获取有关控制在期中运行有效的审计证据,下列有关剩余期间补充证据的说法中,错误的是( )。

A. 注册会计师可以通过测试被审计单位对控制的监督,将控制在期中运行有效的审计证据合理延伸至期末

B. 被审计单位的控制环境越有效,注册会计师需要获取的剩余期间的补充证据越少

C. 如果控制在剩余期间发生了变化,注册会计师可以通过实施穿行测试,将期中获取的审计证据合理延伸至期末

D. 注册会计师在信赖控制的基础上拟减少的实质性程序的范围越大,注册会计师需要获取的剩余期间的补充证据越多

二、多项选择题

1. 下列各项措施中,能应对财务报表层次重大错报风险的有(　　)。
   A. 扩大控制测试的范围
   B. 在期末而非期中实施更多的审计程序
   C. 增加审计程序的不可预见性
   D. 增加拟纳入审计范围的经营地点的数量

2. 下列情形中,注册会计师不应利用以前年度获取的有关控制运行有效的审计证据的有(　　)。
   A. 注册会计师拟信赖旨在减轻特别风险的控制
   B. 控制在过去两年审计中未经测试
   C. 控制在本年发生重大变化
   D. 被审计单位的控制环境薄弱

3. 下列有关审计程序不可预见性的说法中,正确的有(　　)。
   A. 注册会计师需要与被审计单位管理层事先沟通拟实施具有不可预见性的审计程序的要求,但不能告知其具体内容
   B. 注册会计师应当在签订审计业务约定书时明确提出拟在审计过程中实施具有不可预见性的审计程序,但不能明确具体内容
   C. 注册会计师采取不同的抽样方法使当年抽取的测试样本与以前有所不同,可以增加审计程序的不可预见性
   D. 注册会计师通过调整实施审计程序的时间,可增加审计程序的不可预见性

4. 在设计进一步审计程序时,下列各项因素中,注册会计师应当考虑的有(　　)。
   A. 涉及的各类交易、账户余额和披露的特征
   B. 重大错报发生的可能性
   C. 被审计单位采用的特定控制的性质
   D. 风险的重要性

5. 下列各项因素中,注册会计师在确定实施审计程序的时间时需要考虑的有(　　)。
   A. 审计证据适用的期间　　　　B. 错报风险的性质
   C. 被审计单位的控制环境　　　D. 何时能得到相关信息

三、判断题

1. 如果拟将期中测试得出的结论延伸至期末,注册会计师应当考虑针对剩余期间仅实施实质性程序是否足够。(　　)

2. 实施的实质性程序的结果对控制测试结果并不存在影响。(　　)

3. 在设计实质性分析程序时,注册会计师应当确定已记录金额与预期值之间可接受的差异额,可容忍或可接受的差异额越大,作为实质性分析程序一部分的进一步调查的范围越小。（ ）

4. 控制环境和其他相关的控制越薄弱,注册会计师越适合在期中实施实质性程序。（ ）

5. 针对存在或发生认定的细节测试,从原始业务凭证追踪至财务报表记录,确定该业务是否包含在财务报表金额中。（ ）

6. 在财务报表审计中,注册会计师可以不实施控制测试,也可以不实施实质性程序。（ ）

7. 对于一项自动化应用控制,一旦确定某应用控制正在执行,注册会计师通常无须扩大控制测试的范围。（ ）

8. 当被审计单位控制环境薄弱或对控制的监督薄弱时,注册会计师应当缩短再次测试控制的时间间隔或完全不信赖以前审计获取的审计证据。（ ）

9. 若拟信赖的控制自上次测试后未发生实质性变化,注册会计师就可以不在本期审计中测试这些控制的运行有效性。（ ）

10. 注册会计师确定的重要性水平越低,实施进一步审计程序的范围越广。（ ）

技能实践

1. **任务描述**：ABC 会计师事务所的 A 注册会计师负责审计甲公司 20×4 年度财务报表。

审计工作底稿中与风险应对程序相关的部分内容摘录如下：

（1）针对识别出的与财务报表整体广泛相关的特别风险,A 注册会计师通过扩大控制测试和实质性程序的范围予以应对。

（2）实施应收账款函证程序时,A 注册会计师为提高函证程序的不可预见性,以资产负债表日为函证截止日实施函证。

（3）在评估销售业务重大错报风险时,通过了解甲公司内部控制,预期其相关控制的运行是有效的,A 注册会计师实施控制测试。

（4）A 注册会计师针对截至 7 月 31 日的应付账款相关内部控制实施了控制测试,获取了该控制有效运行的审计证据,不再关注。

（5）针对识别出的销售收入的舞弊风险,A 注册会计师仅实施实质性分析程序予以恰当应对。

（6）针对识别出的有关应付账款低估的重大错报风险,A 注册会计师选择包含在财务报表金额中的项目,以获取充分、适当的审计证据。

任务要求：

针对上述第(1)至(6)项,逐项指出 A 注册会计师的做法是否恰当。如不恰当,简要说明理由。

2. **任务描述**：ABC 会计师事务所的 B 注册会计师负责审计乙公司 20×4 年度财务报表。

审计工作底稿中与进一步审计程序相关的部分内容摘录如下:

(1) 根据以往年度审计结果,乙公司针对主要业务流程(包括销售与收款、采购与付款,以及生产与存货等)的内部控制是有效的,因此 B 注册会计师决定在 20×4 年度审计中继续采用综合性审计方案。

(2) 在实施进一步审计程序时拟利用乙公司信息系统生成的信息,B 注册会计师就拟利用信息的准确性获取了审计证据。

(3) 乙公司 20×4 年度多次向银行和其他企业抵押借款。为应对与财务报表披露的完整性认定相关的重大错报风险,B 注册会计师扩大了对实物资产的检查范围。

(4) 评估认为应收账款的重大错报风险较低,对乙公司 20×4 年 11 月 30 日的应收账款余额实施了函证程序,未发现差异。20×4 年 12 月 31 日的应收账款余额较 11 月 30 日无重大变动。B 注册会计师据此认为已对年末应收账款余额的存在认定获取了充分、适当的审计证据。

(5) 在实施实质性程序时发现的乙公司存在的重大错报表明内部控制存在值得关注的缺陷,B 注册会计师就这些缺陷与管理层和治理层进行了沟通。

任务要求:

针对上述第(1)至(5)项,逐项指出 B 注册会计师的做法是否恰当。如不恰当,简要说明理由。

3. **任务描述:** ABC 会计师事务所的 C 注册会计师负责审计丙公司 20×4 年度财务报表,确定财务报表整体的重要性为 500 万元。

审计工作底稿中与进一步审计程序相关的部分内容摘录如下:

(1) C 注册会计师评估的存货认定相关控制的有效性较高,在设计进一步审计程序时,决定缩小控制测试的范围。

(2) 为应对应收账款项目准确性、计价和分摊认定的重大错报风险,C 注册会计师全部采用积极的方式函证,同时扩大了函证范围。

(3) 针对丙公司管理层凌驾于销售与收款循环控制之上的特别风险,C 注册会计师实施实质性分析程序以获取营业收入项目充分、适当的审计证据。

(4) 针对丙公司固定资产的存在认定,C 注册会计师从验收单中选取项目追查至固定资产明细账。

(5) 丙公司 20×4 年度管理费用为 5 000 万元。C 注册会计师认为重大错报风险较低,拟仅实施控制测试。

任务要求:

针对上述第(1)至(5)项,逐项指出 C 注册会计师的做法是否恰当。如不恰当,简要说明理由。

4. **任务描述:** ABC 会计师事务所负责审计丁公司 20×4 年度财务报表。

审计工作底稿中与内部控制相关的部分内容摘录如下:

(1) 丁公司部分原材料系向农户采购,2 000 元及以上的付款应当通过银行转账,低于 2 000 元可以采用现金形式支付,但应取得农户签字的收据。审计项目组在实施控制测试时,发现一笔 8 000 元的采购交易被拆分成 8 笔,以现金支付。财务经理解释该农户无银行卡。审计项目组检查了收据签字,对控制测试结果满意。

(2) 丁公司财务经理每月应复核销售返利计算表,检查销售收入金额和返利比例是否准确,如有异常进行调查并处理,复核完成后签字存档。审计项目组选取了3个月的销售返利计算表,检查了财务经理的签字,认为该控制运行有效。

(3) 丁公司将经批准的合格供应商信息录入信息系统形成供应商主文档,生产部员工在信息系统中填制连续编号的请购单时只能选择该主文档中的供应商。供应商的变动需由采购部经理批准,并由其在系统中更新供应商主文档。审计项目组认为该内部控制设计合理,拟予以信赖。

(4) 丁公司采用账龄分析法对部分应收账款计提坏账准备,财务人员根据信息系统生成的账龄信息计算坏账准备金额,由财务经理复核并报财务总监批准。审计项目组拟询问财务经理和财务总监,检查复核与批准记录,以测试该控制的运行有效性。

(5) 丁公司超过赊销额度的赊销由销售总监和财务经理审批。自20×4年11月1日起,改为由销售总监和财务总监审批。审计项目组测试了20×4年1月至10月的该项控制,并于20×5年1月询问了销售总监和财务总监控制在剩余期间的运行情况,未发现偏差。审计项目组认为控制在20×4年度运行有效。

(6) 丁公司现金销售通过收银机集中收款,并自动生成销售小票和每日现金销售汇总表。财务人员将每日现金销售汇总表金额和收到的现金核对一致。除财务部经理批准外,出纳应在当日将收到的现金存入指定银行。审计项目组发现,有3张银行现金缴款单回单的日期比每日现金销售汇总表的日期晚一天。财务人员解释,由于当日核对工作结束较晚,银行已结束营业,经财务部经理批准,出纳将现金存入公司保险柜,并于次日存入银行。审计项目组检查了财务部经理签字批准的记录,未发现异常,认为该控制运行有效。

任务要求:

针对上述第(1)至(6)项,逐项指出每个事项中审计项目组的做法是否恰当。如果不恰当,简要说明理由。

5. **任务描述:** 戊公司是ABC会计师事务所的常年审计客户,主要从事肉制品的加工和销售。D注册会计师负责审计戊公司20×4年度财务报表。

(1) 为查找未入账的应付账款,D注册会计师检查了资产负债表日后应付账款明细账贷方发生额的相关凭证,并结合存货监盘程序,检查了戊公司资产负债表日前后的存货入库资料,结果满意。

(2) 戊公司有一笔账龄3年以上、金额重大的其他应付款,因20×4年未发生变动,D注册会计师未实施进一步审计程序。

(3) 20×4年有多名消费者起诉戊公司,管理层聘请外部律师担任诉讼代理人。D注册会计师拟亲自向律师寄发由管理层编制的询证函,并要求与律师进行直接沟通。

(4) 戊公司20×4年年末与一项未决诉讼相关的预计负债存在特别风险,因其为单一事项,D注册会计师认为直接实施细节测试更有效率,未了解和测试相关内部控制。

任务要求:

针对上述第(1)至(4)项,假定不考虑其他条件,逐项指出D注册会计师的做法是否恰当,如不恰当,简要说明理由。

 头脑风暴

1. 针对报表层次的重大错报风险,注册会计师可以采取哪些应对措施?
2. 如何理解利用专家的工作?你认为专家应该具备哪些特征?
3. 注册会计师出于成本效益的考虑可以使用综合性方案设计进一步审计程序,你对人生的"付出"与"收获"是怎样看的?
4. 如何理解实质性程序的范围?

项目七 出具审计报告

思维导图

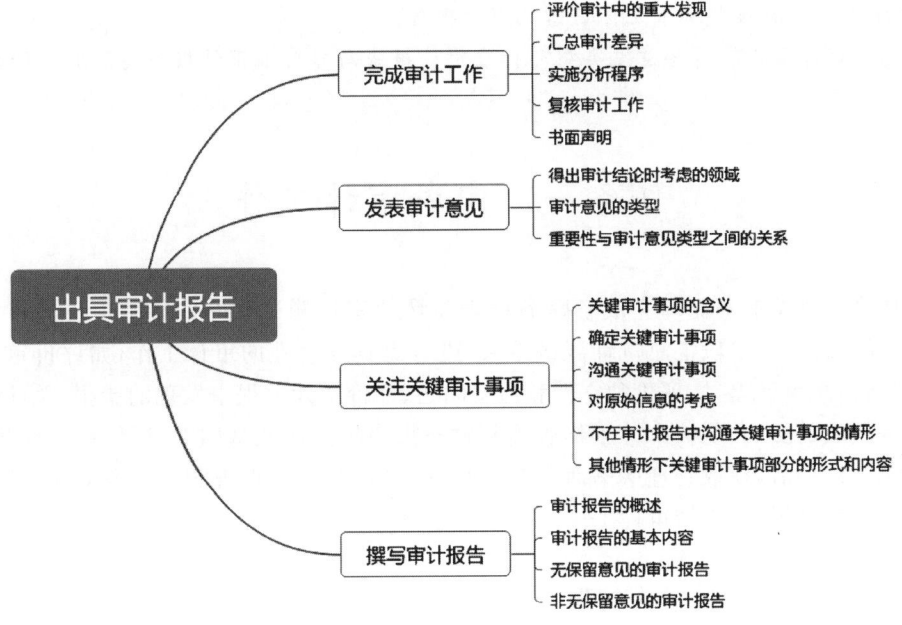

学习目标

【素质目标】
1. 坚守诚信、独立、客观公正的审计职业道德。
2. 具备良好沟通与协调能力,准确应对冲突。
3. 具备强烈的法律法规意识,杜绝虚假报告。

【知识目标】
1. 理解审计报告的含义和作用。
2. 掌握审计意见的形成。
3. 熟悉审计报告的基本内容、类型。
4. 掌握审计报告的类型确定和编写方法。

【技能目标】
1. 能按照审计报告编制前的工作要求，完成编制审计报告前的各项工作。
2. 能根据不同情况，按照审计报告的符合条件，恰当发表审计意见。
3. 能运用审计报告的有关知识，独立完成审计报告的编制。

 案例导入

非标准无保留意见审计报告意味着什么？

2025年4月26日，在上海证券交易所主板上市的动力新科（股票代码600841.SH）公布2024年年度报告。值得关注的是，德勤华永会计师事务所（特殊普通合伙）为这份年报出具了带有强调事项段的无保留意见审计报告，这成为"四大"会计师事务所于A股市场在2024年度出具的首份非标准无保留意见审计报告。

思考： 审计报告有哪些意见类型？标准审计报告与非标准审计报告的区别是什么？

任务一 完成审计工作

注册会计师按业务循环完成各财务报表项目的审计测试和一些特殊项目的审计工作后，在完成审计工作阶段汇总审计测试结果，进行更具综合性的审计工作，如评价审计中的重大发现、汇总审计差异、评价独立性和道德问题、评价审计过程中发现的错报、关注期后事项对财务报表的影响、复核审计工作底稿和财务报表等。在此基础上，评价审计结果，在与被审计单位沟通后，获取管理层书面声明，确定应出具的审计报告的意见类型和措辞，进而编制并致送审计报告，终结审计工作。

一、评价审计中的重大发现

在完成审计工作阶段，项目合伙人和审计项目组考虑的重大发现和事项的例子包括：期中复核中的重大发现及其对审计方法的影响；涉及会计政策的选择、运用和一贯性的重大事项，包括相关披露；就识别出的特别风险，对总体审计策略和具体审计计划所作的重大修改；在与管理层和其他人员讨论重大发现和事项时得到的信息；与注册会计师的最终审计结论相矛盾或不一致的信息。

对实施审计程序的结果进行评价，可能全部或部分地揭示出以下事项：① 为了实现计划的审计目标，是否有必要对重要性进行修订；② 对总体审计策略和具体审计计划的重大修改，包括对重大错报风险评估结果作出的重要修改；③ 对审计方法有重要影响的值得关注的内部控制缺陷和其他缺陷；④ 财务报表中存在的重大错报；⑤ 项目组内部或项目组与项目质量复核人员或提供咨询的其他人员之间，就重大会计和审计事项达成最终结论所存在的意见分歧；⑥ 审计工作中遇到的重大困难；⑦ 向事务所内部有经验的专业人士或外部专业顾问咨询的事项；⑧ 与管理层或其他人员就重大发现，以及与注册会计师的最终审计结论相矛盾或不一致的信息进行的讨论。

二、汇总审计差异

在完成按业务循环进行的控制测试、交易与财务报表项目的实质性程序和特殊项目的审计后,对在审计中发现的被审计单位的会计处理方法与企业会计准则的不一致,即审计差异,审计项目经理应根据重要性原则予以初步确定并汇总,并建议被审计单位调整。这一对审计差异内容的"初步确定并汇总"直至形成"经审计的财务报表"的过程,主要是通过编制审计差异调整分录和试算平衡表完成的。差异分析、审计调整和试算平衡操作流程如图7-1所示。

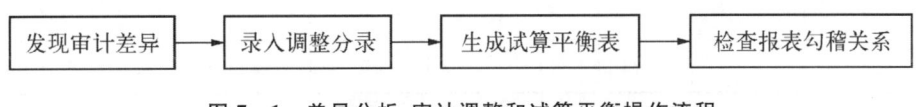

图7-1 差异分析、审计调整和试算平衡操作流程

(一) 审计调整

1. 审计调整的含义

审计调整,是审计人员在审计过程中,对通过实施审计程序发现的被审计单位财务报表中的错报进行的调整,是整个审计工作的重要组成部分之一。审计调整有账项调整和重分类调整。审计调整的目的是使未审财务报表经过调整后符合企业会计准则和相关会计制度的规定,能够在所有重大方面公允地反映被审计单位的财务状况、经营成果和现金流量。因此,审计调整首先要依据会计准则和相关会计制度的规定进行,其次,审计人员在发现未审财务报表中存在错报时,审计人员会根据错报的性质、金额、重要性水平等因素,通过职业判断错报对财务报表的影响程度,确定是否需要进行审计调整,最终形成"审定财务报表"。

2. 审计调整的方式

由于财务报表审计业务是审计人员对财务报表是否在所有重大方面按照企业会计准则的规定编制,公允反映被审计单位的财务状况及经营成果和现金流量作出的合理保证,因此,审计调整的对象是财务报表项目,即对存在错报的财务报表项目进行调整,换言之,审计调整就是"调表不调账"。

审计调整通过编制审计调整分录的方法进行,形式上与会计核算时编制会计分录相同,不同的是审计调整使用的是"报表项目",而会计分录使用的是"会计科目"。通常来讲,如果错报属于"漏报或少报",审计人员会将"漏报或少报"的金额补充上;如果错报属于"多报",审计人员会将"多报"的金额进行调减处理。

【例题7-1】 ABC会计师事务所对甲公司进行审计的过程中,注册会计师张三注意到以下事项:

甲公司会计政策规定,对应收账款采用账龄分析法计提坏账准备。确定的坏账准备计提比例为:账龄1年以内的(含1年,以下类推),按5%计提;账龄1～2年的,按10%计提;账龄2～3年的,按30%计提;账龄3年以上的,按70%计提。

甲公司20×4年12月31日未经审计的预收款项账面余额为23 445 000元,明细情况如表7-1所示。

表 7-1　　　　　　　　　　　　甲公司预收款项明细表　　　　　　　　　　　　单位：元

客　户	1年以内	1~2年	2~3年	3年以上
预收账款——q公司	30 150 000			
预收账款——w公司		2 100 000		
预收账款——e公司	600 000		2 500 000	
预收账款——r公司	-9 500 000			
预收账款——t公司				70 000
合计	21 250 000	2 100 000	2 500 000	70 000

请对上述情况分析，是否存在错误，如果存在错误，请提出调整建议并编制调整分录。

案例解析：

预收款项明细科目中存在借方余额，应该重分类到应收账款项目中。

借：应收账款——r公司　　　　　　　　　　　　　　　　9 500 000
　　贷：预收账款——r公司　　　　　　　　　　　　　　　　9 500 000

补提坏账准备金额=9 500 000×5%=475 000(元)

借：信用减值损失——计提坏账准备　　　　　　　　　　475 000
　　贷：应收账款——坏账准备　　　　　　　　　　　　　　475 000

(二) 试算平衡表

1. 试算平衡表的含义

试算平衡表，是审计人员在被审计单位提供未审财务报表的基础上，考虑账项调整分录、重分类调整分录等内容以确定已审数与报表披露数的表式，或者说是审计人员记录被审计单位未审财务报表，经审计调整形成审定财务报表过程的电子表格。

被审计单位未审财务报表项目数据、审计调整项目数据、审定财务报表项目数据，分别体现在试算平衡表中，可以清晰地反映出未审财务报表是如何调整为审定财务报表的。

试算平衡表的格式如表 7-2 和表 7-3 所示。

表 7-2　　　　　　　　　　　　资产负债表试算平衡表

项目	期末未审数	账项调整		重分类调整		期末审定数	项目	期末未审数	账项调整		重分类调整		期末审定数
		借方	贷方	借方	贷方				借方	贷方	借方	贷方	
货币资金							短期借款						
略							略						
合计							合计						

表 7-3　　　　　　　　　　　利润表试算平衡表工作底稿

被审计单位：　　　　　　　　　　　索引号：
项目：　　　　　　　　　　　　　　财务报表截止日/期间：
编制：　　　　　　　　　　　　　　复核：
日期：　　　　　　　　　　　　　　日期：

项　目	审计前金额	调整金额		审定金额
		借　方	贷　方	
一、营业收入				
减：营业成本				
税金及附加				
销售费用				
略				

2. 试算平衡表编制说明

(1) 试算平衡表中的"期末调整前"，应根据被审计单位提供的未审计财务报表填列。

(2) 试算平衡表中的"审计差异"列，应根据经被审计单位同意的"审计差异汇总表"填列。

(3) 在编制完试算平衡表后，应注意核对相应的勾稽关系。例如，资产负债表试算平衡表资产类的"期末调整前"列合计数、"期末调整后"列合计数应分别等于其负债和所有者权益类相应各列合计数之和；资产负债表试算平衡表资产类的"审计差异"列中的借方合计数与贷方合计数之差应等于负债和所有者权益类的"审计差异"列中的贷方合计数与借方合计数之差；等等。

三、实施分析程序

在临近审计结束时，注册会计师应当运用分析程序，帮助其对财务报表形成总体结论，以确定财务报表是否与其对被审计单位的了解一致。

实施分析程序的结果可能有助于注册会计师识别出以前未识别的重大错报风险，在这种情况下，注册会计师需要修改重大错报风险的评估结果，并相应修改原计划实施的进一步审计程序。

四、复核审计工作

对审计工作的复核包括项目组内部复核和作为会计师事务所业务质量管理措施而执行的项目质量复核（如适用）。

（一）项目组内部复核

1. 复核人员

《会计师事务所质量管理准则第 5101 号——业务质量管理》规定，会计师事务所针对业务执行的质量目标应当包括由经验较为丰富的项目组成员对经验较为缺乏的项目组成员的工作进行指导、监督和复核。会计师事务所应当基于这一质量目标,确定有关复核的政策和程序。

对一些较为复杂、审计风险较高的领域,如舞弊风险的评估与应对、重大会计估计及其他复杂的会计问题、审核会议记录和重大合同、关联方关系和交易、持续经营存在的问题等,需要指派经验丰富的项目组成员执行复核,必要时可以由项目合伙人执行复核。

2. 复核范围

执行复核时,复核人员需要考虑的事项包括但不限于:审计工作是否已按照职业准则和适用的法律法规的规定执行;重大事项是否已提请进一步考虑;相关事项是否已进行适当咨询,由此形成的结论是否已得到记录和执行;是否需要修改已执行审计工作的性质、时间安排和范围;已执行的审计工作是否支持形成的结论,并已得到适当记录;已获取的审计证据是否充分、适当;审计程序的目标是否已实现。

3. 复核时间

审计项目复核贯穿审计全过程,随着审计工作的开展,复核人员在审计计划阶段、执行阶段和完成阶段及时复核相应的审计工作底稿。例如,在审计计划阶段,复核记录总体审计策略和具体审计计划的审计工作底稿;在审计执行阶段,复核记录控制测试和实质性程序的审计工作底稿等;在完成审计工作阶段,复核记录重大事项、审计调整及未更正错报的审计工作底稿等。

4. 项目合伙人复核

项目合伙人应当对管理和实现审计项目的高质量承担总体责任。项目合伙人应当在审计过程中的适当时点复核审计工作底稿,包括与下列方面相关的审计工作底稿:

(1)重大事项。

(2)重大判断,包括与在审计中遇到的困难或有争议事项相关的判断,以及得出的结论。

(3)根据项目合伙人的职业判断,与项目合伙人的职责有关的其他事项。

在审计报告日或审计报告日之前,项目合伙人应当通过复核审计工作底稿与项目组讨论,确信已获取充分、适当的审计证据,支持得出的结论和拟出具的审计报告。此外,项目合伙人应当在签署审计报告前复核财务报表、审计报告及相关的审计工作底稿,包括对关键审计事项的描述(如适用)。项目合伙人还应当在与管理层、治理层或相关监管机构签署正式书面沟通文件之前对其进行复核。《中国注册会计师审计准则第1131号——审计工作底稿》要求项目合伙人记录复核的范围和时间。

(二)项目质量复核

根据《会计师事务所质量管理准则第5101号——业务质量管理》的规定,会计师事务所应当就项目质量复核制定政策和程序,并对上市实体财务报表审计业务、法律法规要求实施项目质量复核的审计业务或其他业务;以及会计师事务所认为,为应对一项或多项质量风险,有必要实施项目质量复核的审计业务或对其他业务实施项目质量复核。

五、书面声明

书面声明,是指管理层向注册会计师提供的书面陈述,可用以确认某些事项或支持其他审计证据。书面声明不包括财务报表及其认定,以及支持性账簿和相关记录。书面声明是审计证据的重要来源,如果管理层修改书面声明的内容或不提供注册会计师要求的书面声明,可能使注册会计师警觉存在重大问题的可能性。书面声明虽然重要,但其本身并不为所涉及的任何事项提供充分、适当的审计证据,并不影响注册会计师就管理层责任履行情况或具体认定获取的其他审计证据的性质和范围。

任务二　发表审计意见

一、得出审计结论时考虑的领域

注册会计师应当就财务报表是否在所有重大方面按照适用的财务报告编制基础编制并实现公允反映形成审计意见。为了形成审计意见,针对财务报表整体是否不存在由舞弊或错误导致的重大错报,注册会计师应当得出结论,确定是否已就此获取合理保证。

(一) 是否已获取充分、适当的审计证据

在得出总体结论之前,注册会计师应当根据实施的审计程序和获取的审计证据,评价对认定层次重大错报风险的评估是否仍然适当。在形成审计意见时,注册会计师应当考虑所有相关的审计证据,无论该证据与财务报表认定是相互印证的还是相互矛盾的。

如果对重大的财务报表认定没有获取充分、适当的审计证据,注册会计师应当尽可能获取进一步的审计证据。

(二) 未更正错报单独或汇总起来是否构成重大错报

在确定时,注册会计师应当对未更正错报的考虑:

(1) 相对特定类别的交易、账户余额或披露及财务报表整体而言,错报的金额和性质以及错报发生的特定环境。

(2) 与以前期间相关的未更正错报对相关类别的交易、账户余额或披露及财务报表整体的影响。

(三) 评价财务报表是否在所有重大方面按照适用的财务报告编制基础编制

注册会计师应当依据适用的财务报告编制基础特别评价下列内容:① 财务报表是否充分披露了所选择和运用的重要会计政策;② 选择和运用的会计政策是否符合适用的财务报告编制基础,并适合被审计单位的具体情况;③ 管理层作出的会计估计是否合理;④ 财务报表列报的信息是否具有相关性、可靠性、可比性和可理解性;⑤ 财务报表是否作出充分披露,使财务报表预期使用者能够理解重大交易和事项对财务报表所传递的信息的影响;⑥ 财务报表使用的术语(包括每一财务报表的标题)是否适当。

(四) 评价财务报表是否实现公允反映

在评价财务报表是否实现公允反映时,注册会计师应当考虑下列内容:① 财务报表的整体列报(包括披露)、结构和内容是否合理;② 财务报表是否公允地反映了相关交易和事项。

(五) 评价财务报表是否恰当提及或说明适用的财务报告编制基础

管理层和治理层(如适用)编制的财务报表需要恰当说明适用的财务报告编制基础。由于这种说明向财务报表使用者告知编制财务报表所依据的编制基础,因此非常重要。只有当财务报表符合适用的财务报告编制基础的所有要求(在财务报表所涵盖的期间内有效)时,声明财务报表按照该编制基础编制才是恰当的。在对适用的财务报告编制基础的说明

中使用不严密的修饰语或限定性的语言(如"财务报表实质上符合国际财务报告准则的要求")是不恰当的,因为这可能误导财务报表使用者。

7-1 审计意见的类型

二、审计意见的类型

注册会计师的目标是在评价根据审计证据得出的结论的基础上,对财务报表形成审计意见,并通过书面报告的形式清楚地表达审计意见。审计意见的类型包括无保留意见和非无保留意见,如图7-2所示。

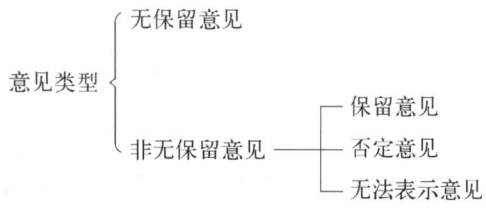

图7-2 审计意见的类型

(一) 无保留意见

无保留意见,是指当注册会计师认为财务报表在所有重大方面按照适用的财务报告编制基础编制并实现公允反映时发表的审计意见。如果认为财务报表在所有重大方面按照适用的财务报告编制基础编制并实现公允反映,注册会计师应当发表无保留意见。

(二) 非无保留意见

非无保留意见,是指对财务报表发表的保留意见、否定意见或无法表示意见。

1. 非无保留意见的概念

当存在下列情形之一时,注册会计师应当在审计报告中发表非无保留意见:

(1) 根据获取的审计证据,得出财务报表整体存在重大错报的结论。

为了形成审计意见,针对财务报表整体是否不存在由于舞弊或错误导致的重大错报,注册会计师应当得出结论,确定是否已就此获取合理保证。在得出结论时,注册会计师需要评价未更正错报对财务报表的影响。错报是指某一财务报表项目所报告的金额、分类或列报,与按照适用的财务报告编制基础应当列示的金额、分类或列报之间存在的差异。财务报表的重大错报可能源于表7-4所示的情形。

表7-4 财务报表整体存在重大错报的情形

情 形	说 明
选择的会计政策的恰当性	(1) 选择的会计政策与适用的财务报告编制基础不一致。 (2) 财务报表没有正确描述与资产负债表、利润表、所有者权益变动表或现金流量表中的重大项目相关的会计政策。 (3) 财务报表没有按照公允反映的方式列报交易和事项
对所选择的会计政策的运用	(1) 管理层没有按照适用的财务报告编制基础的要求一贯运用所选择的会计政策,包括管理层未在不同会计期间或对相似的交易和事项一贯运用所选择的会计政策(运用的一致性)。 (2) 不当运用所选择的会计政策(如运用中的无意错误)
财务报表披露的恰当性或充分性	(1) 财务报表没有包括适用的财务报告编制基础要求的所有披露。 (2) 财务报表的披露没有按照适用的财务报告编制基础列报。 (3) 财务报表没有作出适用的财务报告编制基础特定要求之外的其他必要的披露以实现公允反映

(2) 无法获取充分、适当的审计证据,不能得出财务报表整体不存在重大错报的结论。

可能导致注册会计师无法获取充分、适当的审计证据(也被称为审计范围受到限制)的情形如表7-5所示。

表7-5　　　　　　　　　　　无法获取充分、适当审计证据情形

情　　形	举　　例
超出被审计单位控制的情形	(1) 被审计单位的会计记录已被毁坏。 (2) 重要组成部分的会计记录已被政府有关机构无限期查封
与注册会计师工作的性质或时间安排相关的情形	(1) 注册会计师无法获取有关联营企业财务信息的充分、适当的审计证据以评价是否恰当地运用了权益法。 (2) 注册会计师无法实施存货监盘。 (3) 注册会计师确定仅实施实质性程序是不充分的,但被审计单位的控制是无效的
管理层施加限制的情形	(1) 管理层阻止注册会计师实施存货监盘。 (2) 管理层阻止注册会计师对特定账户余额实施函证

2. 确定非无保留意见考虑因素

注册会计师在确定恰当的非无保留意见类型时,需要考虑下列因素:① 导致非无保留意见的事项的性质,是财务报表存在重大错报,还是在无法获取充分、适当的审计证据的情况下,财务报表可能存在重大错报。② 注册会计师就导致非无保留意见的事项对财务报表产生或可能产生影响的广泛性作出的判断。

注册会计师对相关事项的影响的重大性和广泛性的判断均会影响审计意见的类型。相关事项影响的重大性和广泛性分析内容如表7-6所示。

表7-6　　　　　　　　　　　相关事项影响的重大性和广泛性分析

项　　目	分　　析
影响的重大性	注册会计师需要从定量和定性两个方面考虑: (1) 定量的标准通常是注册会计师确定的财务报表整体的重要性或特定类别的交易、账户余额或披露的重要性水平。 (2) 定性考虑错报是否重大时,注册会计师需要运用判断评估错报的性质是否严重,是否会影响财务报表使用者的经济决策,如错报是否是由于舞弊导致的
影响的广泛性	(1) 不限于对财务报表的特定要素、账户或项目产生影响。 (2) 虽然仅对财务报表的特定要素、账户或项目产生影响,但这些要素、账户或项目是或可能是财务报表的主要组成部分。 (3) 当与披露相关时,产生的影响对财务报表使用者理解财务报表至关重要

3. 非无保留意见的类型

注册会计师对导致发表非无保留意见的事项的性质,以及这些事项对财务报表产生或可能产生影响的广泛性作出的判断如表7-7所示。

表 7-7　　　　　　　　　　注册会计师发表非无保留意见职业判断表

发表非无保留意见的事项性质	事项对财务报表产生或可能产生的影响的广泛性	
	重大但不广泛	重大且广泛
财务报表存在重大错报	保留意见	否定意见
无法获取充分、适当的审计证据	保留意见	无法表示意见

【例题 7-2】 ABC 会计师事务所的注册会计师张三负责审计三家上市公司 20×4 年度财务报表,遇到下列与审计报告相关的事项:

(1) 甲公司对某一项金额特别重大的资产(占年末总资产余额的比例超过 70%)计提了大额减值准备,与该项资产相关的资产减值损失是导致被审计单位当年出现重大亏损的主要原因。注册会计师张三无法实施审计程序就该项资产的实际性质和减值准备的合理性获取充分、适当的审计证据。虽然涉及的财务报表项目较为有限,但张三认为对资产负债表和利润表而言金额均特别重大,可以认为其构成了财务报表的主要组成部分,该事项的影响重大且具有广泛性。

(2) 注册会计师张三在审查乙公司的应账款项时发现,乙公司应收账款坏账准备的计提不充分,发生了重大错报,但张三认为该重大错报所影响的财务报表项目数量有限(应收账款和信用减值损失),且这些项目并不是财务报表的主要组成部分,该事项的影响重大但不具有广泛性。

(3) 丙公司的控股股东违规占用上市公司资金,且上市公司违规为控股股东的借款提供担保,截至资产负债表日,上述违规占用资金和违规担保余额合计为上市公司年末净资产余额的数倍。控股股东财务状况持续恶化,偿债能力严重不足,其由上市公司提供担保的借款均已进入诉讼程序。注册会计师张三发现丙公司未就与被占用资金相关的应收款项计提减值准备、未就与违规担保相关的偿付义务计提预计负债构成重大错报。在这种情况下,张三认为尽管涉及的财务报表项目较为有限,但金额特别重大,因此,控股股东资金占用和违规担保相关的交易和余额构成财务报表的主要组成部分,该事项的影响重大且具有广泛性。

针对上述事项,假定不考虑其他条件,针对三家上市公司的情况,你认为注册会计师张三应当出具何种审计意见?

分析:

(1) 无法表示意见。注册会计师张三无法实施审计程序,对该项资产的实际性质和减值准备的合理性无法获取充分、适当的审计证据,且张三认为该项资产对资产负债表和利润表而言金额均特别重大,构成了财务报表的主要组成部分。该事项的影响重大且具有广泛性。

(2) 保留意见。注册会计师张三认为应收账款坏账准备计提不充分构成错报重大但不具有广泛性。

(3) 否定意见。注册会计师张三发现丙公司未就与被占用资金相关的应收款项计提减值准备、未就与违规担保相关的偿付义务计提预计负债,构成重大错报,且张三认为尽管涉及的财务报表项目较为有限,但金额特别重大。因此,控股股东资金占用和违规担保相关的交易和余额构成财务报表的主要组成部分,该事项的影响重大且具有广泛性。

三、重要性与审计意见类型之间的关系

通常情况下,审计人员在审计工作中多多少少都会查出被审计单位存在一些问题,但这

并不意味面对这些问题审计人员都要出具非无保留审计报告。重要性是在这种条件下判断、确定审计意见类型需要考虑的关键因素。简单来说,如果问题不重要,就可以出具标准审计报告;如果问题重要,就要出具非无保留审计报告。因此,重要性成为关键的判断和决策标准。重要性和审计意见类型之间的关系如表7-8所示。

表7-8　　　　　　　　　重要性和审计意见类型的关系

重要性水平	从正常预期使用者的决策角度考虑重要性水平	审计意见类型
不重要	预期使用者决策不会受影响	无保留意见
比较重要	有问题的信息对预期使用者具体决策具有重要影响,但财务报表整体仍然是公允反映的	保留意见
非常重要	大部分或所有预期使用者基于财务报表所作的决策都会受到严重影响,财务报表整体有失公允	无法表示意见或否定意见

任务三　关注关键审计事项

一、关键审计事项的含义

《中国注册会计师审计准则第1504号——在审计报告中沟通关键审计事项》明确了注册会计师在审计报告中沟通关键审计事项的责任。关键审计事项,是指注册会计师根据职业判断认为对当期财务报表审计最为重要的事项。"最为重要的事项"并不意味着只有一项。关键审计事项的数量可能受被审计单位规模和复杂程度、业务和经营环境的性质,以及审计业务具体事实和情况的影响。

在审计报告中沟通关键审计事项,旨在通过提高已执行审计工作的透明度,增加审计报告的沟通价值。沟通关键审计事项能为财务报表预期使用者提供额外的信息,帮助其了解注册会计师根据职业判断认为对本期财务报表审计最为重要的事项,并帮助其了解被审计单位,以及已审计财务报表中涉及重大管理层判断的领域。

二、确定关键审计事项

根据关键审计事项的概念,注册会计师在确定关键审计事项时应遵循以下决策框架,图7-3所示。

(一) 以"与治理层沟通过的事项"为起点选择关键审计事项

《中国注册会计师审计准则第1151号——与治理层的沟通》要求,注册会计师与被审计单位治理层沟通审计过程中的重大发现,包括注册会计师对被审计单位的重要会计政策、会计估计和财务报表披露等会计实务的看法,审计过程中遇到的重大困难,已与治理层讨论或需要书面沟通的重大事项等,以便治理层履行其监督财务报告过程的职责。对财务报表和

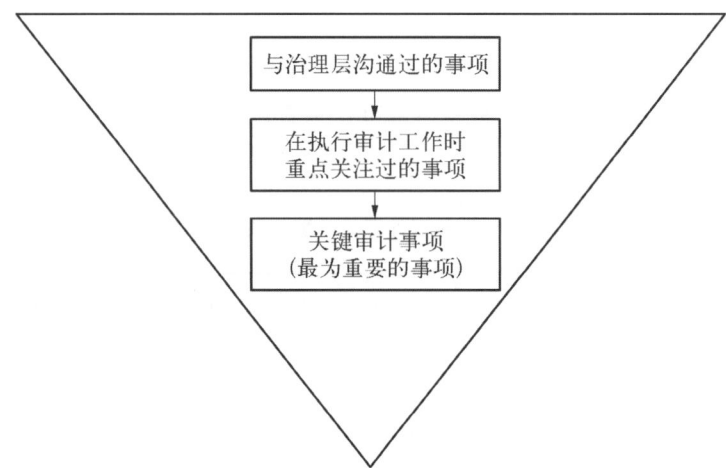

图 7-3　确定关键审计事项决策框架

审计报告使用者信息需求的调查结果表明,他们对这些事项感兴趣,并且呼吁增加这些沟通的透明度。因此,注册会计师应当从与治理层沟通过的事项中选取关键审计事项。

(二) 从"与治理层沟通过的事项"中选出"在执行审计工作时重点关注过的事项"

注册会计师重点关注过的领域,通常与财务报表中复杂、重大的管理层判断领域相关,因而通常涉及困难或复杂的职业判断,影响注册会计师的总体审计策略,以及对这些事项分配的审计资源和审计工作力度。注册会计师在确定哪些事项属于在执行审计工作时重点关注过的事项时,应当考虑下列方面:

(1) 评估的重大错报风险较高的领域或识别出的特别风险。

(2) 与财务报表中涉及重大管理层判断(包括被认为具有高度估计不确定性的会计估计)的领域相关的重大审计判断。

(3) 当期重大交易或事项对审计的影响。

(三) 从"在执行审计工作时重点关注过的事项"中确定哪些事项对本期财务报表审计"最为重要",从而构成关键审计事项

注册会计师可能已就需要重点关注的事项与治理层进行了较多互动,就这些事项与治理层进行沟通的性质和范围,通常能够表明哪些事项对审计而言最为重要。在确定某一个与治理层沟通过的事项的相对重要程度及该事项是否构成关键审计事项时,下列考虑内容可能是相关的:

(1) 该事项对预期使用者理解财务报表整体的重要程度,尤其是对财务报表的重要性。

(2) 与该事项相关的会计政策的性质或者与同行业其他实体相比,管理层在选择适当的会计政策时涉及的复杂程度或主观程度。

(3) 从定性和定量方面考虑,与该事项相关的由于舞弊或错误导致的已更正错报和累积未更正错报(如有)的性质和重要程度。

(4) 为应对该事项所需要付出的审计努力的性质和程度:① 为应对该事项而实施审计程序或评价这些审计程序的结果(如有)在多大程度上需要特殊的知识或技能;② 就该事项在项目组之外进行咨询的性质。

(5) 在实施审计程序、评价实施审计程序的结果、获取相关和可靠的审计证据以作为发表审计意见的基础时,注册会计师遇到的困难的性质和严重程度,尤其是当注册会计师的判断变得更加主观时。

(6) 识别出的与该事项相关的控制缺陷的严重程度。

(7) 该事项是否涉及数项可区分但又相互关联的审计考虑。例如,长期合同的收入确认、诉讼或其他或有事项等方面,可能需要重点关注,并且可能影响其他会计估计。

【例题 7-3】 ABC 会计师事务所委派注册会计师张三担任甲公司审计项目的项目合伙人,阐述注册会计师张三在实务中确定关键审计事项的过程。

分析:(1) 以"与治理层沟通的事项"为起点选择关键审计事项。

注册会计师张三与治理层沟通了审计过程中的重大发现:① 甲公司某仓库被列为违章建筑,张三提请甲公司对该仓库全额计提减值准备,金额重大;② 甲公司购买了重大金融理财产品,在确定金融工具准则下的金融资产分类时"举棋不定";③ 甲公司的投资性房地产采用公允价值计量,本年房价大涨;④ 甲公司与其关联方进行重大资产重组,监管机构就该事项发来问询函。张三拟将这些事项作为确定关键审计事项的出发点,即这些事项构成了一个"池子",从中进一步遴选。

(2) 从"与治理层沟通的事项"中选出"在执行审计工作时重点关注过的事项"。

对于事项①和事项②,虽然张三曾与管理层沟通,但经评估这些事项的重大错报风险处于中等水平,涉及的管理层主观判断也相对有限,因此,张三将这些事项排除。

对于事项③和事项④,张三评估认为这些事项分别涉及:公允价值计量和重大管理层判断、重大的期末余额且审计难度高、关联方交易导致的特别风险、对本期财务报表影响重大的事项。因此,张三决定在这些事项中进一步遴选。

(3) 从"在执行审计工作时重点关注过的事项"中确定对本期财务报表审计"最为重要的事项",从而构成关键审计事项。

对于事项③,张三聘请了外部专家,利用专家的工作完成了公允价值评估。这些事项的复杂程度和张三为之付出的努力程度没有显著偏高。因此,张三将这些事项排除。

对于事项④,该事项受到财务报表预期使用者的广泛关注,复杂程度很高,张三为此投入了大量的时间和资源;因此,注册会计师张三最终将事项④确定为甲公司的关键审计事项。

三、沟通关键审计事项

(一) 在审计报告中单设关键审计事项部分

(1) 注册会计师应当在审计报告中单设一部分,以"关键审计事项"为标题,并在该部分使用恰当的子标题逐项描述关键审计事项。

(2) 关键审计事项部分的引言应当同时说明下列事项:① 关键审计事项是注册会计师根据职业判断,认为对本期财务报表审计最为重要的事项;② 关键审计事项的应对以对财务报表整体进行审计并形成审计意见为背景,注册会计师对财务报表整体形成审计意见,而不对关键审计事项单独发表意见。

(二) 描述单一关键审计事项

为帮助财务报表预期使用者了解注册会计师确定的关键审计事项,注册会计师应当在审计报告中逐项描述每一关键审计事项,并分别索引至财务报表的相关披露(如有),以使预期使用者能够进一步了解管理层在编制财务报表时如何应对这些事项。在描述时,注册会计师应当同时说明有关内容,如表7-9所示。

表7-9　　　　　　　　　　　单一关键审计事项的描述内容与要求

类　别	说　　明
描述内容	注册会计师应当在审计报告中逐项描述每一关键审计事项,并同时说明以下情况: (1) 该事项被认定为审计中最为重要的事项之一,因而被确定为关键审计事项的原因。 (2) 该事项在审计中是如何应对的。注册会计师可以描述下列要素:① 审计应对措施或审计方法中,与该事项最为相关或对评估的重大错报风险最有针对性的方面;② 对已实施审计程序的简要概述;③ 实施审计程序的结果;④ 对该事项的主要看法
描述要求	(1) 在描述时,注册会计师还应当分别索引至财务报表的相关披露(如有),以使预期使用者能够进一步了解管理层在编制财务报表时如何应对这些事项。 (2) 不暗示注册会计师在对财务报表形成审计意见时尚未恰当解决该事项。 (3) 将该事项直接联系到被审计单位的具体情况,避免使用一般化或标准化的语言。 (4) 不对财务报表单一要素发表意见,也不暗示是对财务报表单一要素单独发表意见

单一关键审计事项参考格式如表7-10所示。

表7-10　　　　　　　　　　关键审计事项——商誉的减值测试

以下是甲公司披露的关键审计事项:
相关信息披露详见财务报表附注——××
(一) 事项描述
截至20×4年12月31日,集团因收购YYY公司而确认了×××万元的商誉。贵公司管理层于每年的年末对商誉进行减值测试。本年度,YYY公司产生了经营损失,该商誉出现减值迹象。 报告期期末,集团管理层对YYY公司的商誉进行了减值测试,以评价该项商誉是否存在减值。管理层采用现金流预测模型来计算商誉的可收回金额,并将其与商誉的账面价值相比较。该模型所使用的折现率、预计现金流,特别是未来收入增长率等关键指标需要作出重大的管理层判断。通过测试,管理层得出商誉没有减值的结论。
(二) 实施的审计程序
我们针对管理层减值测试所实施的审计程序包括: (1) 对管理层的估值方法予以评估。 (2) 基于对相关行业的了解,我们质疑了管理层假设的合理性,如收入增长率、折现率等。 (3) 检查录入数据与支持证据的一致性,例如,已批准的预算以及考虑这些预算的合理性。
(三) 实施审计程序的结果
我们认为,基于目前所获取的信息,管理层在对商誉减值测试所使用的假设是合理的,相关信息在财务报表附注——××中所作出的披露是适当的

(三) 不存在需要沟通的关键审计事项

(1) 如果根据被审计单位和审计业务的具体事项和情况,注册会计师确定不存在需要沟通的关键审计事项,可以在审计报告单设的关键审计事项部分表述为"我们确定不存在需要在审计报告中沟通的关键审计事项"。

(2) 仅有的需要沟通的关键审计事项是导致发表保留意见或否定意见的事项,或者是可能导致对被审计单位持续经营能力产生重大疑虑的事项或情况存在重大不确定性,注册会计师可以在审计报告单设的关键审计事项部分表述为"除形成保留(否定)意见的基础部分或与持续经营相关的重大不确定性部分所描述的事项外,我们确定不存在其他需要在审计报告中沟通的关键审计事项"。

四、对原始信息的考虑

(1)原始信息,是指与被审计单位相关、尚未由被审计单位公布的信息,这些信息是被审计单位管理层和治理层的责任。例如,未包含在财务报表中、未包含在审计报告日可获取的其他信息或者管理层或治理层的其他口头或书面沟通中,如财务信息的初步公告或投资者简报。

(2)在描述关键审计事项时,注册会计师需要避免不恰当地提供与被审计单位相关的原始信息,对关键审计事项的描述本身通常不构成有关被审计单位的原始信息。

(3)如果确定披露这些信息是必要的,注册会计师可以鼓励管理层或治理层披露进一步的信息,而不是只在审计报告中提供原始信息。

五、不在审计报告中沟通关键审计事项的情形

(一)对法律法规或社会公众利益的考虑

除非存在下列情形之一,注册会计师应当在审计报告中逐项描述关键审计事项:

(1)法律法规禁止公开披露某事项。

(2)在极少数的情况下,如果合理预期在审计报告中沟通某事项造成的负面后果超过产生的公众利益方面的益处,注册会计师确定不应在审计报告中沟通该事项。

(二)对无法表示意见的审计报告的考虑

如果对财务报表发表无法表示意见,注册会计师不得在审计报告中沟通关键审计事项,除非法律法规要求沟通。

六、其他情形下关键审计事项部分的形式和内容

(一)仅有的需要沟通的关键审计事项属于特定情形

仅有的需要沟通的关键审计事项,是指导致发表保留意见或否定意见的事项,或者是可能导致对被审计单位持续经营能力产生重大疑虑的事项或情况存在重大不确定性。就其性质而言,这些事项都属于关键审计事项,但这些事项在审计报告中专门的部分披露,不在审计报告的关键审计事项部分进行描述,如表 7-11 所示。

表 7-11　　　　　　仅有的需要沟通的关键审计事项的特定情形

特 定 情 形	性　　质	是否在关键审计事项部分描述	披 露 位 置
导致发表保留意见或否定意见的事项	属于关键审计事项	否	形成保留(否定)意见的基础部分
导致对被审计单位持续经营能力产生重大疑虑的事项或情况存在重大不确定性	属于关键审计事项	否	与持续经营相关的重大不确定性部分

进一步说，在关键审计事项部分披露的关键审计事项是已经得到满意解决的事项，既不存在审计范围受到限制，又不存在注册会计师与被审计单位管理层意见分歧的情况。注册会计师应当按照适用的审计准则的规定报告这些事项，并在关键审计事项部分提及形成保留（否定）意见的基础部分或与持续经营相关的重大不确定性部分，可以表述为"除形成保留（否定）意见的基础部分或与持续经营相关的重大不确定性部分所描述的事项外，我们确定不存在其他需要在审计报告中沟通的关键审计事项"。

（二）与强调事项段或其他事项段的区分

如果注册会计师认为有必要在审计报告中增加强调事项段或其他事项段，审计报告中的强调事项段或其他事项段需要与关键审计事项部分分开列示。如果某事项被确定为关键审计事项，则不能以强调事项或其他事项代替对关键审计事项的描述。

任务四 撰写审计报告

一、审计报告的概述

（一）审计报告的含义

审计报告，是指注册会计师根据审计准则的规定，在执行审计工作基础上，对财务报表是否在所有重大方面按照财务报告编制基础编制并实现合法、公允反映发表审计意见的书面文件。

（二）审计报告的特征与要求

（1）审计报告是注册会计师在完成审计工作后向委托人提交的最终产品。
（2）注册会计师通过对财务报表发表意见履行业务约定书约定的责任。
（3）注册会计师应当以书面形式出具审计报告。
（4）注册会计师应当将已审计的财务报表附于审计报告之后，以便财务报表使用者正确理解和使用审计报告，并防止被审计单位替换、更改已审计的财务报表。

（三）审计报告的作用

注册会计师签发的审计报告，主要具有鉴证、保护和证明三个方面的作用。

1. 鉴证作用

注册会计师签发的审计报告，不同于政府审计和内部审计的审计报告，它以超然独立的第三者身份，对被审计单位财务报表合法性、公允性发表意见，其具有鉴证作用，得到了政府及其各部门和社会各界的普遍认可。政府有关部门，如财政部门、税务部门等了解、掌握企业的财务状况和经营成果的主要依据是企业提供的财务报表。财务报表是否合法公允，主要依据注册会计师的审计报告作出判断。股份制企业的股东，主要依据注册会计师的审计报告来判断被投资企业的财务报表是否公允地反映了其财务状况、经营成果和现金流量，以进行投资决策等。

2. 保护作用

注册会计师通过审计，可以对被审计单位财务报表出具不同类型审计意见的审计报告，以提高或降低财务报表信息使用者对财务报表的信赖程度，能够在一定程度上对被审计单位的财产、债权人和股东的权益及企业利害关系人的利益起到保护作用。如投资者为了减少投资风险,在进行投资之前,必须要查阅被投资企业的财务报表和注册会计师的审计报告,了解被投资企业的经营情况和财务状况。投资者根据注册会计师的审计报告作出投资决策,可以降低其投资风险。

3. 证明作用

审计报告是对注册会计师审计任务完成情况及其结果所作的总结,它可以表明审计工作质量并明确注册会计师的审计责任。因此,审计报告可以对审计工作质量和注册会计师的审计责任起证明作用。通过审计报告,可以证明注册会计师在审计过程中是否实施了必要的审计程序,是否以审计工作底稿为依据发表审计意见,发表的审计意见是否与被审计单位的实际情况相一致,审计工作的质量是否符合要求。通过审计报告,可以证明注册会计师审计责任的履行情况。

二、审计报告的基本内容

审计报告应当包括10项要求。

(一) 标题

审计报告应当具有标题,统一规范为"审计报告"。

7-2 审计报告的基本内容

(二) 收件人

审计报告应当按照审计业务的约定载明收件人。在某些国家或地区,法律法规或业务约定条款可能指定审计报告致送对象。注册会计师通常将审计报告致送给财务报表使用者,一般是被审计单位的股东或治理层。比如对股份有限公司,审计报告的收件人一般可用"××股份有限公司全体股东";对于有限责任公司,收件人一般可用"××有限责任公司董事会"。

(三) 审计意见

审计意见由两部分构成。

第一部分,应阐述已审计财务报表,包括以下内容:① 指出被审计单位的全称;② 说明财务报表已经审计;③ 指出构成整套财务报表的每一财务报表的名称;④ 提及财务报表附注;⑤ 指明构成整套财务报表的每一财务报表的日期或涵盖的期间。

第二部分,应当说明注册会计师发表的审计意见。比如对被审计单位的财务报表发表"无保留意见",该段参考表述可为:

我们审计了××股份有限公司(××公司)的财务报表,包括20×4年的资产负债表、20×4年度的利润表、现金流量表、股东权益变动表及相关财务报表附注。

我们认为,后附的财务报表在所有重大方面按照企业会计准则的规定编制,公允反映了××公司20×4年12月31日的财务状况以20×4年度的经营成果和现金流量。

(四) 形成审计意见的基础

审计报告应当包含标题为"形成审计意见的基础"的部分。该部分应当紧接在审计意见部分之后,并包括以下方面:

(1) 说明注册会计师按照审计准则的规定执行了审计工作。

(2) 提及审计报告中用于描述审计准则规定的注册会计师责任的部分。

(3) 声明注册会计师按照与审计相关的职业道德要求独立于被审计单位,并履行了职业道德方面的其他责任,声明中应当指明适用的职业道德要求,如中国注册会计师职业道德守则。

(4)说明注册会计师是否相信获取的审计证据是充分、适当的,为发表审计意见提供了基础。

(五)管理层对财务报表的责任

审计报告应当包含标题为"管理层对财务报表的责任"的部分,其中应当说明管理层负责下列方面:

(1)按照适用的财务报告编制基础的规定编制财务报表,使其实现公允反映,并设计、执行和维护必要的内部控制,以使财务报表不存在由舞弊或错误导致的重大错报。

(2)评估被审计单位的持续经营能力和使用持续经营假设是否适当,并披露与持续经营相关的事项(如适用)。对管理层评估责任的说明应当包括描述在何种情况下适用持续经营假设是适当的。

当对财务报告过程负有监督责任的人员与履行上述责任的人员不同时,管理层对财务报表的责任部分还应当提及对财务报告过程负有监督责任的人员,如"治理层"等。

(六)注册会计师对财务报表审计的责任

审计报告应当包含标题为"注册会计师对财务报表审计的责任"的部分,包括下列内容:

(1)说明注册会计师的目标是对财务报表整体是否不存在由舞弊或错误导致的重大错报获取合理保证,并出具包含审计意见的审计报告。

(2)说明合理保证是高水平的保证,但按照审计准则执行的审计并不能保证一定会发现存在的重大错报。

(3)说明错报可能是由错误或舞弊导致的。在说明错报可能由于舞弊或错误导致时,注册会计师应当从下列两种做法中选取一种:一是描述如果合理预期错报单独或汇总起来可能影响财务报表使用者依据财务报表作出的经济决策,则通常认为错报是重大的;二是根据适用的财务报告编制基础,提供关于重要性的定义或描述。

(4)说明在按照审计准则执行审计工作的过程中,注册会计师运用职业判断,并保持职业怀疑。

(5)通过说明注册会计师的责任,对审计工作进行描述。

(6)说明注册会计师与治理层就计划的审计范围、时间安排和重大审计发现等事项进行沟通,包括沟通注册会计师在审计中识别的值得关注的内部控制缺陷。

(7)对于上市实体财务报表审计,指出注册会计师就已遵守与独立性相关的职业道德要求向治理层提供声明,并与治理层沟通可能被合理认为影响注册会计师独立性的所有关系和其他事项,以及相关防范措施(如适用)。

(8)对于上市实体财务报表审计,以及决定按照《中国注册会计师审计准则第1504号——在审计报告中沟通关键审计事项》的规定沟通关键审计事项的其他情况,说明注册会计师从与治理层沟通过的事项中确定哪些事项对本期财务报表审计最为重要,因而构成关键审计事项。

(七)按照相关法律法规的要求报告的事项

除审计准则规定的注册会计师对财务报表出具审计报告的责任之外,相关法律法规可能对注册会计师设定了其他报告责任。例如,在适用情况下,根据相关规定对与持续经营相关的重大不确定性、关键审计事项、被审计单位年度报告中包含的除财务报表和审计报告之外的其他信息进行报告。

(八)注册会计师的签名和盖章
审计报告应当由项目合伙人和另一名负责该项目的注册会计师签名和盖章。

(九)会计师事务所的名称、地址和盖章
审计报告应当载明会计师事务所的名称和地址,并加盖会计师事务所公章。

(十)报告日期
审计报告应当注明报告日期。审计报告日不应早于注册会计师获取充分、适当的审计证据,并在此基础上对财务报表形成审计意见的日期。在确定审计报告日时,注册会计师应当确信已获取下列两方面的审计证据:① 构成整套财务报表的所有报表(包括相关附注)已编制完成;② 被审计单位的董事会、管理层或类似机构已经认可其对财务报表负责。

审计报告日期的具体确定原则:

(1)注册会计师需要在签署审计报告前获取财务报表已得到批准的证据。在实务中,如果法律法规没有对财务报表在报出前获得批准作出规定,则注册会计师在正式签署审计报告前,通常把审计报告草稿随同附管理层已按审计调整建议修改后的财务报表一起提交给管理层。

(2)如果管理层签署已按审计调整建议修改后的财务报表,注册会计师即可签署审计报告。

(3)注册会计师签署审计报告的日期可能与管理层签署已审计财务报表的日期为同一天,也可能晚于管理层签署已审计财务报表的日期。

三、无保留意见的审计报告

无保留意见的审计报告意味着,注册会计师通过实施审计工作,认为被审计单位财务报表的编制符合合法性和公允性的要求,合理保证财务报表不存在重大错漏报。

无保留意见的审计报告参考格式见示例 7-1。

示例 7-1

无保留意见的审计报告示例

审计报告

甲公司全体股东:

一、对财务报表出具的审计报告

(一)审计意见

我们审计了甲公司的财务报表,包括20×4年12月31日资产负债表,20×4年度利润表、现金流量表、所有者权益变动表以及相关财务报表附注。

我们认为,后附的财务报表在所有重大方面按照企业会计准则的规定编制,公允反映了公司20×4年12月31日的财务状况,以及20×4年度的经营成果和现金流量。

(二)形成审计意见的基础

我们按照中国注册会计师审计准则的规定执行了审计工作。审计报告的"注册会计师对财务报表审计的责任"部分进一步阐述了我们在这些准则下的责任。按照中国注册会计师职业道德守则,我们独立于甲公司,并履行了职业道德方面的其他责任。我们相信,

我们获取的审计证据是充分、适当的,为发表审计意见提供了基础。

(三)关键审计事项

关键审计事项是根据我们的职业判断,认为对本期财务报表审计最为重要的事项。这些事项是在对财务报表整体进行审计并形成意见的背景下进行处理的,我们不对这些事项提供单独的意见。

按照《中国注册会计师审计准则第1504号——在审计报告中沟通关键审计事项》的规定描述每一关键审计事项。

(四)管理层和治理层对财务报表的责任

管理层负责按照企业会计准则的规定编制财务报表,使其实现公允反映,并设计、执行和维护必要的内部控制,以使财务报表不存在由舞弊或错误导致的重大错报。

在编制财务报表时,管理层负责评估公司的持续经营能力,披露与持续经营相关的事项(如适用),并运用持续经营假设,除非管理层计划清算公司、停止营运或别无其他现实的选择。

治理层负责监督公司的财务报告过程。

(五)注册会计师对财务报表审计的责任

我们的目标是对财务报表整体是否不存在由舞弊或错误导致的重大错报获取合理保证,并出具包含审计意见的审计报告。合理保证是高水平的保证,但并不能保证按照审计准则执行的审计在某一重大错报存在时总能发现。错报可能由舞弊或错误导致,如果合理预期错报单独或汇总起来可能影响财务报表使用者依据财务报表作出的经济决策,则通常认为错报是重大的。

在按照审计准则执行审计的过程中,我们运用了职业判断,保持了职业怀疑。同时我们:

(1)识别和评估由于舞弊或错误导致的财务报表重大错报风险;对这些风险有针对性地设计和实施审计程序;获取充分、适当的审计证据,作为发表审计意见的基础。由于舞弊可能涉及串通、伪造、故意遗漏、虚假陈述或凌驾于内部控制之上,未能发现由舞弊导致的重大错报的风险高于未能发现由错误导致的重大错报的风险。

(2)了解与审计相关的内部控制,以设计恰当的审计程序,但目的并非对内部控制的有效性发表意见。

(3)评价管理层选用会计政策的恰当性和作出会计估计及相关披露的合理性。

(4)对管理层使用持续经营假设的恰当性得出结论。同时,根据获取的审计证据,就可能导致对公司的持续经营能力产生重大疑虑的事项或情况是否存在重大不确定性得出结论。如果我们得出结论认为存在重大不确定性,审计准则要求我们在审计报告中提请报表使用者注意财务报表中的相关披露;如果披露不充分,我们应当发表非无保留意见。我们的结论基于审计报告日可获得的信息。然而,未来的事项或情况可能导致公司不能持续经营。

(5)评价财务报表的总体列报、结构和内容(包括披露),并评价财务报表是否公允反映相关交易和事项。

我们与治理层就计划的审计范围、时间安排和重大审计发现(包括我们在审计中识别的值得关注的内部控制缺陷)等事项进行沟通。

我们还就遵守关于独立性的相关职业道德要求向治理层提供声明,并就可能被合理认为影响我们独立性的所有关系和其他事项,以及相关的防范措施(如适用)与治理层进行沟通。

从与治理层沟通的事项中,我们确定哪些事项对当期财务报表审计最为重要,因而构成关键审计事项。我们在审计报告中描述这些事项,除非法律法规禁止公开披露这些事项,或在罕见的情形下,如果合理预期在审计报告中沟通某事项造成的负面后果超过产生的公众利益方面的益处,我们确定不应在审计报告中沟通该事项。

二、按照相关法律法规的要求报告的事项

本部分的格式和内容,取决于法律法规对其他报告责任的性质的规定。法律法规规范的事项(其他报告责任)应当在本部分处理,除非那些其他报告责任与审计准则所要求的报告责任涉及相同的主题。如果涉及相同的主题,其他报告责任可以在审计准则所要求的同一报告要素部分中列示。当其他报告责任和审计准则规定的报告责任涉及同一主题,并且审计报告中的措辞能够将其他报告责任与审计准则规定的责任予以清楚地区分(如差异存在)时,允许将两者合并列示(即包含在"对财务报表出具的审计报告"部分中,并使用适当的副标题)。

××会计师事务所　　　　　　　　　　中国注册会计师:××(项目合伙人)
(盖章)　　　　　　　　　　　　　　　(签名并盖章)
　　　　　　　　　　　　　　　　　　中国注册会计师:××
中国××市　　　　　　　　　　　　　(签名并盖章)
　　　　　　　　　　　　　　　　　　二〇×五年二月十日

四、非无保留意见的审计报告

(一) 非无保留意见的审计报告的撰写规则

非无保留意见的审计报告包括保留意见审计报告、否定意见审计报告和无法表示意见审计报告,在撰写此类审计报告时应当注意以下规则:

1. 在"审计意见"部分表明意见类型

在发表非无保留意见时,注册会计师应当对审计意见部分使用恰当的标题,如"保留意见""否定意见""无法表示意见"。审计意见部分的标题能够使财务报表使用者清楚注册会计师发表了非无保留意见,并能够表明非无保留意见的类型。

(1) 发表保留意见。当由于财务报表存在重大错报而发表保留意见时,注册会计师应当在审计意见部分说明:注册会计师认为,除形成保留意见的基础部分所述事项产生的影响外,后附的财务报表在所有重大方面按照适用的财务报告编制基础编制,公允反映了……当无法获取充分、适当的审计证据而导致发表保留意见时,注册会计师应当在审计意见部分使用"除……可能产生的影响外"等措辞。当注册会计师发表保留意见时,在审计意见部分使用"由于上述解释"或"受……影响"等措辞是不恰当的,因为这些措辞不够清晰或没有足够的说服力。

(2) 发表否定意见。当发表否定意见时,注册会计师应当在审计意见部分说明:注册会计师认为,由于形成否定意见的基础部分所述事项的重要性,后附的财务报表没有在所有重大方面按照适用的财务报告编制基础编制,未能公允反映……

(3) 发表无法表示意见。当由于无法获取充分、适当的审计证据而发表无法表示意见时,注册会计师应当在审计意见部分说明注册会计师不对后附的财务报表发表审计意见,并说明:由于形成无法表示意见的基础部分所述事项的重要性,注册会计师无法获取充分、适当的审计证据为发表审计意见提供基础。同时,注册会计师应当将有关财务报表已经审计的说明,修改为注册会计师接受委托审计财务报表。

2. 在"形成非无保留意见的基础"部分的标题及说明

不可能统一非无保留意见的措辞和对导致非无保留意见的事项的说明,但仍有必要保持审计报告格式和内容的一致性。如果对财务报表发表非无保留意见,注册会计师应当将审计报告中"形成审计意见的基础"部分的标题修改为恰当的标题,如"形成保留意见的基础""形成否定意见的基础""形成无法表示意见的基础",说明导致发表非无保留意见的事项。当发表保留意见或否定意见时,注册会计师应当修改"形成保留(否定)审计意见的基础"部分的描述,说明:注册会计师相信,注册会计师获取的审计证据是充分、适当的,为发表保留(否定)意见提供了基础。当发表无法表示意见时,注册会计师应当修改"形成无法表示意见的基础"部分的表述,不应提及审计报告中用于描述注册会计师责任的部分,也不应说明注册会计师是否已获取充分、适当的审计证据以作为形成审计意见的基础。

适当增加可理解性的考虑:

(1) 如果非无保留意见涉及多个事项,可以简要概括对每一事项分别增加一个小标题。

(2) 如果非无保留意见涉及的事项在财务报表附注中有相关披露内容,索引至相关财务报表附注有助于使用者了解。

(3) 说明审计范围受到限制影响哪些财务报表项目和金额,以及可能存在的具体影响。

(4) 在说明无法获取充分、适当的审计证据的原因时,描述导致审计范围受到限制的具体情形。

3. 量化财务影响

(1) 如果财务报表中存在与具体金额(包括定量披露)相关的重大错报,注册会计师应当在形成审计意见的基础部分说明并量化该错报的财务影响。

(2) 如果无法量化财务影响,注册会计师应当在该部分说明这一情况。

4. 存在与定性披露相关的重大错报

如果财务报表中存在与定性披露相关的重大错报,注册会计师应当在形成审计意见的基础部分解释该错报错在何处。

5. 无法获取充分、适当的审计证据

如果因无法获取充分、适当的审计证据而导致发表非无保留意见,注册会计师应当在形成审计意见的基础部分说明无法获取审计证据的原因。如果因无法获取充分、适当的审计证据而发表无法表示意见,注册会计师应当对无保留意见审计报告中注册会计师对财务报表审计的责任部分的表述进行修改,使之仅包含下列内容:

(1) 注册会计师的责任是按照中国注册会计师审计准则的规定，对被审计单位财务报表执行审计工作，以出具审计报告。

(2) 但由于形成无法表示意见的基础部分所述的事项，注册会计师无法获取充分、适当的审计证据以作为发表审计意见的基础。

(3) 声明注册会计师在独立性和职业道德方面的其他责任。

6. 披露其他事项

即使发表了否定意见或无法表示意见，注册会计师也应当在形成审计意见的基础部分说明注意到的、将导致发表非无保留意见的所有其他事项及其影响。

(二) 非无保留意见的审计报告示例

1. 保留意见的审计报告

保留意见的审计报告意味着，注册会计师通过实施审计工作，认为被审计单位的财务报表在整体上是公允的，但在某些方面存在重要错误或问题。其部分内容参考格式见示例7-2。

示例7-2

保留意见的审计报告部分内容示例

审计报告

甲公司全体股东：

一、对财务报表出具的审计报告

（一）保留意见

我们审计了甲公司财务报表，包括20×4年12月31日资产负债表，20×4年度的利润表、所有者权益变动表和现金流量表及财务报表附注。

我们认为，除"形成保留意见的基础"部分所述事项产生的影响外，后附的财务报表在所有重大方面按照企业会计准则的规定编制，公允反映了公司20×4年12月31日的财务状况以及20×4年度的经营成果和现金流量。

（二）形成保留意见的基础

公司20×4年12月31日资产负债表中存货的列示金额为××元。管理层根据成本对存货进行计量，而没有根据成本与可变现净值孰低的原则进行计量，这不符合企业会计准则的规定。公司的会计记录显示，如果管理层以成本与可变现净值孰低来计量存货，存货列示金额将减少××元。相应地，资产减值损失将增加××元，所得税、净利润和股东权益将分别减少××元、××元和××元。

……（其他部分内容结合实际参照无保留意见的审计报告撰写）

××会计师事务所　　　　　　　　中国注册会计师：××（项目合伙人）
（盖章）　　　　　　　　　　　　（签名并盖章）

　　　　　　　　　　　　　　　　中国注册会计师：××
中国××市　　　　　　　　　　　（签名并盖章）

　　　　　　　　　　　　　　　　二〇×五年二月十日

2. 否定意见的审计报告

否定意见的审计报告意味着,注册会计师通过实施审计工作,认为被审计单位的会计报表存在严重问题,无法公允地反映其财务状况、经营成果和现金流量情况。其部分内容参考格式见示例7-3。

示例 7-3

否定意见的审计报告部分内容示例

审计报告

甲公司全体股东:

一、对合并财务报表出具的审计报告

(一)否定意见

我们审计了甲公司及其子公司的合并报表,包括20×4年12月31日的合并资产负债表,20×4年度的合并利润表、合并现金流量表和合并所有者权益变动表以及财务报表附注。

我们认为,由于"形成否定意见的基础"部分所述事项的重要性,后附的集团合并财务报表没有在所有重大方面按照企业会计准则的规定编制,未能公允反映集团20×4年12月31日的合并财务状况,以及20×4年度的合并经营成果和合并现金流量。

(二)形成否定意见的基础

如财务报表附注X所述,20×4年集团通过非同一控制下的企业合并获得对XYZ公司的控制权,因未能取得购买日XYZ公司某些重要资产和负债的公允价值,故未将XYZ公司纳入合并财务报表的范围。按照企业会计准则的规定,该集团应将这一子公司纳入合并范围,并以暂估金额为基础核算该项收购。如果将XYZ公司纳入合并财务报表的范围,后附的集团合并财务报表的多个报表项目将受到重大影响。但我们无法确定未将XYZ公司纳入合并范围对合并财务报表产生的影响。

……(其他部分内容结合实际参照无保留意见的审计报告撰写)

××会计师事务所	中国注册会计师:××(项目合伙人)
(盖章)	(签名并盖章)
	中国注册会计师:××
中国××市	(签名并盖章)
	二○×五年二月十日

---

3. 无法表示意见的审计报告

无法表示意见的审计报告意味着注册会计师由于受到限制或审计证据不足,无法对财务报表的公允性作出判断。其部分内容参考格式见示例7-4。

示例 7-4

无法表示意见的审计报告部分内容示例

审计报告

甲公司全体股东：

一、对财务报表出具的审计报告

（一）无法表示意见

我们接受委托，审计甲公司财务报表，包括20×4年12月31日的资产负债表，20×4年度的利润表、现金流量表、所有者权益变动表及财务报表附注。

我们不对后附的公司财务报表发表审计意见。由于"形成无法表示意见的基础"部分所述事项的重要性，我们无法获取充分、适当的审计证据以作为发表审计意见的基础。

（二）形成无法表示意见的基础

我们于20×4年1月接受甲公司的审计委托，未能对甲公司20×4年年初金额为××元的存货和年末金额为××元的存货实施监盘程序。此外，我们也无法实施替代审计程序获取充分、适当的审计证据。并且，公司于20×4年7月采用新的应收账款电算化系统，由于存在系统缺陷导致应收账款出现大量错误。截至报告日，管理层仍在纠正系统缺陷并更正错误，我们也无法实施替代审计程序，以对截至20×4年12月31日的应收账款总额××元获取充分、适当的审计证据。因此，我们无法确定是否有必要对存货、应收账款，以及财务报表其他项目作出调整，也无法确定应调整的金额。

（三）管理层和治理层对财务报表的责任

……（结合实际参照无保留意见的审计报告撰写）

（四）注册会计师对财务报表审计的责任

我们的责任是按照中国注册会计师审计准则的规定，对被审计单位财务报表执行审计工作，以出具审计报告。但由于"形成无法表示意见的基础"部分所述的事项，我们无法获取充分、适当的审计证据以作为发表审计意见的基础。

按照中国注册会计师职业道德守则，我们独立于公司，并履行了职业道德方面的其他责任。

……（其他部分内容结合实际参照无保留意见的审计报告撰写）

××会计师事务所	中国注册会计师：××（项目合伙人）
（盖章）	（签名并盖章）
	中国注册会计师：××
中国××市	（签名并盖章）
	二○×五年二月十日

（三）强调事项段

强调事项段是指审计报告中含有的一个段落，该段落提及已在财务报表中恰当列报或披露的事项,且根据注册会计师的职业判断,该事项对财务报表使用者理解财务报表至关重要。

1. 需要增加强调事项段的情形

(1)如果认为有必要提醒财务报表使用者关注已在财务报表中列报或披露,且根据职业判断认为对财务报表使用者理解财务报表至关重要的事项,在同时满足下列条件时,注册会计师应当在审计报告中增加强调事项段:① 该事项不会导致注册会计师发表非无保留意见;② 该事项未被确定为在审计报告中沟通的关键审计事项。

(2)某些审计准则对注册会计师在特定情况下在审计报告中增加强调事项段提出具体要求。这些情形包括:① 法律法规规定的财务报告编制基础不可接受,但其是基于法律或法规作出的规定;② 提醒财务报表使用者注意财务报表按照特殊目的编制基础编制;③ 注册会计师在审计报告日后知悉了某些事实(即期后事项),并且出具了新的或经修改的审计报告。

(3)除上述审计准则要求增加强调事项的情形外,注册会计师可能认为需要增加强调事项段的情形举例如下:① 异常诉讼或监管行动的未来结果存在不确定性;② 在财务报表日至审计报告日之间发生的重大期后事项;③ 在允许的情况下,提前应用对财务报表有重大影响的新会计准则;④ 存在已经或持续对被审计单位财务状况产生重大影响的特大灾难。

2. 增加强调事项段的应对措施

如果在审计报告中包含强调事项段,注册会计师应当采取下列措施:

(1)将强调事项段作为单独的一部分置于审计报告中,并使用包含"强调事项"这一术语作为标题。

(2)明确提及被强调事项及相关披露的位置,以便能够在财务报表中找到对该事项的详细描述。强调事项段应当仅提及已在财务报表中列报或披露的信息。

(3)指出审计意见没有因该强调事项而改变。

(四)其他事项段

其他事项段,是指审计报告中含有的一个段落,该段落提及未在财务报表中列报或披露的事项,且根据注册会计师的职业判断,该事项与财务报表使用者理解审计工作、注册师的责任或审计报告相关。

1. 增加其他事项段的情形

如果认为有必要沟通虽然未在财务报表中列报或披露,但根据职业判断认为与财务报表使用者理解审计工作、注册会计师的责任或审计报告相关的事项,在同时满足下列条件时,注册会计师应当在审计报告中增加其他事项段:

(1)未被法律法规禁止。

(2)该事项未被确定为在审计报告中沟通的关键审计事项。

具体来讲,需要在审计报告中增加其他事项段的情形包括:与使用者理解审计工作相关的情形;与使用者理解注册会计师的责任或审计报告相关的情形;对两套以上财务报表出具审计报告的情形;限制审计报告分发和使用的情形。

如果在审计报告中包含其他事项段,注册会计师应当将该段落作为单独的一部分,并使用"其他事项"或其他适当标题。

2. 与治理层的沟通

如果拟在审计报告中增加强调事项段或其他事项段,注册会计师应当就该事项和拟使用的措辞与治理层沟通。

与治理层的沟通能使治理层了解注册会计师拟在审计报告中所强调的特定事项的性质,并在必要时为治理层提供向注册会计师作出进一步澄清的机会。

> 注册会计师审计的目的是对被审计单位财务报表的合法性、公允性及会计处理的一致性发表审计意见,为社会提供经济鉴证服务。注册会计师编制和签发审计报告应围绕这一目的,做到要素完备、内容合法、证据充分、意见明确。

德技并修

注册会计师发表无法表示意见等同于缄默不语吗

只有当审计范围受到限制可能产生的影响非常重大和广泛,不能获取充分、适当的审计证据,以至于无法确定财务报表的合法性和公允性,注册会计师才偏好出具无法表示意见的审计报告。导致注册会计师无法获取充分、适当审计证据的情形包括:

(1) 超出被审计单位控制的情形:① 被审计单位的会计记录已被毁坏;② 重要组成部分的会计记录已被政府有关机构无限期查封。

(2) 与注册会计师工作的性质或时间安排相关的情形:① 被审计单位需要使用权益法对联营企业进行核算,注册会计师无法获取有关联营企业财务信息的充分、适当的审计证据以评价是否恰当运用了权益法;② 注册会计师接受审计委托的时间安排,使注册会计师无法实施存货监盘;③ 注册会计师确定仅实施实质性程序是不充分的,但被审计单位的控制是无效的。

(3) 管理层对审计范围施加限制的情形:① 管理层阻止注册会计师实施存货监盘;② 管理层阻止注册会计师对特定账户余额实施函证。

思考与启示: 无法表示意见的审计报告并非等同于缄默不语,而是注册会计师实施了必要的审计程序后表明意见的一种专业的、具有明确意图的沟通方式,旨在向利益相关者传达审计范围受限及对财务报表潜在重大错报的关注,而非简单的缄默或拒绝接受委托。

项目小结

(1) 注册会计师按照业务循环完成审计工作后,应汇总审计测试结果,评价重大发现,关注期后事项,复核底稿和报表,与被审计单位沟通后获取书面声明,确定审计报告意见类型和措辞,编制并致送报告,终结审计。

(2) 审计意见的类型包括无保留审计意见和非无保留审计意见。非无保留审计意见是指对财务报表发表的保留意见、否定意见或无法表示意见。

（3）关键审计事项是注册会计师根据职业判断，认为对当期财务报表审计最为重要的事项，"最为重要的事项"并不意味着只有一项，关键审计事项的数量可能受被审计单位规模和复杂程度、业务和经营环境的性质，以及审计业务具体事实和情况的影响。

（4）审计报告是指注册会计师根据审计准则的规定，在执行审计工作的基础上，对财务报表是否在所有重大方面按照财务报告编制基础编制并实现合法、公允反映发表审计意见的书面文件，具有鉴证、保护和证明三方面的作用。

一、单项选择题

1. 被审计单位财务报表在所有重大方面按照适用的财务报告编制基础编制并实现公允反映，注册会计师应发表（　　）。
   A. 保留意见　　　　　　　　　　B. 否定意见
   C. 无法表示意见　　　　　　　　D. 无保留意见

2. 注册会计师在执行审计工作时，对某事项若无法获取充分、适当的审计证据，该事项对财务报表产生的影响重大且具有广泛性，注册会计师应发表（　　）。
   A. 保留意见　　　　　　　　　　B. 否定意见
   C. 无法表示意见　　　　　　　　D. 无保留意见

3. 注册会计师在执行审计工作中，发现财务报表存在重大错报，该事项对财务报表产生的影响重大且具有广泛性，注册会计师应发表（　　）。
   A. 保留意见　　　　　　　　　　B. 否定意见
   C. 无法表示意见　　　　　　　　D. 无保留意见

4. 注册会计师在执行审计工作中，发现财务报表存在重大错报，该事项对财务报表产生的影响虽重大，但不具有广泛性，注册会计师应发表（　　）。
   A. 保留意见　　　　　　　　　　B. 否定意见
   C. 无法表示意见　　　　　　　　D. 无保留意见

5. 对财务报表整体是否不存在由舞弊或者错误导致的重大错报获取合理保证，并出具包含审计意见的审计报告，是（　　）的责任。
   A. 管理层　　　　　　　　　　　B. 治理层
   C. 股东　　　　　　　　　　　　D. 注册会计师

6. 注册会计师在对 ABC 公司 20×4 年度财务报表进行审计时，下列情况中，注册会计师应出具带强调事项段无保留意见审计报告的是（　　）。
   A. 20×4 年 10 月转入不需用设备一台，未计提折旧金额为 2 万元（假定累计折旧重要性水平为 10 万元），ABC 公司未调整
   B. 资产负债表日的一项未决诉讼，律师认为胜负难料，一旦败诉对企业将产生重大影响，被审计单位已在财务报表附注中进行披露
   C. 资产负债表日的一项未决诉讼，律师认为胜负难料，一旦败诉对企业将产生重大影响，被审计单位拒绝在财务报表附注中进行披露

D. ABC 公司对一项以公允价值计量的投资性房地产计提了 1 000 万元的折旧(假定重要性水平为 800 万元)

7. 下列属于由被审计单位管理层造成的审计范围受到限制的情况是(   )。

A. 管理层不允许注册会计师观察存货盘点

B. 被审计单位重要的部分会计资料被洪水冲走,无法进行检查

C. 截止资产负债表日处于外海的远洋捕捞船队的捕鱼量无法监盘

D. 外国子公司的存货无法监盘

8. 下列有关审计报告日期的说法中,正确的是(   )。

A. 注册会计师签署审计报告的日期必须与管理层签署已审计的财务报表为同一天

B. 注册会计师签署审计报告的日期通常与财务报表报出日为同一天

C. 注册会计师签署审计报告的日期可以晚于财务报表报出日

D. 注册会计师签署审计报告的日期通常与管理层签署已审计财务报表的日期为同一天,也可以晚于管理层签署已审计财务报表的日期

9. 下列有关强调事项段的说法中,错误的是(   )。

A. 强调事项段是对已在财务报表中恰当列报或披露,并且根据注册会计师的职业判断对财务报表使用者理解财务报表至关重要的事项的强调

B. 强调事项段是对已在财务报表列报或披露但是列报或披露的内容不恰当,并且根据注册会计师的职业判断对财务报表使用者理解财务报表至关重要的事项的强调

C. 强调事项段不能代替发表非无保留意见的情形

D. 强调事项段对审计意见没有影响

10. 下列有关其他事项段的说法中,错误的是(   )。

A. 其他事项段是指未在财务报表中列报或披露的事项,根据注册会计师的职业判断,该事项与财务报表使用者理解审计工作、注册会计师的责任或审计报告相关的段落

B. 针对注册会计师除根据审计准则的规定以外的其他报告责任,注册会计师不可以通过增加其他事项段来说明

C. 增加其他事项段,不涉及注册会计师可能被要求实施额外的规定的程序并予以报告,或对特定事项发表意见的情形

D. 如果拟在审计报告中增加其他事项段,注册会计师应当就该事项和拟使用的措辞与管理层沟通

二、多项选择题

1. 审计报告的作用有(   )。

A. 鉴证作用 B. 保护作用
C. 证明作用 D. 核算作用

2. 审计报告的编制时,应包含的要素包括(   )。

A. 审计意见 B. 形成审计意见的基础
C. 关键审计事项 D. 注册会计师的签名和盖章

3. 注册会计师对被审计单位财务报表发表的审计意见有(   )。

A. 保留意见 B. 否定意见

C. 无法表示意见　　　　　　　　D. 无保留意见

4. 应当在审计报告上签名盖章的有（　　　）。

A. 项目合伙人　　　　　　　　B. 负责该项目的注册会计师

C. 被审计单位会计主管　　　　D. 被审计单位出纳

5. 注册会计师在确定审计报告日期时，应当考虑（　　　）。

A. 应当实施的审计程序已经完成

B. 应当提请被审计单位调整的事项已经提出，被审计单位已经作出调整或拒绝作出调整

C. 管理层已经正式签署财务报表

D. 该会计师事务所内部控制已经审核

6. 下列各项中，属于注册会计师在得出审计结论时应当考虑的内容有（　　　）。

A. 评价财务报表是否在所有重大方面按照适用的财务报告编制基础编制

B. 是否已获取充分、适当的审计证据

C. 评价财务报表是否实现公允反映

D. 评价财务报表是否恰当提及或者说明适用的财务报告编制基础

7. 下列各项中，可能属于审计范围受到限制的情形有（　　　）。

A. 注册会计师无法实施特定程序，只能通过替代程序获取证据

B. 被审计单位的会计记录已被毁坏

C. 重要组成部分的会计记录已被政府有关机构无限期地查封

D. 管理层阻止注册会计师对特定账户余额实施函证

8. 关于被审计单位管理层对审计范围施加了限制，下列注册会计师的措施中，正确的有（　　　）。

A. 要求管理层消除这些限制，如果管理层拒绝消除限制，应当与治理层沟通

B. 如果无法获取充分、适当的审计证据，且未发现的错报（如存在）可能对财务报表的影响重大且具有广泛性，应当在可行时解除业务约定

C. 如果无法获取充分、适当的审计证据，且未发现的错报（如存在）可能对财务报表的影响重大且具有广泛性，若解除业务约定不可行，应当发表无法表示意见

D. 如果无法获取充分、适当的审计证据，且未发现的错报（如存在）可能对财务报表的影响重大，但不具有广泛性，应当发表保留意见

9. 下列各项中，可能需要增加强调事项段的情形有（　　　）。

A. 在财务报表日至审计报告日之间发生的重大期后事项

B. 异常诉讼或监管行动的未来结果存在不确定性

C. 存在已经或持续对被审计单位财务状况产生重大影响的特大灾难

D. 在允许的情况下，提前应用对财务报表有重大影响的新会计准则

10. 下列属于管理层对财务报表责任的有（　　　）。

A. 按照适用的财务报告编制基础编制财务报表，并使其实现公允反映

B. 对财务报表是否不存在重大错报获取合理保证

C. 设计、执行和维护必要的内部控制，以使财务报表不存在由舞弊或错误导致的重大错报

D. 在执行审计工作的基础上对财务报表发表审计意见

三、判断题

1. 管理层声明书的日期必须与注册会计师的审计报告日一致。（ ）
2. 如果管理层的某项声明与其他审计证据相矛盾，注册会计师应当调查这种情况。必要时，重新考虑管理层作出的其他声明的可靠性。（ ）
3. 注册会计师增加强调事项段，只是增加审计报告的信息含量，提高审计报告的有用性，不影响发表的审计意见。（ ）
4. 无保留意见意味着注册会计师认为会计报表是完全合法、公允的、能满足会计报表使用者的需要，并对该意见负责。（ ）
5. 注册会计师出具无法表示意见的审计报告，就是注册会计师不愿意发表意见。（ ）
6. 审计中只要发现被审计单位核算错误，就应该要求被审计单位必须调整，否则就要发表保留意见或否定意见审计报告。（ ）
7. 审计报告有四种基本类型：无保留意见、保留意见、否定意见和无法表示意见的审计报告。（ ）
8. 不同类型的审计报告，其出具的条件、专业术语等也不同。（ ）
9. 无保留意见的审计报告也就是标准审计报告。（ ）
10. 管理层声明书能够为审计师的审计意见提供直接证据。（ ）

技能实践

1. **任务描述**：ABC会计师事务所的注册会计师张三担任甲公司20×4年度财务报表审计的项目合伙人，遇到下列导致出具非标准审计报告的事项。

甲公司20×4年年初开始使用新的ERP系统，因系统缺陷导致20×4年度成本核算混乱，审计项目组无法对营业成本、存货等项目实施审计程序。

任务要求：

指出注册会计师张三应当出具何种类型的非标准审计报告，并简要说明理由。

2. **任务描述**：ABC会计师事务所的注册会计师李四负责审计甲公司20×4年度财务报表，财务报表整体的重要性是100万元，营业收入及利润总额分别为3 000万元和400万元。审计报告日为20×5年3月2日。

审计工作底稿中与审计报告相关的部分内容摘录如下：

（1）前任注册会计师对甲公司20×3年度财务报表发表了无保留意见，但A注册会计师在审计过程中已经获取上期财务报表存在重大错报的审计证据，且对应数据在本期未经适当重述。

（2）甲公司20×4年资产负债表中列示的存货项目金额为200万元，管理层按照成本对存货进行计量，如果是按照成本与可变现净值孰低原则计量，存货金额将减少50万元。

（3）甲公司20×4年报表附注中披露了于20×3年取得了乙公司的20%的股权，采用权益法核算该项股权投资，20×4年乙公司宣告发放现金股利，甲公司就此确认的投资收益为120万元,截至20×4年12月31日该长期股权投资的账面价值为400万元。

(4) 20×4年11月丙公司起诉甲公司违约,要求赔偿损失金额150万元,A注册会计师通过咨询律师,确认甲公司很可能败诉,截至20×4年12月31日法院尚未判决,甲公司拒绝在附注中披露该事项。

(5) 20×4年6月甲公司按照固定金额售后回购一台大型管理用设备,管理层以固定资产已销售为名未计提折旧费用且拒绝更正。折旧费用金额为420万元。

任务要求:

针对上述第(1)至(5)项,逐项指出注册会计师李四应当发表的审计意见类型,并简要说明理由。

 头脑风暴

1. 审计报告的基本内容是什么?
2. 什么是标准审计报告?
3. 什么是非标准审计报告?
4. 简述无保留审计意见审计报告的出具条件。
5. 简述保留审计意见审计报告的出具条件。
6. 简述否定审计意见审计报告的出具条件。
7. 简述无法表示意见审计报告的出具条件。

项目八　遵守审计职业道德

思维导图

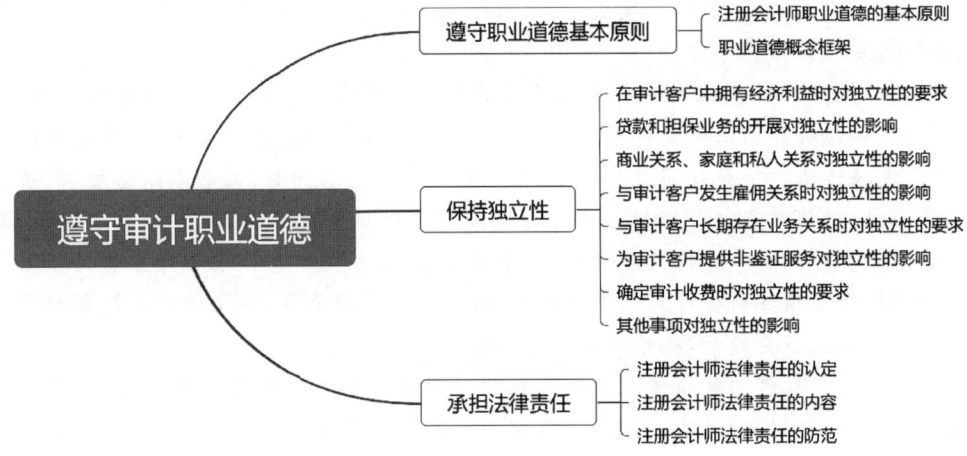

学习目标

【素质目标】
1. 树立强烈的职业道德意识,并遵守审计职业道德。
2. 具有诚实守信、客观公正、严于律己的良好品质。
3. 增强良好的职业责任感,维护国家利益和社会公正。
4. 树立持续学习的意识,主动适应审计行业的发展变化。

【知识目标】
1. 理解审计职业道德的定义,理解其基本概念与重要性。
2. 掌握审计职业道德主要内容及其相关要求。
3. 理解违反职业道德的后果与影响。
4. 掌握注册会计师的法律责任。

【技能目标】
1. 能识别在审计工作中可能遇到的职业道德风险点,正确判断对注册会计师职业道德基本原则产生不利影响的情形,运用职业道德概念框架解决职业道德问题。

2. 能严格遵守职业道德，与上级或监管机构进行有效沟通，确保信息的准确、完整和及时传递。

 案例导入

财务造假再次敲响严守职业道德的警钟

恒大集团的财务造假是近年来中国资本市场上最为引人注目的事件之一。这事件不仅暴露了恒大集团内部控制的严重缺失，而且对审计机构的独立性和专业性提出了质疑。

自 2024 年 1 月起，财政部组织检查组对普华永道中天会计师事务所及其广州分所的恒大地产集团有限公司审计项目执业质量开展了专项检查。根据财政部的公告，普华永道在恒大地产的审计工作中涉及的财务造假问题主要表现在审计程序设计和实施缺陷、丧失独立性、隐瞒资金受限情况、虚增开发成本、未保持职业怀疑、未合理评估营业收入存在的舞弊风险、未按规定披露信息等方面。

2024 年 9 月 13 日，财政部对普华永道作出行政处罚决定。在会计师事务所方面，财政部依据《中华人民共和国注册会计师法》，对普华永道涉及恒大地产 2018 年审计项目的违法行为，给予没收违法所得并处罚款共 1.16 亿元的行政处罚。同时，对普华永道警告、暂停经营业务 6 个月、撤销普华永道广州分所的行政处罚。注册会计师方面，财政部依据《中华人民共和国注册会计师法》，对恒大地产 2018 年至 2020 年相关财务报表审计报告的 4 名签字注册会计师给予吊销注册会计师证书的处罚；依据相关管理办法，对 7 名参与编制恒大地产合并财务报表的注册会计师，给予警告或罚款的行政处罚。

财政部对普华永道的处罚体现了监管机构对财务造假行为的零容忍态度，以及加强财会监督、严肃财经纪律的决心。同时，也提醒了所有会计师事务所必须严格遵守职业准则，保持独立性和专业性，以确保审计工作的质量和公信力。

普华永道恒大审计财务造假事件给我们敲响了警钟，未来的审计工作任重道远。我们必须从这一事件中吸取教训，不断强化审计独立性，完善审计程序和方法，加强对被审计单位的行业了解，提高审计人员的专业素质和职业道德水平。只有这样，才能提高审计质量，为市场经济的健康发展提供可靠的保障，保护投资者和社会公众的合法权益。让我们以更加严谨的态度和更高的标准来对待审计工作，为创造一个更加公平、透明的市场环境而努力。

思考：注册会计师和会计师事务所应当遵循的基本职业道德规范是什么？社会公众的信任对于注册会计师和会计师事务所的重要性的表现有哪些？如何提高审计质量和独立性？

任务一 遵守职业道德基本原则

审计人员的职业道德是一般社会道德在审计职业中的具体体现，并经过长期的审计执业实践，逐步形成了具有审计职业特征、符合审计业务需求的道德要求。注册会计师职业道德规范是针对注册会计师的职业品德、职业纪律、业务能力、工作规则及所负的责任等思想方式和行为方式所作出的基本规定和要求。

一、注册会计师职业道德的基本原则

注册会计师职业道德规范的基本原则包括诚信、客观公正、独立性、专业胜任能力和勤勉尽责、保密、良好的职业行为。

8-1 职业道德基本原则

(一) 诚信

诚信原则要求注册会计师应该在所有的职业关系和商业关系中保持正直和诚实、秉公处事、实事求是。在职业道德基本原则中居于首要地位。如果注册会计师认为业务报告、申报资料、沟通函件或其他信息存在下列违背诚信原则的问题,则不得与其相关信息发生关联。

(1) 含有虚假记载、误导性陈述。

(2) 含有缺乏充分根据的陈述或信息。

(3) 存在遗漏或含糊其词的信息,而这种遗漏或含糊其词可能会产生误导。注册会计师如果注意到已与有问题的信息发生关联,应当采取措施消除关联。在鉴证业务中,如果注册会计师依据执业准则出具了恰当的非标准业务报告,则不被视为违反上述要求。

(二) 客观公正

客观,是指按照事物的本来面目去考察,不添加个人的偏见;公正,是指公平,正直不偏袒。客观和公正原则要求注册会计师应当公正处事、实事求是,不得由于偏见、利益冲突或他人的不当影响而损害自己的职业判断。如果存在导致职业判断出现偏差,或对职业判断产生不当影响的情形,注册会计师不得提供相关专业服务。

(三) 独立性

独立性,是指不受外来力量控制、支配,按照一定之规行事。独立性原则通常是对注册会计师而不是非执业会员提出的要求。在执行鉴证业务时,注册会计师必须保持独立性。在市场经济条件下,投资者主要依赖财务报表判断投资风险,在投资机会中作出选择。如果注册会计师不能与客户保持独立性,而是存在经济利益、关联关系,或屈从于外界压力,就很难取信于社会公众。

注册会计师的独立性包括两个方面:实质上的独立和形式上的独立。注册会计师执行审计和审阅业务及其他鉴证业务时,应当从实质上和形式上保持独立性,不得因任何利害关系影响其客观性。会计师事务所在承办审计和审阅业务以及其他鉴证业务时,应当从整体层面和具体业务层面采取措施,以保持会计师事务所和项目组的独立性。

【例题 8-1】李明是 XYZ 会计师事务所的一位注册会计师,他被指派为 ABC 公司的年度财务报表进行审计。ABC 公司是一家大型制造业上市公司,其财务报表对投资者和监管机构至关重要。李明在审计 ABC 公司时,发现 ABC 公司最近聘请了一位新的财务总监,而这位财务总监是李明在大学时期的室友。尽管他们已经多年没有联系,但这种过去的关系可能会对李明的独立性产生影响。此外,李明发现 ABC 公司存在一些会计处理问题,这可能会对财务报表产生重大影响。然而,李明的会计师事务所最近与 ABC 公司签订了一份咨询服务合同,为 ABC 公司提供税务筹划服务。

分析：

（1）形式上的独立问题。①过去的关系：李明与 ABC 公司的财务总监有过去的私人关系，这可能会被视为一种形式上的独立性冲突，因为这种关系可能会影响李明的客观性和公正性。②公众认知：即使李明能够保持客观和公正，但如果公众得知这种关系，可能会对审计的独立性产生怀疑，从而影响公众对审计结果的信任。

（2）实质上的独立问题。①经济利益：会计师事务所与 ABC 公司之间的咨询服务合同可能会影响李明的独立性，因为他和他的事务所可能会因为经济利益而不愿意对 ABC 公司的财务报表提出批评。②管理层面的压力：会计师事务所的管理层可能会因为与 ABC 公司的商业关系而对李明施加压力，要求他不要对某些问题提出过于严厉的批评。

（四）专业胜任能力和勤勉尽责

专业胜任能力和勤勉尽责，要求注册会计师通过教育、培训和职业实践获取和保持专业胜任能力。注册会计师应当持续了解并掌握当前法律、技术和实务的发展变化，将专业知识和技能始终保持在应有的水平，确保为客户提供具有专业水准的服务。

专业胜任能力，是指注册会计师依据专业知识、技能和经验，承接本人或其事务所专业能力所能预期完成的任务，能够经济、有效地完成客户委托的业务。专业胜任能力可分为两个独立阶段：①专业胜任能力的获取；②专业胜任能力的保持。注册会计师应当持续了解和掌握相关的专业技术和业务的发展，以保持专业胜任能力。持续职业发展能够使注册会计师发展和保持专业胜任能力，使其能够胜任特定业务环境中的工作。

勤勉尽责，要求注册会计师遵守法律法规、相关职业准则的要求并保持应有的职业怀疑，认真、全面、及时地完成工作任务。同时，注册会计师应当采取适当措施以确保在其授权下从事专业服务的人员得到应有的培训和督导。在适当时，注册会计师应当使客户、工作单位和专业服务的其他使用者了解专业服务的固有局限。

【例题 8-2】 周杰是 XYZ 会计师事务所的资深注册会计师。他收到了一家初创科技公司的审计业务请求，该公司专注于开发人工智能软件。周杰意识到，尽管自己对审计有丰富经验，但对人工智能领域相对较不熟悉，这可能影响审计质量。对此，周杰首先对自己在信息技术和人工智能方面的知识水平进行了自我评估；其次，参加了关于人工智能基础和相关财务报告准则的研讨会，积极进行知识补充以缩小知识差距；再次，周杰与具有技术背景的同事合作，利用他们的专业知识来补充审计团队的技能，且进行了详细的风险评估，特别是对于初创公司可能面临的财务风险和技术风险。基于自我评估和风险评估的结果，最终周杰决定承接这项业务，并制定了一个包含技术专家参与的审计计划。

分析：

周杰通过自我评估、持续学习、团队协作和风险评估，展现了在承接新业务时的专业胜任能力。他确保了自己和团队能够胜任这项审计工作，同时也提升了事务所服务初创科技公司的能力。这个案例体现了注册会计师在面对新业务领域时如何通过快速学习和资源整合来提升自己的专业胜任能力，并作出理智的业务承接决策。

（五）保密

保密原则要求注册会计师应当对职业活动中获知的涉密信息保密。根据该原则，注册会计师应当遵守下列要求：

(1) 警觉无意中涉密的可能性，包括在社会交往中无意中泄密的可能性，特别要警觉无意中向关系密切的商业伙伴或近亲属泄密的可能性。

> **关键阐释**
>
> 近亲属指配偶、父母、子女、兄弟姐妹、祖父母、外祖父母、孙子女、外孙子女。其中：配偶、父母、子女是主要近亲属；兄弟姐妹、祖父母、外祖父母、孙子女、外孙子女是其他近亲属。主要近亲属和其他近亲属对注册会计师的独立性具有不同的影响。

(2) 对所在的会计师事务所内部的涉密信息保密。
(3) 对职业活动中获知的涉及国家安全的信息保密。
(4) 对拟承接的客户向其披露的涉密信息保密。
(5) 在未经客户授权的情况下，不得向会计师事务所以外的第三方披露其所获知的涉密信息，除非法律法规或执业准则规定注册会计师在这种情况下有权利或义务进行披露。
(6) 不得利用因职业关系而获知的涉密信息为自己或第三方谋取利益。
(7) 不得在职业关系结束后利用或披露因该职业关系获知的涉密信息。
(8) 采取适当措施，确保下级员工及为注册会计师提供建议和帮助的人员履行保密义务。

注册会计师在下列情况下可以披露涉密信息：
(1) 法律法规允许披露，并且取得客户或工作单位的授权。
(2) 根据法律法规的要求，为法律诉讼、仲裁准备文件或提供证据，以及向有关监管机构报告发现的违法行为。
(3) 法律法规允许的情况下，在法律诉讼、仲裁中维护自己的合法权益。
(4) 接受注册会计师协会或监管机构的执业质量检查，答复其询问和调查。
(5) 法律法规、执业准则和职业道德规范规定的其他情形。

另外，注册会计师在终止与客户或工作单位的关系之后，仍然应当对以前职业活动中获知的涉密信息保密。如果变更工作单位或获得新客户，注册会计师可以利用以前的经验，但不应利用或披露以前职业活动中获知的涉密信息。

在决定是否披露涉密信息时，注册会计师需要考虑下列因素：
(1) 客户同意披露的涉密信息，法律法规是否禁止披露。
(2) 如果客户同意注册会计师披露涉密信息，这种披露是否可能损害相关人的利益。
(3) 是否已在可行的范围内了解和证实了所有的相关信息，以及信息是否完整。
(4) 信息披露的方式和对象，包括披露对象是否恰当。
(5) 可能承担的法律责任和后果。

（六）良好的职业行为

注册会计师应当遵守良好的职业行为准则，爱岗敬业，遵守相关法律法规，避免发生任何可能损害职业声誉的行为。注册会计师在向公众传递信息以及推介自己和工作时，应当客观、真实、得体，不得损害职业形象。

注册会计师应当诚实、实事求是，不得有以下行为：
(1) 夸大宣传提供的服务、拥有的资质或获得的经验。
(2) 贬低或无根据地比较其他注册会计师的工作。

【例题8-3】 20×5年,XYZ会计师事务所与W会计师事务所达成业务合作协议,XYZ会计师事务所以"强强联手,服务最优"为主题在多家媒体刊登广告,宣传两家会计师事务所的合作事宜。

分析:

上述做法不符合中国注册会计师职业道德守则的要求。"强强联手,服务最优"夸大宣传了事务所提供的服务,无根据地比较其他注册会计师的工作,违反良好的职业行为原则。

根据中国注册会计师审计准则、中国注册会计师审阅准则、中国注册会计师其他鉴证业务准则的规定,注册会计师在计划和执行审计和审阅业务、其他鉴证业务时应当保持职业怀疑。职业怀疑与职业道德基本原则是相互关联的。

二、职业道德概念框架

(一) 职业道德概念框架的含义

职业道德概念框架,是指解决职业道德问题的思路和方法,指导注册会计师遵循职业道德基本原则,履行维护公众利益的职责。具体指导注册会计师:① 识别对职业道德基本原则的不利影响;② 评价不利影响的严重程度;③ 必要时采取防范措施消除不利影响或将其降低至可接受的水平。职业道德概念框架适用于各种可能对职业道德基本原则产生不利影响的情形。在运用职业道德概念框架时,注册会计师应当运用职业判断,其运用思路如图8-1所示。

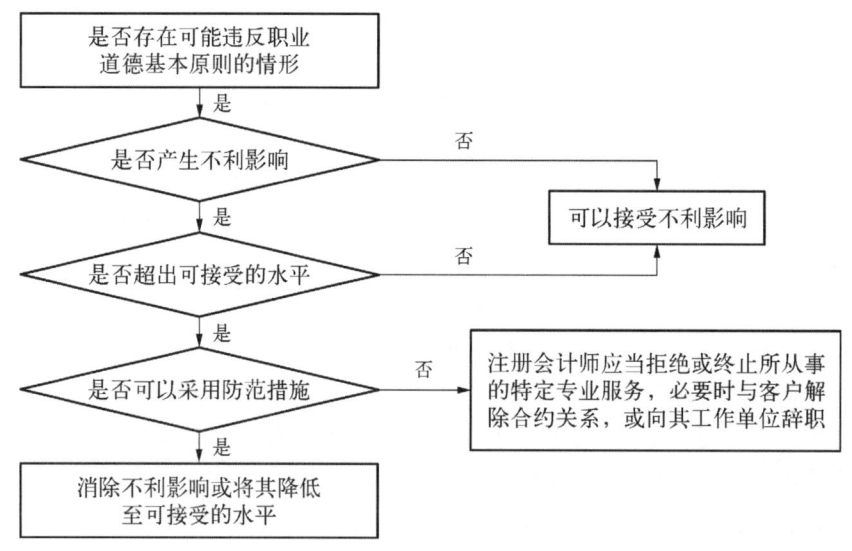

图8-1 职业道德概念框架的逻辑思路

关键阐释

可接受的水平,是指注册会计师可以容忍的对遵循职业道德基本原则所产生不利影响的最大程度。注册会计师在判断不利影响是否处于可接受水平时,通常会考虑多个因素,如不利影响的性质、范围、持续时间及可能产生的后果等。同时,注册会计师还需要结合自身的专业判断和经验来作出决策。如果识别出的不利影响超出可接受的水平,注册会计师需要采取适当的措施来消除或降低不利影响,以确保其行为符合职业道德要求。这些措施可能包括拒绝或终止特定的职业活动、采取防范措施消除或降低不利影响等。

注册会计师可接受水平是一个相对的概念,它取决于具体的执业环境和情况。因此,在执业过程中,注册会计师需要保持高度的职业道德敏感性和判断力,以确保其行为始终符合职业道德要求。同时,注册会计师还需要不断学习和提升自己的专业素养和职业道德水平,以更好地适应不断变化的执业环境和要求。

(二)对遵循职业道德基本原则产生不利影响的因素

注册会计师对职业道德基本原则的遵循可能受到多种因素的不利影响。不利影响的性质和严重程度因注册会计师提供服务类型的不同而不同。可能对职业道德基本原则产生不利影响的因素包括自身利益、自我评价、过度推介、密切关系和外在压力。

1. 自身利益导致不利影响的情形

因自身利益产生的不利影响,是指由于某项经济利益或其他利益可能不当影响注册会计师的判断或行为。此处的"经济利益或其他利益"通常也就是"钱"(如会计师事务所的收入、个人的私利等)或"声誉"(如过往执业中的重大错误可能引发的声誉贬损或经济赔偿)。其导致不利影响的情形如下:

(1)鉴证业务项目组成员在鉴证客户中拥有直接经济利益。
(2)会计师事务所的收入过分依赖某一客户。
(3)鉴证业务项目组成员与鉴证客户存在重要且密切的商业关系。
(4)会计师事务所担心可能失去某一重要客户。
(5)鉴证业务项目组成员正在与鉴证客户协商受雇于该客户。
(6)会计师事务所以较低的报价获得新业务,而该报价过低,可能导致注册会计师难以按照适用的职业准则要求执行业务。
(7)注册会计师能够接触到涉密信息,而该涉密信息可能被用于谋取个人私利。
(8)注册会计师在评价所在会计师事务所以往提供的专业服务时,发现了重大错误。

2. 自我评价导致不利影响的情形

因自我评价产生的不利影响,是指注册会计师在执行当前业务的过程中,其判断需要依赖其本人(或所在会计师事务所或工作单位的其他人员)以往执行业务时作出的判断或得出的结论,而该注册会计师可能不恰当地评价这些以往的判断或结论。顾名思义,就是"既当选手,又当裁判"。其导致不利影响的情形如下:

(1)鉴证业务项目组成员担任或最近曾经担任客户的董事或高级管理人员。
(2)鉴证业务项目组成员目前或最近曾受雇于客户,并且所处职位能够对鉴证对象施加重大影响。
(3)会计师事务所在对客户提供财务系统的设计或操作服务后,又对系统的运行有效性出具鉴证报告。

(4) 会计师事务所为客户编制原始数据,这些数据构成鉴证业务的对象。

(5) 会计师事务所为鉴证客户提供直接影响鉴证对象信息的其他服务。

3. 过度推介导致不利影响的情形

因过度推介产生的不利影响,是指注册会计师倾向客户或工作单位的立场,导致客观公正原则受到损害而产生的不利影响。过度推介的典型表现是"与客户一边,为客户发声"(如推介客户的产品或股份、担任客户辩护人等)。其导致不利影响的情形如下:

(1) 在审计客户与第三方发生诉讼或纠纷时,注册会计师担任该客户的辩护人。

(2) 会计师事务所推介审计客户的产品、股份或其他利益。

4. 密切关系导致不利影响的情形

因密切关系产生的不利影响,是指注册会计师由于与客户或工作单位存在长期或密切的关系,导致过于偏向他们的利益或过于认可他们的工作。其中,长期关系往往来自"老客户",即审计项目团队成员长期执行某一客户的审计工作;密切关系往往来自家庭成员(如近亲属担任客户的高管)或工作伙伴(如会计师事务所的原合伙人担任客户的董事)。其导致不利影响的情形如下:

(1) 项目组成员的近亲属担任客户的董事或高级管理人员。

(2) 项目组成员的近亲属是客户的员工,其所处职位能够对业务对象施加重大影响。

(3) 客户的董事、高级管理人员或所处职位能够对业务对象施加重大影响的员工(简称"董、高、特"),最近曾担任会计师事务所的项目合伙人。

(4) 注册会计师接受客户的礼品或款待。

(5) 会计师事务所的合伙人或高级员工与鉴证客户存在长期业务关系。

5. 外在压力导致不利影响的情形

因外在压力产生的不利影响,是指注册会计师迫于实际存在的或可感知到的压力,导致无法客观行事而对职业道德基本原则产生的不利影响。此处的压力可能来自"解雇威胁""经验劣势""晋升威胁"和"丑闻威胁"等。其导致不利影响的情形如下:

(1) 审计客户表示,如果会计师事务所不同意对某项交易的会计处理,则不再委托其承办协议中的非鉴证业务。

(2) 客户威胁将起诉会计师事务所。

(3) 注册会计师因对专业事项持有不同意见而受到客户解除业务关系或被会计师事务所解雇的威胁。

(4) 会计师事务所受到降低收费的影响而不恰当地缩小工作范围。

(5) 由于客户对所沟通的事项更具有专长,注册会计师面临服从其判断的压力。

(6) 会计师事务所合伙人告知注册会计师,除非同意审计客户不恰当的会计处理,否则将影响晋升。

(7) 注册会计师接受了客户赠予的重要礼品,并被威胁将公开其收受礼品的事情。

> **关键阐释**
>
> 不当收受礼品会对职业道德基本原则产生多方面的不利影响。首先,礼品本身构成不当影响注册会计师的判断或行为的"经济利益";其次,收受礼品后,注册会计师可能与赠送人产生"密切关系",从而过于偏向他们的利益或过于认可他们的工作;

> 再次,收受礼品后,注册会计师还可能迫于"外在压力"而无法客观行事。因此,不当收受礼品会因"经济利益""密切关系"和"外在压力"对独立性将产生严重的不利影响。

(三) 应对职业道德基本原则不利影响的防范措施

防范措施,是指可以消除职业道德基本原则不利影响或将其降低至可接受的水平的行动或其他措施。应对职业道德基本原则不利影响的防范措施包括法律法规和职业规范规定的防范措施,以及在具体工作中采取的防范措施。

1. 法律法规和职业规范规定的防范措施

(1) 取得注册会计师资格必需的教育、培训和经验要求。

(2) 持续的职业发展要求。

(3) 公司治理方面的规定。

(4) 执业准则和职业道德规范的要求。

(5) 监管机构或注册会计师协会的监控和惩戒程序。

(6) 由依法授权的第三方对注册会计师编制的业务报告、申报资料或其他信息进行外部复核。

2. 在具体工作中采取的防范措施

在具体工作中,应对职业道德基本原则不利影响的防范措施包括会计师事务所层面的防范措施和具体业务层面的防范措施两个方面。

(1) 会计师事务所层面的防范措施。

① 领导层强调遵循职业道德基本原则的重要性。

② 领导层强调鉴证业务项目组成员应当维护公众利益。

③ 制定有关政策和程序,实施项目质量控制,监督业务质量。

④ 制定有关政策和程序,识别对职业道德基本原则的不利影响,评价不利影响的严重程度,采取防范措施消除不利影响或将其降低至可接受的水平。

⑤ 制定有关政策和程序,确保遵循职业道德基本原则。

⑥ 制定有关政策和程序,识别会计师事务所或项目组成员与客户之间的利益或关系。

⑦ 制定有关政策和程序,监控对某一客户收费的依赖程度。

⑧ 向鉴证客户提供非鉴证服务时,指派鉴证业务项目组以外的其他合伙人和项目组,并确保鉴证业务项目组和非鉴证业务项目组分别向各自的业务主管报告工作。

⑨ 制定有关政策和程序,防止项目组以外的人员对业务结果施加不当影响。

⑩ 建立惩戒机制,保障相关政策和程序得到遵守。

(2) 具体业务层面的防范措施。

① 对已执行的非鉴证业务,由未参与该业务的注册会计师进行复核,或必要时提供建议。

② 对已执行的鉴证业务,由鉴证业务项目组以外的注册会计师进行复核,或在必要时提供建议。

③ 向客户审计委员会、监管机构或注册会计师协会咨询。

④ 与客户、管理层讨论有关的职业道德问题。
⑤ 向客户、管理层说明提供服务的性质和收费的范围。
⑥ 由其他会计师事务所执行或重新执行部分业务。
⑦ 轮换鉴证业务项目组合伙人和高级员工。

任务二　保持独立性

独立性是审计业务的前提。注册会计师在执行审计业务时，不仅要保持形式上的独立，还要保持实质上的独立。独立性是注册会计师的灵魂，注册会计师只有具备了独立性，才能做到客观公正。独立性原则是客观性、公正性原则的基础。注册会计师应当在业务期间和财务报表涵盖的期间独立于审计客户，即注册会计师保持独立性的期间＝会计期间＋审计期间。

一、在审计客户中拥有经济利益时对独立性的要求

（一）经济利益的含义

经济利益是指因持有某一实体发行的股权、债券、基金、与其股价或债券价格挂钩的衍生金融产品和其他证券以及其他债务性的工具而拥有的利益，包括为取得这种利益享有的权利和承担的义务。经济利益包括直接经济利益和间接经济利益。

1. 直接经济利益

直接经济利益具体是指下列经济利益：

（1）个人或实体直接拥有并控制的经济利益（包括授权他人管理的经济利益）；一些常见的直接经济利益包括证券或其他参与权，如包括股票、债券、认沽权、认购权、期权、权证和卖空权等。

（2）个人或实体通过集合投资工具、信托、合伙组织或第三方而实质拥有的经济利益，并且有能力控制这些投资工具，或影响其投资决策。

2. 间接经济利益

间接经济利益，是指个人或实体通过集合投资工具、信托、实体或合伙组织、或第三方而实质拥有的经济利益，但没有能力控制这些投资工具，或影响其投资决策。

> **关键阐释**
>
> 直接经济利益与间接经济利益的区别就在于能否直接拥有控制，能否随时处置。买基金，以基金投资股票，注册会计师能够直接拥有控制、随手处置的是基金而不是基金投资的股票，所以基金就是直接经济利益，股票就是间接的经济利益。与股票类似的还有债券的认沽权、期权、权证和卖空权。

在审计客户中拥有经济利益，可能因自身利益导致不利影响。不利影响存在与否及其严重程度主要取决于下列因素：① 拥有经济利益人员的角色；② 经济利益是直接的还是间

接的;③ 经济利益的重要程度。

【例题8-4】 李华是一名注册会计师,同时也是XYZ会计师事务所的合伙人。XYZ会计师事务所被委托审计Z矿业公司的20×4年度财务报表。Z矿业公司是一家在国际上有多个采矿项目的矿业企业。在审计过程中,李华发现他的配偶在不知情的情况下,通过一个共同基金投资了Z矿业公司的股票。这个共同基金持有Z矿业公司5%的股份,而李华的配偶在该基金中的投资占其个人投资组合的20%。李华立即向XYZ会计师事务所披露了这一情况,并请求对该间接经济利益的影响进行评估。事务所的独立性委员会评估了李华的间接经济利益,并确定这种利益不会影响李华的独立性,因为李华和他的配偶均无法控制这些投资工具,也无法影响其投资决策。作为防范措施,李华同意持续监控其配偶的投资组合,确保不会有进一步的投资增加,导致间接经济利益变得重大。同时,事务所记录了这一评估和决策过程,以备未来参考和审查。

分析:

在本案例中,李华通过及时披露和评估潜在的间接经济利益,展现了他在承接业务时的专业胜任能力。他确保了自己在形式上和实质上都保持独立性,符合职业道德标准,从而维护了审计的客观性和公正性。这个案例体现了注册会计师在面对可能的利益冲突时,如何通过透明的披露和评估来确保自己的独立性不受影响。

(二) 对独立性产生不利影响的情形

(1) 下列各方在审计客户中拥有直接经济利益或重大间接经济利益,将因自身利益产生非常严重的不利影响,导致没有防范措施能够将其降低至可接受的水平,则不得在审计客户中拥有直接经济利益或重大间接经济利益:

① 会计师事务所及其合伙人。

② 审计项目团队成员及其主要近亲属。

③ 与执行审计业务的项目合伙人同处一个分部的其他合伙人的主要近亲属。

④ 为审计客户提供非审计服务的其他合伙人和管理人员,以及这些人员的主要近亲属。

如果同时满足下列条件,上述第③项和第③项所述的主要近亲属可以在审计客户中拥有直接经济利益或重大间接经济利益:

① 该主要近亲属作为审计客户的员工有权(如通过退休金或股票期权计划)取得该经济利益,并且会计师事务所在必要时能够应对因该经济利益产生的不利影响。

② 该主要近亲属拥有处置该经济利益的权利或者有权行使股票期权时,能够尽快处置或放弃该经济利益。

(2) 审计项目组某一成员的其他近亲属在审计客户中拥有直接经济利益或重大间接经济利益,将因自身利益产生非常严重的不利影响。

不利影响的严重程度主要取决于下列因素:

① 审计项目组成员与其他近亲属之间的关系。

② 经济利益对其他近亲属的重要性。

会计师事务所应当评价不利影响的严重程度,并在必要时采取防范措施消除不利影响或将其降低至可接受的水平。防范措施主要包括:

① 其他近亲属尽快处置全部经济利益,或处置全部直接经济利益并处置足够数量的间

接经济利益,以使剩余经济利益不再重大。

② 由审计项目组以外的注册会计师复核该成员已执行的工作。

③ 将该成员调离审计项目组。

(3) 会计师事务所、合伙人或其主要近亲属、员工或其主要近亲属,从审计客户获得直接经济利益或重大间接经济利益(如通过继承、馈赠或因合并而获得经济利益),根据规定不允许拥有此类经济利益,则应当采取下列措施:

① 如果会计师事务所获得经济利益,应当立即处置全部经济利益,或处置全部直接经济利益并处置足够数量的间接经济利益,以使剩余经济利益不再重大。

② 如果审计项目组成员或其主要近亲属获得经济利益,应当立即处置全部经济利益,或处置全部直接经济利益并处置足够数量的间接经济利益,以使剩余经济利益不再重大。

③ 如果审计项目组以外的人员或其主要近亲属获得经济利益,应当在合理期限内尽快处置全部经济利益,或处置全部直接经济利益并处置足够数量的间接经济利益,以使剩余经济利益不再重大。完成处置该经济利益前,会计师事务所应当确定是否需要采取防范措施。

二、贷款和担保业务的开展对独立性的影响

会计师事务所、审计项目团队成员或其主要近亲属与审计客户之间存在贷款、担保或开户行为时,应当根据相关规定对其产生的不利影响进行识别、评价与应对。具体要求如表8-1所示。

表 8-1　　　　　　　　　　贷款、担保或开户业务行为对独立性的要求

业务类型	取得方	提供方	判断要点和结论
贷款或贷款担保	会计师事务所、审计项目团队成员或其主要近亲属	银行或类似金融机构等审计客户	不得这样做,除非该贷款或担保是按照正常的程序、条款和条件进行的
贷款	会计师事务所	银行或类似金融机构等审计客户	即使按照正常的程序、条款和条件取得贷款,如果该贷款对审计客户或取得贷款的会计师事务所是重要的,也可能因自身利益对独立性产生不利影响
贷款或贷款担保	会计师事务所、审计项目团队成员或其主要近亲属	不属于银行或类似金融机构的审计客户	不得这样做,否则将因自身利益产生非常严重的不利影响,导致没有防范措施能够将其降低至可接受的水平
贷款或贷款担保	审计客户	会计师事务所、审计项目团队成员或其主要近亲属	不得这样做,否则将因自身利益产生非常严重的不利影响,导致没有防范措施能够将其降低至可接受的水平
开立存款或经纪账户	会计师事务所、审计项目团队成员或其主要近亲属	银行或类似金融机构等审计客户	不得这样做,除非该存款或经纪账户是按照正常的商业条件开立的

三、商业关系、家庭和私人关系对独立性的影响

(一) 商业关系

1. 商业关系的含义

会计师事务所、审计项目组成员或其主要近亲属与审计客户或其高级管理人员之间,由于商务关系或共同的经济利益而存在密切的商业关系,可能因自身利益或外在压力产生严重的不利影响。这些商业关系主要包括:

(1) 在与客户或其控股股东、董事、高级管理人员共同开办的企业中拥有经济利益。

(2) 按照协议,将会计师事务所的产品或服务与客户的产品或服务结合在一起,并以双方名义捆绑销售。

(3) 按照协议,会计师事务所销售或推广客户的产品或服务,或者客户销售或推广会计师事务所的产品或服务。

2. 对独立性产生不利影响的情形

会计师事务所、审计项目团队成员不得与审计客户或其董事、监事、高级管理人员建立密切的商业关系。如果会计师事务所存在此类商业关系,应当予以终止。

如果审计项目组成员涉及不允许的密切商业关系,会计师事务所应当将该成员调离审计项目组。如果审计项目组成员的主要近亲属与审计客户或其高级管理人员存在此类商业关系,注册会计师应当评价不利影响的严重程度,并在必要时采取防范措施消除不利影响或将其降低至可接受的水平。

会计师事务所、审计项目组成员或其主要近亲属从审计客户处购买商品或服务,如果按照正常的商业程序公平交易,通常不会对独立性产生不利影响。如果交易性质特殊或金额较大,可能因自身利益产生不利影响。会计师事务所应当评价不利影响的严重程度,并在必要时采取防范措施消除不利影响或将其降低至可接受的水平。防范措施主要包括:

(1) 取消交易或降低交易规模。

(2) 将相关审计项目组成员调离审计项目组。

(二) 家庭和私人关系

如果审计项目组成员与审计客户的董事、高级管理人员、特定员工存在家庭和私人关系,可能因自身利益、密切关系或外在压力产生不利影响。不利影响存在与否及其严重程度取决于多种因素,包括该成员在审计项目组的角色、其家庭成员或相关人员在客户中的职位以及关系的密切程度等。

如果审计项目组成员的主要近亲属是审计客户的董事、高级管理人员或特定员工,或者在业务期间或财务报表涵盖的期间曾担任上述职务,只有把该成员调离审计项目组,才能将对独立性的不利影响降低至可接受的水平。

四、与审计客户发生雇佣关系时对独立性的影响

(一) 审计项目组成员加入审计客户

如果审计客户的董事、高级管理人员或特定员工,曾经是审计项目组的成员或会计师事务所的合伙人,可能因密切关系或外在压力产生不利影响。

（1）审计项目组前任成员或前任合伙人担任审计客户的重要职位且与会计师事务所保持重要联系,将产生非常严重的不利影响,导致没有防范措施能够将其降低至可接受的水平。

（2）前任合伙人加入的上市公司成为审计客户,会计师事务所应当评价对独立性不利影响的严重程度,并在必要时采取防范措施消除不利影响或将其降低至可接受的水平。

（3）审计项目组某一成员拟加入审计客户,将因自身利益产生不利影响。会计师事务所应当制定政策和程序,要求审计项目组成员在与审计客户协商受雇于该客户时,向会计师事务所报告。防范措施主要包括：①将该成员调离审计项目组；②由审计项目组以外的注册会计师复核该成员在审计项目组中作出的重大判断。

（二）向审计客户临时借出员工

如果会计师事务所向审计客户借出员工,可能因自我评价产生不利影响。会计师事务所只能短期向客户借出员工,并且借出的员工不得为审计客户提供禁止提供的非鉴证服务,也不得承担审计客户的管理层职责。防范措施主要包括：

（1）对借出员工的工作进行额外复核。

（2）合理安排审计项目组成员的职责,使借出员工不对其在借出期间执行的工作进行审计。

（3）安排借出员工作为审计项目组成员。

（三）审计项目组成员最近曾任审计客户的"董、高、特"

如果审计项目组成员最近曾担任审计客户的董事、高级管理人员或特定员工,可能因自身利益、自我评价或密切关系产生不利影响。

如果在被审计财务报表涵盖的期间,审计项目组成员曾担任审计客户的董事、高级管理人员或特定员工,将产生非常严重的不利影响,导致没有防范措施能够将其降低至可接受的水平。会计师事务所不得将此类人员分派到审计项目组。

如果在被审计财务报表涵盖的期间之前,审计项目组成员曾担任审计客户的董事、高级管理人员或特定员工,可能因自身利益、自我评价或密切关系产生不利影响。不利影响存在与否及其严重程度主要取决于下列因素：

（1）该成员在客户中曾担任的职务。

（2）该成员离开客户的时间长短。

（3）该成员在审计项目组中的角色。会计师事务所应当评价不利影响的严重程度,并在必要时采取防范措施将其降低至可接受的水平。防范措施包括复核该成员已执行的工作等。

（四）兼任审计客户的董事或高级管理人员

如果会计师事务所的合伙人或员工兼任审计客户的董事或高级管理人员,将因自我评价和自身利益产生非常严重的不利影响,导致没有防范措施能够将其降低至可接受的水平。会计师事务所的合伙人或员工不得兼任审计客户的董事或高级管理人员。

> **关键阐释**
>
> "董、高、特"中的"董"主要是指公司董事和独立董事,"高"则是指公司高级管理人员,"特"是指特定员工。

五、与审计客户长期存在业务关系时对独立性的要求

审计客户是上市公司的情况下,执行其审计业务的关键审计合伙人任职时间不得超过五年。在任期结束后的两年内,该关键审计合伙人不得再次成为该客户的审计项目组成员或关键审计合伙人。在此期间内,该关键审计合伙人也不得有下列行为:

(1) 参与该客户的审计业务。
(2) 对该客户的审计业务实施质量控制复核。
(3) 就有关技术或行业特定问题、交易或事项向项目组或该客户提供咨询。
(4) 以其他方式直接影响业务结果。

在极其特殊的情况下,会计师事务所可能因无法预见和控制的情形而不能按时轮换关键审计合伙人。如果关键审计合伙人的连任对审计质量特别重要,并且通过采取防范措施能够消除对独立性产生的不利影响或将其降低至可接受的水平,则在法律法规允许的情况下,该关键审计合伙人在审计项目组的时限可以延长一年。

六、为审计客户提供非鉴证服务对独立性的影响

会计师事务所向审计客户提供非鉴证服务,可能对独立性产生不利影响,包括因自我评价、自身利益和过度推介等产生的不利影响。非鉴证服务包括承担管理层职责、会计和记账服务、行政事务性服务、评估服务、税务服务、内部审计服务、信息稽核系统服务、诉讼支持服务、法律服务、招聘服务、公司财务服务等。

在接受委托向审计客户提供非鉴证服务之前,会计师事务所应当按照规定,识别、评价和应对提供该服务可能对独立性产生的不利影响。在向审计客户提供非鉴证服务之前,会计师事务所应当评价是否存在下列风险,以确定提供该服务是否可能因自我评价产生不利影响:

(1) 服务结果将构成会计记录、财务报告内部控制或会计师事务所将发表意见的财务报表的一部分,或者对其产生影响。
(2) 在执行审计业务的过程中,审计项目团队将评价或依赖会计师事务所提供非鉴证服务时作出的判断或实施的活动。

如果提供非鉴证服务可能因自我评价对财务报表审计产生不利影响,则会计师事务所不得向审计客户提供该非鉴证服务。

七、确定审计收费时对独立性的要求

(一) 收费结构

1. 从某一审计客户收取的全部费用占会计师事务所收费总额比重很大

如果会计师事务所从某一审计客户收取的全部费用占其收费总额的比重很大,则对该客户的依赖及对可能失去该客户的担心将因自身利益或外在压力产生不利影响。

2. 从某一审计客户收取的全部费用占某一合伙人或分部收费总额比重很大

如果从某一审计客户收取的全部费用占某一合伙人从所有客户收取的费用总额比重很大,或占会计师事务所某一分部收取的费用总额比重很大,也将因自身利益或外在压力产生不利影响。

3. 从属于公众利益实体的某一审计客户收取的全部费用比重较大

如果会计师事务所连续五年从某一属于公众利益实体的审计客户及其关联实体收取的

全部费用,占其从所有客户收取的全部费用的比重超过30%,会计师事务所应当向审计客户治理层披露这一事实,并讨论选择发表审计意见前复核或者发表审计意见后复核防范措施,以将不利影响降低至可接受的水平。

(二) 逾期收费

如果审计客户长期未支付应付的审计费用,尤其是相当部分的审计费用在出具下一年度审计报告前仍未支付,可能因自身利益产生不利影响。

会计师事务所通常要求审计客户在审计报告出具前付清上一年度的审计费用。如果在审计报告出具后审计客户仍未支付该费用,会计师事务所应当评价不利影响存在与否及其严重程度,并在必要时采取防范措施消除不利影响或将其降低至可接受的水平。可采取的防范措施包括由未参与执行审计业务的注册会计师提供建议,或复核已执行的工作等。

(三) 或有收费

会计师事务所在提供审计服务时,以直接或间接形式取得或有收费,将因自身利益产生非常严重的不利影响,导致没有防范措施能够将其降低至可接受的水平。会计师事务所不得采用此类收费安排。

在向审计客户提供非鉴证服务时,如果会计师事务所采用其他形式的或有收费安排,不利影响存在与否及其严重程度主要取决于下列因素:

(1) 可能的收费金额区间。
(2) 是否由适当的权威方确定有关事项的结果,并且该结果作为或有收费的基础。
(3) 非鉴证服务的性质。
(4) 事项或交易对财务报表的影响。

会计师事务所应当评价不利影响的严重程度,并在必要时采取防范措施消除不利影响或将其降低至可接受的水平。防范措施主要包括:

(1) 由审计项目组以外的注册会计师复核相关审计工作,或在必要时提供建议。
(2) 由审计项目组以外的专业人员提供非鉴证服务。

八、其他事项对独立性的影响

(一) 薪酬和业绩评价政策

如果某一审计项目团队成员的薪酬或业绩评价与其向审计客户推销的非鉴证服务挂钩,将因自身利益产生不利影响。

关键审计合伙人的薪酬或业绩评价不得与其向审计客户推销的非鉴证服务直接挂钩。职业道德守则并不禁止会计师事务所合伙人之间正常的利润分享安排。

(二) 礼品和款待

会计师事务所或审计项目团队成员接受审计客户的礼品或款待,可能因自身利益、密切关系或外在压力对独立性产生不利影响。

如果会计师事务所或审计项目团队成员接受审计客户的礼品,将产生非常严重的不利影响,导致没有防范措施能够将其降低至可接受的水平。会计师事务所或审计项目团队成员不得接受礼品。

会计师事务所或审计项目团队成员应当评价接受款待产生不利影响的严重程度,并在必要时采取防范措施消除不利影响或将其降低至可接受的水平。如果款待超出业务活动中的正常往来，会计师事务所或审计项目团队成员应当拒绝接受。注册会计师应当考虑款待是否具有不当影响注册会计师行为的意图，如果具有该意图，即使其从性质和金额上来说均明显不重要，会计师事务所或审计项目团队成员也不得接受该款待。

（三）诉讼或诉讼威胁

如果会计师事务所或审计项目团队成员与审计客户发生诉讼或很可能发生诉讼，将因自身利益和外在压力产生不利影响。

独立性概念框架的运用部分内容如表 8-2 所示。

表 8-2　　　　　　　　　独立性概念框架的运用（部分）

情形		可能对独立性产生不利影响的因素	备注
1. 在审计客户中拥有经济利益时	（1）会计师事务所、审计项目组成员或其主要近亲属在审计客户中拥有直接经济利益或重大间接经济	自身利益	
	（2）审计项目组某一成员的其他近亲属在审计客户中拥有直接经济利益或重大间接经济利益	自身利益	
2. 会计师事务所、审计项目组成员或其主要近亲属与审计客户或其高级管理人员存在商业关系时		自身利益或外在压力	
3. 审计项目组成员与审计客户的董事、高级管理人员、特定员工存在家庭和私人关系时		自身利益、密切关系或外在压力	不可防范
4. 为审计客户提供非鉴证服务时	（1）会计师事务所向审计客户提供编制会计记录或为审计财务报表等服务，随后又审计该财务报表	自我评价	
	（2）会计师事务所向审计客户提供法律服务	自我评价和过度推介	
	（3）会计师事务所为审计客户提供人员招聘服务	自身利益、密切关系或外在压力	
5. 与审计客户发生雇佣关系时	（1）审计项目组前任成员或前任合伙人担任审计客户的重要职位且与会计师事务所保持重要联系	密切关系或外在压力	不可防范
	（2）审计项目组某一成员拟加入审计客户	自身利益	
	（3）会计师事务所向审计客户借出员工	自我评价	
	（4）在被审计财务报表涵盖的期间，审计项目组成员曾担任审计客户的"董、高、特"	自我评价、自身利益和密切关系	不可防范
	（5）在被审计财务报表涵盖的期间之前，审计项目组成员曾担任审计客户的"董、高、特"	自我评价、自身利益和密切关系	

(续表)

情 形		可能对独立性产生不利影响的因素	备注
5. 与审计客户发生雇佣关系时	（6）会计师事务所的合伙人或员工兼任审计客户的董事或高级管理人员	自我评价和自身进益	不可防范
	（7）会计师事务所承担审计客户的管理层职责	自我评价、自身利益和密切关系	不可防范
6. 确定审计收费时	（1）审计客户长期未支付应付的审计费用，尤其相当部分的审计费用在出具下一年度审计报告前仍未支付	自身利益	不可防范
	（2）会计师事务所在提供审计服务时，以直接或间接形式取得或有收费	自身利益	

任务三 承担法律责任

法律责任，通常是指法律关系主体由于违法行为、违约行为或者由于法律规定而应承受的法律后果。注册会计师的法律责任，是指注册会计师及其事务所提供的审计结论与被审计单位的客观事实不相符，给审计结论的使用者造成了损失而引起诉讼，导致注册会计师及其事务所需要承担的法律后果。

8-2 注册会计师法律责任

一、注册会计师法律责任的认定

(一) 违约

违约，是指合同的一方或多方未能履行合同条款规定的义务。当违约给他人造成损失时，注册会计师要承担违约责任。例如，会计师事务所不能按时按质完成委托业务，或违反了与客户订立的保密协议等。会计师事务所违约的原因，可能是无意的，也可能是有意的。

(二) 过失

过失，是指在一定条件下，缺少应具有的合理谨慎。衡量注册会计师的过失，是以其他合格注册会计师在相同条件下可做到的谨慎为标准的。当过失给他人造成损害时，注册会计师应负过失责任。过失按其程度不同可分为普通过失和重大过失两种。

1. 普通过失

普通过失，通常是指没有保持职业上应有的合理谨慎。它对注册会计师而言，则是指没有完全遵循专业准则的要求。例如，未对特定审计项目取得必要和充分的审计证据等。

2. 重大过失

重大过失，是指没有保持起码的职业怀疑，对业务或事务不加考虑、满不在乎。对注册会计师而言,则是指根本没有遵循专业准则或没有按专业准则的要求执行审计业务。例如,在审计中不以一般公认审计准则为依据等。

此外,还有一种过失叫"共同过失"。例如,被审计单位未能向注册会计师提供编制纳税申报表所必要的信息,而指控注册会计师未能妥当地编制纳税申报表。在这种情况下,法律可能判定被审计单位和注册会计师有共同过失。

注册会计师发生过失的原因,可能是缺乏专业胜任能力或缺乏职业道德。注册会计师由于过失而应承担的审计法律责任的大小,主要依据审计失败程度的大小,同时考虑过失程度的大小。

> **关键阐释**
>
> 注册会计师是否存在过失,取决于其是否"非故意地"违反了审计准则的规定(明确的界定标准),不取决于是否有没有发现存在的错误或舞弊(看过程不看结果)。如果注册会计师遵循了审计准则的规定,则不存在过失。如果注册会计师"非故意地"违反了审计准则的规定,则存在过失。如果违反了审计准则的非主要规定,属于普通过失;如果违反了审计准则的主要规定、基本规定或许多规定,则属于重大过失。

(三) 欺诈

欺诈又称注册会计师舞弊,是指以欺骗或坑害他人为目的的一种故意的违法行为。

作案具有不良动机是欺诈的重要特征,也是欺诈与过失的主要区别之一。对于注册会计师而言,欺诈就是为了欺骗他人,明知委托单位的会计报表有重大错报,却虚伪陈述,出具无保留意见的审计报告。对注册会计师法律责任认定的逻辑思路如图 8-2 所示。

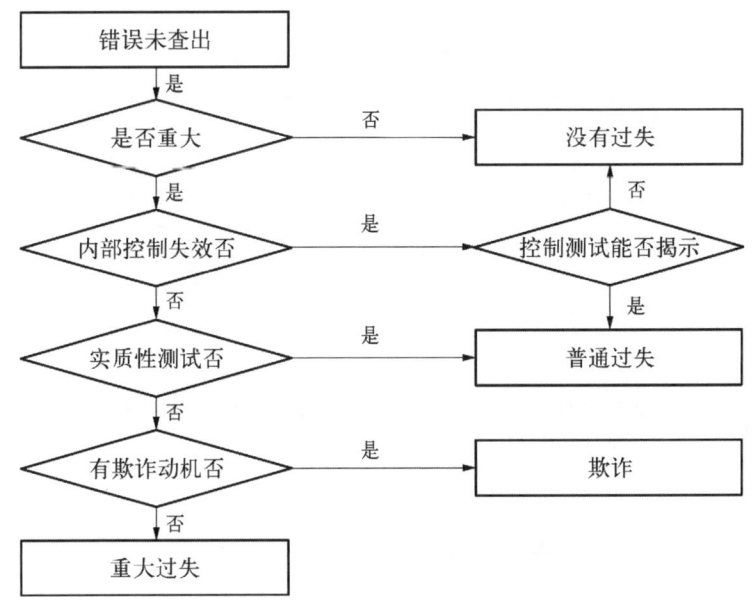

图 8-2 对注册会计师法律责任的认定

二、注册会计师法律责任的内容

(一) 注册会计师承担法律责任的种类

1. 行政责任

行政责任,是指注册会计师违反行政法律规定,发生舞弊或过失行为,并给有关方面造成经济等损害后,由政府部门或自律组织对其依行政程序所给予的制裁。对于注册会计师个人来说,可能的制裁包括警告、暂停执业、吊销注册会计师证书;对于会计师事务所而言,可能的制裁包括警告、没收违法所得、罚款、暂停执业、撤销等。

2. 民事责任

民事责任,是指注册会计师或会计师事务所由于民事违法、违约行为或根据法律规定所应承担的民事法律后果。民事责任是由法院判决的。注册会计师承担的具有民事性质的责任,主要是停止侵害委托人或其他利害关系人的经济利益,并赔偿所造成的经济损失。民事责任在注册会计师审计法律责任诉讼案中是较为常见的一种审计法律责任形式。

3. 刑事责任

刑事责任,是指因触犯刑法而犯罪的注册会计师所承受的由国家审判机关给予的制裁。刑事责任是由法院判决的,判决注册会计师及会计师事务所承担的具有刑事性质的责任,主要包括管制、拘役、徒刑、剥夺政治权利和没收财产等。

这三种责任可单处,也可并处。一般来说,违约和过失可能使注册会计师承担行政责任和民事责任,欺诈可能使注册会计师承担民事责任和刑事责任。

(二) 我国法律对注册会计师法律责任的规定

涉及注册会计师行政责任界定和处罚的法律主要包括《中华人民共和国注册会计师法》《中华人民共和国公司法》《中华人民共和国证券法》等。

我国注册会计师法律责任归纳如表8-3所示。

表8-3　　　　　　　　　　　注册会计师的法律责任

法律责任		表现	法律后果
违约责任		未能达到合同条款的要求	赔偿(支付违约金)
过失责任	普通过失	没有完全遵循审计准则	罚款、行政处分
	重大过失	完全没有遵循或没有按审计准则的主要要求执业	民事责任(赔偿、道歉等)
欺诈责任		故意出具附有不恰当的审计意见的审计报告	视情节轻重给予警告、罚款、暂停业、吊销证书、民事责任、刑事责任

三、注册会计师法律责任的防范

面对注册会计师法律责任问题,审计职业界应"双管齐下",通过职业组织和注册会计师个人的共同努力防患于未然,从而维护注册会计师的个人利益和审计职业组织的形象。

会计师事务所和注册会计师避免法律诉讼的具体措施,可以概括为以下几点。

(一)严格遵循职业道德规范和执业准则的要求

严格遵循职业道德规范是注册会计师保护自身利益,避免法律诉讼最为基本的要求。少数注册会计师忽视职业道德规范的要求,在执业过程中往往处于被动地位,甚至帮助被审计单位掩饰舞弊。当发生审计诉讼时,此类注册会计师必然会受到应有的处罚。还有少数注册会计师在执业过程中,对有关被审计单位的问题没有持有应有的职业谨慎,或为节省时间而缩小审计范围和简化审计程序,其会导致财务报表中的重大错报不被发现,从而可能使注册会计师成为被告。因此,注册会计师应当树立强烈的风险意识、责任意识和道德意识,保持良好的职业道德行为,严格遵循执业准则的要求执行工作、出具报告,对于避免法律诉讼或在提起的诉讼中保护注册会计师具有非常重要的作用。

(二)建立健全会计师事务所质量控制制度

质量控制是会计师事务所各项管理工作的核心和关键。大多数审计中的差错都是由于主任会计师未能对助理人员或其他人员进行切实的监督而发生的。对于业务复杂且重大的委托人来说,其审计是由多个注册会计师及许多助理人员共同配合来完成的,若分工存在重叠或间隙且缺乏严密监督,极大可能发生过失。因此,会计师事务所必须建立健全一套科学的、严密的质量控制制度,并把这套制度推行到每个人、每个部门和每项业务,将其落实到整个审计过程和各个审计环节中,促使注册会计师按照执业准则的要求执业,保证审计业务质量。

(三)审慎选择被审计单位

注册会计师要避免法律诉讼,必须慎重地选择被审计单位。被审计单位员工和管理层如果出现过违背诚信、独立性的行为,则出现差错和舞弊行为的可能性就大,审计失败的概率就较高。即使扩大审计测试的规模,注册会计师也难以使总体审计风险的水平降低到社会可接受的程度,出现法律纠纷的可能性就比较大。因此,注册会计师在接受委托之前,应采取与前任注册会计师沟通等程序,对被审计单位的情况有所了解,评价管理层和关键股东的品格,弄清楚委托的真正目的,慎重决策是否要接受委托。

(四)招收合格的审计助理人员

对于大多数的审计项目来说,相当多的工作是由缺乏经验的助理人员来完成的。对会计信息公允、正确与否的识别、估测、评价等都大量依靠的是注册会计师的专业判断。助理人员如果缺乏一定的经验,以及由经验积累而成的判断,会计师事务所就要承担审计失败的风险。因此,防止审计失败的措施之一,就是必须严格把控助理人员的准入条件,还要对他们进行有效业务培训和道德教育,并在审计工作过程中对他们进行适当监督和指导。

(五)与委托人签订规范的业务约定书

《中华人民共和国注册会计师法》第十六条规定,注册会计师承办业务,会计师事务所应与委托人签订委托合同(即业务约定书)。业务约定书具有法律效力,它是确定注册会计师和委托人责任的一个重要文件。会计师事务所不论承办何种业务,都要按照业务约定书准则的要求与委托人签订约定书,这样才能在发生法律诉讼时将一切口舌争辩降低到最低限度。

(六)深入了解被审计单位的业务

在很多案件中,注册会计师之所以未能发现错误,一个重要原因就是他们不了解被审单位所在行业的情况及其业务。会计是经济活动的综合反映,不熟悉被审计单位的经济业务和生产经营实务,仅局限于有关的会计资料,就可能发现不了某些问题,所以,注册会计师要深入了解被审计单位的业务,以尽量避免法律诉讼。

(七) 提取风险基金或购买责任保险

在一些西方国家,投保充分的责任保险是会计师事务所一项极为重要的保护措施。尽管保险不能免除可能受到的法律诉讼,但能防止或减少诉讼失败给会计师事务所带来的财务损失。《中华人民共和国注册会计师法》规定了会计师事务所应当按规定建立职业风险基金,办理职业保险。

(八) 聘请熟悉注册会计师审计法律责任的律师

会计师事务所应尽可能聘请熟悉相关法规及注册会计师法律责任的律师。在执业过程中如遇重大法律问题,注册会计师应同本所的律师或外聘律师详细讨论所有潜在的危险情况,并仔细考虑律师的建议。一旦发生法律诉讼,也应请有经验的律师参与诉讼。

(九) 按规定妥善保管审计工作底稿

根据现行法律及相关司法解释的规定,会计师事务所侵权赔偿责任的归责原则为过错推定原则。如果会计师事务所向法院提交的审计工作底稿上所记录的工作程序和反映的职业判断能证明事务所的执业行为遵循了职业准则和规则,不存在主观上的过错,就可以不承担赔偿责任。因此,按规定妥善保管审计工作底稿,对于会计师事务所有效应对法律诉讼、规避法律责任风险具有重要意义。

拓展阅读

管理层和治理层

1. 管理层

管理层,是指对被审计单位经营活动的执行负有管理责任的人员或组织,是负责企业日常运营和管理的团队。通常由高级管理人员(如总经理、副总经理、部门经理等)组成,其主要职责包括制定和执行企业战略、组织日常经营活动、管理员工和资源、监控运营绩效及确保企业目标的实现。

2. 治理层

治理层,是指对公司的战略方向以及管理层履行经营管理责任负有监督责任的人员或组织。治理层有责任监督管理层编制财务报告的过程。对于股份有限公司而言,其治理层一般为董事会、监事会。董事会一般设有若干专门委员会,其中,审计委员会的职责通常包括与注册会计师沟通。

德技并修

坚守职业道德,防范审计风险

在中国传统文化中,有"不义而富且贵,于我如浮云"的说法,这反映了古人对于非正义行为的鄙视。在现代社会,职业道德不仅是个人品德的体现,还是职业行为的规范。

职业道德的缺失往往与风险的产生有着密切的关系。有许多典故可以为我们提供关于职业道德与风险之间关系的深刻启示。

职业道德是个人在职业活动中应遵循的行为准则,它要求个体在职业实践中坚持诚实守信、公正公平、敬业奉献等原则。在《论语》中,孔子提出"君子喻于义,小人喻于利",强调了君子在面对利益诱惑时应以道义为先,这正是职业道德的核心要义。如果忽视职业道德,追求个人利益,就可能引发风险,甚至导致灾难。

《左传》中讲述了一个宋国大夫子罕拒绝接受贿赂的事迹。子罕说:"我以不贪为宝,尔以玉为宝,若以与我,皆丧宝也。"这个故事告诉我们,职业道德的坚守不仅是个人品德的体现,还是避免风险的关键。如果子罕接受了贿赂,他可能会因为贪污腐败而身败名裂,甚至给国家带来风险。

《史记》中,司马迁记载了赵高"指鹿为马"的故事,赵高为了篡权,故意颠倒黑白,混淆是非,最终导致了秦朝的快速灭亡。这个故事说明,当权力者忽视职业道德、滥用职权,就会给组织乃至国家带来巨大的风险。

思考与启示: "士不可以不弘毅,任重而道远",意味着审计人员应有远大的志向和坚定的道德信念。职业道德的坚守是防范风险的第一道防线。在职业活动中,我们应该以史为鉴,时刻提醒自己遵守职业道德,不为私利所诱,不为权力所惑。只有这样,我们才能有效地规避风险,保护自己和组织的利益,促进社会和谐与稳定。在现代社会,职业道德与风险管理的关系日益紧密。我们需要从古代智慧中汲取养分,强化职业道德教育,提高职业行为的规范性,以减少风险的发生,保障个人、组织和社会的长远发展。

项目小结

(1) 注册会计师职业道德的基本原则包括诚信、客观公正、独立性、专业胜任能力、保密以及良好的职业行为,这些原则要求注册会计师在执业中保持高标准的职业操守,确保报告真实可靠,维护公众利益。

(2) 独立性是注册会计师的灵魂,注册会计师在执行审计业务时,不仅要保持形式上的独立,还要保持实质上的独立,注册会计师只有具备了独立性,才能做到客观公正。

(3) 注册会计师的法律责任是指在执业中因未履行合同条款、未保持职业谨慎或故意未按专业标准出具报告等导致损失而应承担的责任,其责任包括行政、民事和刑事责任,为防范责任,注册会计师应严格执业,并投保责任险。

即测即评

一、单项选择题

1. 注册会计师在执行审计工作时,应遵循的最基本的职业道德准则是( )。
   A. 保密性　　　　　B. 客观性　　　　　C. 独立性　　　　　D. 专业性
2. 注册会计师在面对可能影响其独立性的情况时,应采取的措施是( )。
   A. 忽视这些情况

B. 继续执行工作,但增加审计程序
C. 向客户披露这些情况,并在必要时拒绝执行工作
D. 仅在这些情况对审计结果有重大影响时才采取行动

3. 注册会计师在发现客户财务报表中存在重大错报时,应首先采取的行动是(　　)。
A. 直接向监管机构报告　　　　　　B. 与客户管理层讨论
C. 立即辞去审计工作　　　　　　　D. 忽略该错报,继续审计工作

4. 注册会计师在提供专业服务时,应保持的客观性意味着(　　)。
A. 避免任何可能损害其专业判断的情况
B. 仅在客户同意的情况下提供服务
C. 仅在有足够专业知识的情况下提供服务
D. 仅在有利可图的情况下提供服务

5. 注册会计师在面对利益冲突时,应如何处理(　　)。
A. 忽视冲突,继续工作
B. 披露冲突,并在必要时采取行动以消除或降低冲突的影响
C. 只有在冲突对审计结果有重大影响时才采取行动
D. 仅在客户要求时才披露冲突

6. 注册会计师在审计过程中未能发现被审计单位的财务报表存在重大错报,以下情况中可能会增加注册会计师法律责任的是(　　)。
A. 被审计单位的内部控制制度非常完善,注册会计师合理依赖了这些控制
B. 注册会计师由于疏忽大意,未执行必要的审计程序
C. 被审计单位的管理层故意隐瞒信息,但注册会计师已经执行了应有的怀疑
D. 财务报表的错报是由于不可抗力因素导致的,与注册会计师的审计工作无关

7. 下列情况中,注册会计师不会因为审计客户的财务报表错误而承担法律责任的是(　　)。
A. 注册会计师在审计过程中发现了错误,但未能及时通知客户或监管机构
B. 注册会计师由于专业技能不足,未能识别出财务报表中的错误
C. 注册会计师按照审计准则执行了审计工作,但财务报表错误是由客户的欺诈行为导致的
D. 注册会计师在审计报告中明确表示了对财务报表的保留意见,但后来发现财务报表存在重大错报

8. 下列措施中,会计师事务所和注册会计师为了避免法律诉讼最为关键的是(　　)。
A. 严格遵循职业道德和专业标准的要求
B. 与委托人签订业务约定书
C. 提取风险基金或购买责任保险
D. 聘请熟悉注册会计师法律责任的律师

9. 下列措施中,在执行审计业务时,注册会计师为了降低法律诉讼风险,应当采取的是(　　)。
A. 在执行审计业务期间,买卖被审计单位的股票
B. 索取、收受委托合同约定以外的酬金或其他财物

C. 对被审计单位舞弊迹象或异常情况保持职业怀疑

D. 允许他人以本人名义执行业务

10. 根据《中华人民共和国注册会计师法》，注册会计师因为违约、过失或欺诈，可能会被追究的责任是（　　）。

A. 行政责任和民事责任　　　　　　B. 民事责任和刑事责任

C. 行政责任、民事责任或刑事责任　　D. 只有民事责任

11. 下列有关注册会计师法律责任认定的分类中，划分正确的是（　　）。

A. 违约、过失、欺诈　　　　　　　B. 违约、重大过失、欺诈

C. 过失、重大过失、欺诈　　　　　D. 违约、过失、欺诈、推定欺诈

12. 只要注册会计师严格按照专业标准的要求执业，没有欺诈行为，即使审定后的会计报表中有错报事项，注册会计师一般也不会承担（　　）。

A. 法律责任　　　　　　　　　　　C. 民事责任

B. 行政责任　　　　　　　　　　　D. 刑事责任

二、多项选择题

1. 属于注册会计师在执行审计工作时，应遵守的职业道德基本准则有（　　）。

A. 独立性　　　　　　　　　　　　B. 客观性

C. 灵活性　　　　　　　　　　　　D. 专业性

2. 在下列情况中，注册会计师可能需要考虑其独立性是否受到影响的情形有（　　）。

A. 当注册会计师对客户的财务状况有个人兴趣时

B. 当注册会计师拥有客户的股份时

C. 当注册会计师为同一客户提供非审计服务时

D. 当注册会计师与客户有长期的业务关系时

3. 注册会计师在发现客户财务报表中存在重大错报时，应采取的行动有（　　）。

A. 与客户管理层讨论

B. 增加额外的审计程序

C. 如果错报未被纠正，考虑审计意见的影响

D. 向监管机构报告

4. 注册会计师在提供专业服务时，以下可让其保持客观性的有（　　）。

A. 避免任何可能损害其专业判断的情况

B. 仅在有足够专业知识的情况下提供服务

C. 披露任何可能影响客观性的利益冲突

D. 在必要时，拒绝执行工作以保持客观性

5. 当注册会计师在面对利益冲突时，可采取的处理方式有（　　）。

A. 忽视冲突，继续工作

B. 披露冲突，并在必要时采取行动以消除或降低冲突的影响

C. 仅在冲突对审计结果有重大影响时才采取行动

D. 向客户和监管机构披露冲突

6. 下列情况中，注册会计师可能会被免除或减轻法律责任的情形有（　　）。

A. 注册会计师能够证明他们已经遵循了所有适用的审计准则

B. 财务报表的错误是由于客户管理层的故意欺诈,且该欺诈行为超出了注册会计师合理的审计范围

C. 注册会计师在审计过程中发现了错误,并及时通知了客户和监管机构

D. 注册会计师由于不可抗力因素,未能完成某些审计程序

7. 注册会计师在审计过程中未能发现被审计单位的财务报表存在重大错报,以下情形中,不会增加注册会计师法律责任的有(　　)。

A. 注册会计师由于疏忽大意,未执行必要的审计程序

B. 被审计单位的内部控制制度非常完善,注册会计师合理依赖了这些控制

C. 被审计单位的管理层故意隐瞒信息,但注册会计师已经执行了应有的怀疑

D. 财务报表的错报是由不可抗力因素导致的,与注册会计师的审计工作无关

三、判断题

1. 注册会计师在为客户提供审计服务的同时,可以为同一客户提供税务筹划服务。（　　）

2. 如果注册会计师发现客户的财务报表存在重大错报,他们应立即向监管机构报告。（　　）

3. 注册会计师在任何情况下都不得披露客户的保密信息,即使这些信息涉及非法活动。（　　）

4. 注册会计师在执行审计工作时,应避免任何可能被合理认为会影响其专业判断的情况。（　　）

5. 如果注册会计师与客户存在直接的财务利益关系,这将自动导致他们失去为该客户提供服务的资格。（　　）

技能实践

1. **任务描述**:诚信会计师事务所的注册会计师林晓负责对 H 股份有限公司(以下简称"H 公司")20×4 年度财务报表进行审计。20×4 年,H 公司管理层通过与银行串通编造虚假的银行贷款资料,虚构了一笔银行借款。林晓实施了向银行函证等必要审计程序后,认为 H 公司 20×4 年度财务报表不存在重大错报,出具了无保留意见审计报告。在 H 公司 20×4 年度已审计财务报表公布后,股民李娟购入了 H 公司股票。随后,H 公司财务舞弊案件经媒体曝光,并受到证券监管部门的处罚,其股票价格大幅下跌。为此,李娟向法院起诉注册会计师林晓,要求其赔偿损失。林晓以其与李娟未构成合约关系为由,要求免于承担民事责任。

任务要求:

(1) 为了支持诉讼请求,李娟应当向法院提出哪些理由?

(2) 指出注册会计师林晓提出的免责理由是否正确,并简要说明理由。

(3) 在哪些情形下,林晓可以免于承担民事责任?

2. **任务描述**:H 公司是诚信会计师事务所的常年审计客户。20×5 年 3 月 12 日,事务

所出具了 H 公司 20×4 年度审计报告。在审计过程中,事务所遇到下列与职业道德相关的事项。

(1) 注册会计师沈海担任 H 公司 20×4 年度财务报表审计项目合伙人,在得知 H 公司拟收购北海公司的计划后,成功推荐事务所为该收购项目提供尽职调查服务。沈海因此在年度业绩考核中获得了加分和奖金。

(2) 在一次聚会上,沈海与其好友杨飞讨论了 H 公司收购北海公司计划的可行性。一个月后,H 公司公告了该收购计划。

(3) 审计项目组成员雷婧的丈夫在 H 公司担任财务总监。

(4) 审计项目组成员刘莉曾在 H 公司人力资源部负责员工培训工作,于 20×2 年 3 月离开 H 公司,加入诚信会计师事务所。

(5) 20×4 年 8 月 25 日,事务所接受 H 公司委托,提供内部控制设计服务。

任务要求:针对上述五个事项,逐项指出事务所及审计项目组成员是否违反职业道德基本原则,并简要说明理由。

3. **任务描述**:诚信会计师事务所承接明远公司 20×4 年度财务报表审计业务,在审计过程中,审计项目组遇到下列与独立性有关的事项。

(1) 审计项目组成员李伟的哥哥在明远公司财务部从事会计核算工作,但非财务部负责人。李伟认为无须回避。

(2) 审计项目组成员秦小莉的父亲,在明远公司担任董事。

(3) 审计项目组成员许奎在 20×4 年 3 月曾担任明远公司财务部门主管。

(4) 诚信会计师事务与明远公司签订的审计业务约定书约定:审计费用 50 万元,当年支付 40%,剩余部分第二年审计完成时一起支付。

(5) 在审计过程中,明远公司要求审计项目组成员协助调整会计分录。

任务要求:针对上述事项第(1)至(5)项,分别指出是否对审计项目组的独立性构成不利影响,并简要说明理由。

头脑风暴

1. 注册会计师职业道德基本原则有哪些?
2. 可能对注册会计师遵循职业道德基本原则产生不利影响的因素有哪些?
3. 注册会计师避免法律诉讼的具体措施有哪些?
4. 收集资料,分析讨论审计职业道德具体要求以及在未来职业中的重要性。

主要参考文献

[1] 中国注册会计师协会.审计[M].北京:中国财政经济出版社,2024.
[2] 中华人民共和国财政部.中国注册会计师执业准则[M].上海:立信会计出版社,2020.
[3] 中国注册会计师协会.中国注册会计师执业准则及应用指南[M].北京:中国财政经济出版社,2023.
[4] 企业内部控制编审委员会.企业内部控制基本规范及配套指引案例讲解[M].上海:立信会计出版社,2023.
[5] 审计专业技术资格考试研究组.审计理论与实务[M].北京:世界图书出版公司,2024.
[6] 审计专业技术资格考试研究组.审计专业相关知识[M].北京:世界图书出版公司,2024.
[7] 高翠莲.审计基础与实务[M].北京:高等教育出版社,2022.
[8] 斯尔教育.审计[M].北京:北京理工大学出版社,2024.
[9] 秦荣生,卢春泉.审计学[M].北京:中国人民大学出版社,2022.

郑重声明

高等教育出版社依法对本书享有专有出版权。任何未经许可的复制、销售行为均违反《中华人民共和国著作权法》，其行为人将承担相应的民事责任和行政责任；构成犯罪的，将被依法追究刑事责任。为了维护市场秩序，保护读者的合法权益，避免读者误用盗版书造成不良后果，我社将配合行政执法部门和司法机关对违法犯罪的单位和个人进行严厉打击。社会各界人士如发现上述侵权行为，希望及时举报，我社将奖励举报有功人员。

反盗版举报电话 （010）58581999 58582371
反盗版举报邮箱 dd@hep.com.cn
通信地址 北京市西城区德外大街4号 高等教育出版社知识产权与法律事务部
邮政编码 100120

教学资源服务指南

 高等教育出版社

感谢您使用本书。为方便教学，我社为教师提供资源下载、样书申请等服务，如贵校已选用本书，您只要关注微信公众号"高职财经教学研究"，或加入下列教师交流QQ群即可免费获得相关服务。

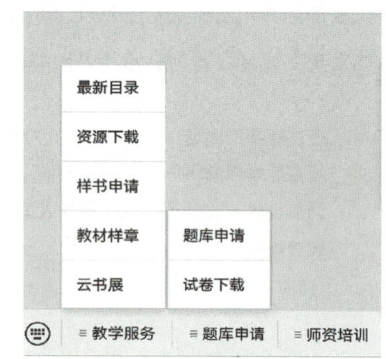

资源下载：点击"**教学服务**"—"**资源下载**"，注册登录后可搜索相应的资源并下载。（建议用电脑浏览器操作）
样书申请：点击"**教学服务**"—"**样书申请**"，填写相关信息即可申请样书。
样章下载：点击"**教学服务**"—"**教材样章**"，即可下载在供教材的前言、目录和样章。
题库申请：点击"**题库申请**"，填写相关信息即可申请题库或下载试卷。
师资培训：点击"**师资培训**"，获取最新会议信息、直播回放和往期师资培训视频。

 联系方式

会计QQ3群：473802328　　会计QQ2群：370279388　　会计QQ1群：554729666
会计QQ4群：291244392
（以上4个会计Q群，加入任何一个即可获取教学服务，请勿重复加入）
联系电话：(021)56961310　　电子邮箱：3076198581@qq.com

 在线试题库及组卷系统

我们研发有十余门课程试题库："基础会计""财务会计""成本计算与管理""财务管理""管理会计""税务会计""税法""税收筹划""审计基础与实务""财务报表分析""EXCEL在财务中的应用""大数据基础与实务""会计信息系统应用""政府会计""内部控制与风险管理"等，平均每个题库近3000题，知识点全覆盖，题型丰富，可自动组卷与批改。如贵校选用了高教社沪版相关课程教材，我们可免费提供给教师每个题库生成的各6套试卷及答案（Word格式难中易三档，索取方式见上述"题库申请"），教师也可与我们联系咨询更多试题库详情。